쉼표,
제주

휴식이 필요한 당신을 위한 맞춤 제주 여행

쉼표, 제주

유승혜 지음

제주종합경기장

성산일출봉

한라산 영실탐방로

우리가 꿈꾸던
가장 가까운 파라다이스

열일곱 살 때 처음 제주에 발을 디뎠다. 기억은 희미하지만 몇 가지 떠오르는 선명한 느낌이 있다. 생애 처음 비행기를 탔을 때의 설렘과 우도 홍조단괴해빈(서빈백사)에서 에메랄드빛 바다를 보았을 때의 환희다. 지금도 첫 해외여행의 느낌을 회상하면 엉뚱하게도 우리나라의 제주가 생각난다. 육지에서 나고 자란 내게 제주는 이역만리 땅의 파라다이스 같았다.
다시 제주를 만난 건 그로부터 10년쯤 지났을까. 출장 중 짬을 내어 지미봉에 올랐고, 그 위에서 바라본 풍경은 오래도록 잊혀지지 않았다. 오밀조밀한 돌담, 무밭과 당근밭, 옹기종기 모인 돌집들, 바다에 누운 듯 평온한 우도, 웅장한 성산일출봉, 한적한 종달항. 그때 제주는 처음 못지않은 감동을 주었다.
섬은 더 이상 멀지 않다. 제주행 저가항공이 있고 2~3만원이면 하룻밤을 묵을 수 있는 게스트하우스만 400개가 넘는다. 닿을 수 없는 유토피아처럼 가지 못할 이유가 더 이상 없다.

섬을 온전히 두 다리로 걷다보면 '제주를 안다'고 생각했던 내가 얼마나 오만한지 깨닫게 된다. 제주는 동서남북으로 바다를 두른 서울보다 3배나 큰 섬이며 중산간지대와 한라산까지 서로 비슷하거나 뻔한 모습은 어디에도 없다. 그래서 사진을 찍고 문장을 쓸 때 그 바다색이, 그 초록색이 서로 어떻게 다른지, 보이는 그대로 표현하기란 여간 까다로운 일이 아니다. '아름답다' '멋지다' '황홀하다'는 말은 부족하다. 다만, 이 책을 손에 든 여행자가 제주라는 곳을 좀더 깊숙이, 더 다채롭게 만날 수 있기를 바라는 마음으로 이 섬을 소개하려 한다.

이 책은 '큰 섬' 제주도와의 만남을 앞두고 어떻게 계획을 짜야할지 막막한 이들을 위해 먼저 제주와 사랑에 빠졌던 사람이 알려주는 친절한 안내서다. 이 책의 7개 제주 여행 코스는 여행자의 동선을 고려해 권역을 나누고 각 권역에서 꼭 가볼 곳을 추린 알짜배기 일정이다. '뚜벅이 여행자'를 먼저 고려한 코스이며 각 코스마다 1박 2일의 시간을 잡으면 좋다. 자동차를 타고 다닌다면 당일 코스로도 괜찮다. 2개 코스를 묶으면 3박 4일, 3개 코스를 묶으면 4박 5일 일정이면 충분하다. 서두르지 말고 천천히, 욕심내지 말고 여유롭게 둘러보자. 제주는 아름답지만 자세히 보면 더 아름답다. 《쉼표, 제주》가 바로 그 길잡이가 되어줄 것이다.

우리가 꿈꾸던 가장 가까운 파라다이스 14

여행의 시작
제주, 어떻게 갈까 22
제주, 어떻게 다닐까 24
제주, 알고 보고 듣고 가면 좋다 30
제주를 읽는 키워드 34

한눈에 보는 제주 38

01 동북권
가장 익숙하고 가장 짜릿한 제주

송당리 46
김녕성세기해변 · 월정리해변 · 세화해변 52
성산일출봉 60
섭지코지 64
우도 70

 76
비자림
다랑쉬오름
용눈이오름
선흘리동백동산
제주해녀박물관
지미봉
김영갑갤러리두모악
아쿠아플라넷제주

 92
재연식당 / 돼지촌식당
명진전복 / 톰톰카레
곰막 / 포포
오조해녀의집 / 섭지해녀의집
가시아방국수 / 경미휴게소
용머리회수산물 / 일출봉쑥빵보리빵

 98
1300k+에코브릿지커피 / 미엘드세화
구좌상회작업실
카페공작소 / 바다는안보여요
카페동네
카페세바 / 지미스
제주커피박물관바움 / 블랑로쉐

 104
방님봉봉고 게스트하우스
/ 프로젝트비 게스트하우스
소로소로 게스트하우스
/ 프라비타 게스트하우스
더클라우드호텔 / 그대봄펜션
연이네다락방 게스트하우스
/ 수상한소금밭 / 봄그리고가을리조트

02 동남권
홀로 걷고 싶은 한적한 제주

가시리 114
표선해비치해변 122
남원큰엉 128

 132
쇠소깍
공천포
성읍민속마을

 138
춘자멸치국수 / 돈까스가게
공천포식당 / 명문사거리식당
나목도식당 / 가시식당
공새미59 / 표선어촌식당

 142
모드락572 / 우리동네기시리
마음카페
와랑와랑 / 숑카페
카페지니 / 서연의집

 146
표선이레하우스 / 타시텔레 게스트하우스
넙빌레하우스 / 금호제주리조트
해비치호텔&리조트 / 허밍제주
요네상회 / 미로객잔

03 서귀포시내권
남국의 정취가 물씬 풍기는 제주

중문색달해변 156
대포해안 주상절리대 162
올레7코스 166
이중섭거리 172
새섬 · 새연교 · 천지연폭포 178

 184
정방폭포와 왈종미술관
외돌개와 황우지
여미지식물원과 천제연폭포
서귀포매일올레시장
약천사

 194
네거리식당 / 삼보식당
덕성원 / 섬섬할망카페
수두리보말칼국수 / 잠녀숨비소리
천짓골식당 / 베지그랑
오는정김밥 / 어진이네횟집
대우정 / 우정횟집

 200
메이비 / 제스토리
바농
구피풋 / 건축카페유토피아
카페7373 / 솔빛바다

 204
롯데호텔제주 / 하얏트리젠시제주
제주신라호텔 / 베니키아중문호텔
섬 게스트하우스 / 제니스홈 게스트하우스
맑음 게스트하우스 / 백패커스홈 게스트하우스

04 서남권
낯설어서 더 아름다운 제주

마라도 214
가파도 220
송악산 224
용머리해안 230
대평리 238

 244

모슬포항
안덕계곡
화순곶자왈
카멜리아힐
방주교회
서광다원과 오설록티뮤지엄
화순금모래해변

 258

사소한골목 / 화순정낭갈비
용왕난드르 향토음식체험장
/ 원조마라도해물짜장면집 / 춘심이네
포도호텔레스토랑 / 덕승식당
산방식당 / 부두식당

 262

감귤창고카페 / 레드브라운
카페멘도롱
레이지박스 / 이니스프리 제주하우스
앙카페 / 물고기카페

 266

그녀이야기 게스트하우스
산방산탄산온천 게스트하우스
/ 이응 게스트하우스
루시드봉봉 게스트하우스
구름정원 게스트하우스
/ 레몬트리 게스트하우스

05 서북권
에메랄드빛 바다와 야자수를 벗한 제주

한담해안산책로 276
협재해변과 금능으뜸원해변 280
한림공원 284
생이기정 바당길과 수월봉 288

 294
비양도
저지오름
환상숲
더럭분교
저지문화예술인마을
성이시돌목장

 306
보영반점 / 성아시
제주슬로비
숙이네보리빵 / 호돌이식당
금능포구횟집 / 영림흑돼지가든
만나와메추라기 / 르씨엘비
오크라 / 이춘옥원조고등어쌈밥

 312
살롱드라방 / 카페그곶
까미노
앤트러사이트 한림점 / 쉼표카페
최마담네빵다방 / 지니의뜰에커피나리다

 316
하루스토리 게스트하우스
페이지유 / 금능마린 게스트하우스
그해제주 / 플래닛 게스트하우스
빌라드애월 / 베니키아호텔제주

06 한라산권
푸르고 깊은 원시림의 제주

거문오름 326
제주돌문화공원 332
사려니숲길 338
제주절물자연휴양림 342
제주4·3평화공원 348
한라산 354

 366
산굼부리
교래자연휴양림
관음사와 산천단

 372
선흘방주할머니식당 / 성미가든
교래손칼국수

 374
바람카페
커피공방무무

 376
교래자연휴양림 숙박동 / 거문오름호스텔
제주절물자연휴양림 숙박동
/ 한라산 게스트하우스

07 제주시내권
여행의 시작과 끝에서 만나는 제주

삼성혈과 민속자연사박물관 384
동문시장 388
국립제주박물관과 사라봉 392
함덕서우봉해변 396

 400
용두암과 용연
칠성로와 아라리오뮤지엄
한라수목원
이호테우해변과 삼양검은모래해변

 408
올래국수 / 앞뱅디식당
진아떡집 / 우진해장국
부지깽이 / 웃뜨르우리돼지
올댓제주
도라지식당 / 자연몸국
옵서예가
화성식당 / 골목식당
성배네아강발 / 탑동왕돈까스

 416
제주커피농장 / 카페에이트
왓집 / 에이팩토리카페

 418
이꼬이&스테이
탑팰리스관광호텔 / 비지터 게스트하우스
보오메꾸뜨르호텔 / 라움호텔
롯데시티호텔제주 / 대명리조트제주

여행의 재미
제주의 음식 424
제주의 술 428
제주의 나이트라이프 430
제주의 특별한 가게 432
여행자를 위한 제줏말 433
제주의 오일장과 플리마켓 435

이렇게도 가보자
계절별 하루 코스 438
테마별 하루 코스 439
뚜벅뚜벅 올레길 걷기 440

여행의 시작

제주, 어떻게 갈까

제주로 떠날 때 가장 많이 이용하는 교통편은 비행기다. 모든 도시에서 1시간 내외면 도착하기 때문에 편리하다. 제주행 항공권을 정가 그대로 다 지불하고 구매하는 이는 별로 없다. 인터넷에 '제주항공권'만 검색해도 쇼핑사이트를 통해 할인 판매되는 항공권이 수두룩하다. 요즘은 성수기에도 주말을 피하면 할인될 때가 많다. 사는 곳이나 경유지가 항구와 가깝다면 배를 타는 것도 괜찮다. 목포에서는 3~4시간, 완도에서는 1시간 30분~2시간 50분, 장흥과 해남에서는 2시간 30분가량 소요된다. 부산연안여객선터미널과 삼천포여객선터미널에서 제주로 가던 여객선은 2015년 현재 운항을 중지한 상태다.

항공편

제주편 운항 공항
김포, 김해, 대구 등 국내선 중심의 도심거점 공항 외에는 제주편 노선을 비정기적으로 운항하는 경우가 대부분이니 미리 확인하는 것이 필수다.

각 공항 운항 관련 문의
한국공항공사 1661-2626, www.airport.co.kr(인천국제공항 제외)
인천국제공항 1577-2600, www.cyberairport.kr

예약 문의
대한항공 1588-2001, kr.koreanair.com
아시아나항공 1588-8000, www.flyasiana.com
제주항공 1599-1500, www.jejuair.net
진에어 1600-6200, www.jinair.com
티웨이항공 1688-8686, www.twayair.com
에어부산 1666-3060, www.airbusan.com
이스타항공 1544-0080 www.eastarjet.com

선박편

제주편 운항 여객터미널
목포항국제여객터미널 061-240-6060
녹동신항연안여객선터미널(고흥) 1666-7710
장흥노력항여객선터미널 1544-8884
완도연안여객선터미널 1666-0950
해남우수영여객선터미널 061-535-8882

예약 문의
씨월드고속훼리(목포) 1577-3567, www.seaferry.co.kr
남해고속훼리(녹동) 061-244-9915, www.namhaegosok.co.kr
제이에이치페리(장흥) 1544-8884, www.jhferry.com
한일카훼리(완도) 1688-2100, www.hanilexpress.co.kr/carferry/introduce
씨월드고속훼리(해남) 061-537-5500, www.seaferry.co.kr

제주, 어떻게 다닐까

1. 주요 버스

600번(공항리무진) 제주국제공항, 연동, 약천사, 중문관광단지(여미지식물원)
701번(동일주) 함덕, 동복, 김녕, 세화, 고성, 표선, 남원, 위미, 서귀포
702번(서일주) 하귀, 애월, 한림, 협재, 신창, 고산, 모슬, 화순, 중문, 서귀포
710번(성산부두행 번영로) 거문오름, 다랑쉬오름(송당경유노선), 용눈이오름(송당경유노선)
710-1번(성산부두행 번영로) 산천단, 한라생태숲, 사려니숲길, 산굼부리, 다랑쉬오름(송당경유노선), 용눈이오름(송당경유노선)
720번(번영로) 거문오름, 성읍민속마을, 표선해변
720-1번(번영로) 산천단, 사려니숲길, 산굼부리, 가시리(1일 4회만 운행)
730번(남조로) 돌문화공원, 교래자연휴양림, 사려니숲길
740번(1100도로) 1100고지 휴게소, 어리목입구, 영실입구
750-1번(평화로) 유수암, 성이시돌목장, 화순곶자왈, 산방산, 모슬포항
750-2(평화로) 탄산온천, 제주추사관, 모슬포항
755번(영어교육도시노선) 서광다원(오설록티뮤지엄), 모슬포항
780번(526-중문고속화노선) 성판악, 중문, 서귀포
900번대 읍면순환버스

● **버스 타는 방법**
시외버스 탈 때는 '목적지'를 기사에게 말하고 요금 내기
제주의 시외버스는 단말기에 카드를 찍거나 요금을 넣기 전에 반드시 기사에게 목적지를 말하고 타야 한다. 버스요금이 구간별로 책정되기 때문이다. 거리에 따라 총 5개 구간으로 요금이 달라지며 1구간 기본요금은 1300원이고 구간이 늘어날수록 500원씩 추가돼 최장거리인 5구간의 요금은 3300원이다. 모든 카드사의 교통카드와 티머니카드를 쓸 수 있다.

시내버스 탈 때는 '목적지'를 말하지 않는다
빈도는 높지 않지만 제주시내에서나 서귀포시내에서는 시내버스를 탈 일이 종종 생긴다. 특히 공항과 시외버스터미널을 오갈 때 시내버스를 타게 되는데 이때는 목적지를 굳이 말하지 않아도 된다. 제주시내버스는 2번, 3번, 5번 등 한 자리 번호대부터 500번대까지 운행하고, 서귀포시내버스는 1번부터 10번까지의 버스와 100번, 110번, 120번, 130번 버스가 있다.

환승 할인 위해서 내릴 때 단말기에 카드 찍기
제주 버스도 환승이 된다. 하차 시각을 기준으로 30분 이내에 최대 2회까지 환승 할인이 적용된다. 시내버스에서 시내버스로 환승 시에는 무료, 시외버스에서 시외버스로 환승할 때는 기본요금 1300원이 할인된다. 시내버스에서 시외버스로 환승할 때는 시내버스 이용요금이 할인되고 시외버스에서 시내버스로 환승은 무료이다. 단, 동일 노선 환승은 불가능하다. 버스를 갈아탈 예정이라면 반드시 단말기에 카드를 찍고 내리자.

아리송할 때는 기사에게 물어볼 것
버스를 타고 가다보면 같은 이름의 정류장이 연속으로 나올 때가 있다. 분명히 송당리 정류장을 지나쳤는데 안내방송으로 또 송당리가 나오는 식이다. 그럴 때는 내가 가고자 하는 목적지를 기사에게 말하고 어디에서 내려야 하는지 확인을 하도록 한다. 더불어 시외버스는 하차 문이 따로 없어 탔던 문으로 내려야 한다. 따라서 내가 버스에 탈 때는 버스에서 하차하는 사람이 모두 내린 다음에 타야 한다. 내릴 때는 기사에게 "감사합니다" 하고 인사하는 센스를 발휘하자.

이것도 저것도 모를 때는 064-120
064-120은 제주안내 콜센터다. 특히 대중교통안내에 특화되어 있다. 버스가 언제 오는지, 몇 번 버스를 타야 하는지 등을 상담원에게 물어보면 친절하고 신속하게 답변을 준다.

2. 택시

제주시

VIP콜택시 064-711-6666
제주개인브랜드콜 064-727-1111
조천읍함덕호출택시 064-783-8288
조천만세호출택시 064-784-7477
한수풀콜택시 064-796-9191
애월콜택시 064-799-9007
하귀콜택시 064-713-5003
함덕콜택시 064-784-8288
김녕콜택시 064-782-2777
만장콜택시 064-784-5500
구좌세화호출택시 064-784-8200
구좌콜택시 064-783-4994

한라산

516콜택시 064-7516-516

서귀포시

성산호출개인택시 064-784-3030
성산콜택시 064-784-8585
표선콜택시 064-787-5252
남원콜택시 064-764-9191
서귀포택시콜 064-762-0100
서귀포OK콜택시 064-732-0082
서귀포칠십리콜택시 064-767-1660
중문콜택시 064-738-1700
안덕개인콜택시 064-794-1400
한경콜택시 064-772-1818
한림서부개인택시콜 064-796-9595

제주글로벌택시

(영어·중국어·일본어) 1899-4314

3. 렌터카

스타렌트카 064-723-3345
AJ렌터카 제주점 064-726-3322
탐라렌트카 064-742-3300
롯데렌터카 제주오토하우스지점 064-751-8000
제주렌트카 064-735-3355
뉴제주올레렌트카 1588-6869
한길렌트카 064-712-6700
유명렌트카 064-745-5200
오름렌트카 064-712-8570
해피렌트카 1644-7935
제주 스쿠터투어 064-743-3331
무지개렌트카 064-746-3500
제주하늘렌트카 064-744-0204

4. 시티투어

제주시티투어버스

- **이용요금**

어른 1200원(탑승할 때마다)

- **운행시간**

시외버스터미널 앞에서 매일 8시부터 16시까지 1시간 간격으로 출발(정오 제외).
각 코스 승강장에서 자유롭게 승하차 가능(하차 장소에서 1시간 후 승차).

- **투어코스**

시외버스터미널앞 ─ 시청 ─ 한라생태숲 입구 ─ 사려니숲길 입구 ─ 제주4·3평화공원 ─ 노루생태관찰원 ─ 제주절물자연휴양림 ─ 삼다수숲길 ─ 교래사거리 ─ 제주돌문화공원 ─ 봉개 ─ 국립제주박물관 ─ 국제부두 ─ 연안부두 ─ 동문시장 ─ 관덕정 ─ 서문시장 ─ 용두암 ─ 공항 ─ 시외버스터미널앞

- **문의**

064-728-3211~3

제주황금버스시티투어

- **이용요금**

어른 1만2000원(1일 기준)

- **운행시간**

제주웰컴센터에서 매일 8시부터 19시까지 1시간 간격으로 출발
각 코스 승강장에서 자유롭게 승하차 가능(하차 장소에서 1시간 후 승차)
매월 셋째주 월요일 휴무, 동절기(11월~2월) 첫차와 막차 운행 제외

- **투어코스**

웰컴센터 ─ 바오젠거리 ─ 롯데시티호텔 ─ 제주국제공항 ─ 시외버스터미널 ─ 제주시청 ─ 삼성혈 ─ 민속자연사박물관 ─ 사라봉 ─ 국제여객선터미널 ─ 제주연안여객터미널 ─ 동문시장 ─ 관덕정 ─ 탑동 ─ 용두암(용연) ─ 어영해안도로 ─ 도두봉입구 ─ 이호테우해변 ─ 흑돼지식당가 ─ 제주도립미술관 ─ 한라수목원 ─ 그랜드호텔입구 ─ 웰컴센터

- **문의**

064-742-8862

5. 유용한 애플리케이션

다음지도 대중교통은 물론 도보로 길을 찾을 때 매우 유용
카카오택시 버스가 잘 다니지 않는 곳에서 택시 타기 수월
제주콜택시 카카오택시로도 택시를 잡을 수 없을 때
한라산국립공원 한라산 등반 전 등산 가능 여부 및 등산 정보 알고 싶을 때
제주시외버스시간표, 제주시내버스시간표 어떤 버스를 타야 할지, 언제쯤 오는지 궁금할 때
제주관광날씨 변덕스러운 제주 날씨, 장소별로 정확한 날씨 알고 싶을 때
제주도 관광지도 제주 지도를 스마트폰으로 보고 싶을 때

6. 주요 관광안내소

제주안내 120콜센터(대중교통이용, 관광정보안내) 064-120
제주관광안내 064-1330
제주종합관광안내센터 064-742-8866
제주항 관광안내소 064-758-7181
제주시외버스터미널 관광안내소 064-728-3920
서귀포시종합관광안내소 064-732-1330
서귀포시외버스터미널 관광안내소 064-739-1391

7. 주요 기관 및 공공시설

제주국제공항 1661-2626, www.airport.co.kr/jeju
제주관광공사 064-740-6000, www.jejutour.go.kr
제주시외버스터미널 064-753-1153
제주항연안여객터미널 1666-0930
서귀포시외버스터미널 064-739-4645

제주, 알고 보고 듣고 가면 좋다

1. 날씨

제주의 날씨는 종잡을 수 없이 변덕스럽다. 봄 날씨는 특히 그렇다. 4월초까지는 쌀쌀한 기운이 있으니 얇게 여러 겹을 입는 게 좋다. 3, 4월에는 비도 많이 내리는 편이니 우비와 우산을 챙기도록 한다. 제주에서는 고사리 자랄 때 내리는 비라고 '고사리장마'라고 한다. 여름은 꽤 습하고 더운 편이다. 후덥지근한 날씨의 전형이라고 할 수 있다. 통풍이 잘 되는 옷을 입고 선크림과 모자, 선글라스 등으로 피부를 보호하자. 가을은 과연 제주도 최적의 날씨라 할 수 있다. 비도 거의 오지 않고 화창한 날들이 많다. 그래도 일교차가 크니 스카프나 바람막이 점퍼 등을 챙기자. 겨울은 춥다. 야자수가 있다고 따뜻한 날씨라고 생각한다면 오산이다. 육지보다 조금 덜 쌀쌀할 뿐이다. 거센 바람에 몸을 보호할 따뜻한 옷을 챙기자.

2. 짐과 신발

어떤 여행이든 마찬가지지만 짐은 최대한 간편하게 꾸리는 것이 좋다. 렌터카와 호텔을 이용하는 게 아니라면 캐리어는 피하고 배낭을 메자. 한곳에서만 머문다면 상관없지만 매일 숙소가 바뀌면 그때마다 짐을 옮기는 것도 보통 번거로운 일이 아니다. 특히 버스를 타고 제주를 여행하는데 캐리어를 끌고 다니는 건 고행이나 다름없다. 신발은 워킹화가 편하다. 오름과 곶자왈 곳곳을 다닐 예정이라면 발이 편한 운동화나 트레킹화를 신어야 한다. 샌들이나 슬리퍼를 신으면 입장제한되는 곳들도 많다. 한라산에 갈 예정이라면 신발 밑바닥이 미끄러지지 않고 방수 및 통풍이 잘되는 등산화를 꼭 신도록 하자. 겨울철 한라산은 아이젠이 필수다.

3. 특산물 쇼핑

제주전통시장쇼핑몰 1588-0708, market.jeju.kr
제주특산품 전시알뜰판매장 064-751-3320, mall.ejeju.net
동문재래시장 064-752-3001
동문수산시장 064-752-8959
서문공설시장 064-758-8387
보성시장 064-752-3094
도남시장 064-757-8805
제주시민속오일시장 064-743-5985
한림민속오일시장 064-796-8830
한림매일시장 064-796-3109
서귀포매일올레시장 064-762-1949
서귀포향토오일시장 064-763-0965

4. 개화 시기 및 제철 특산품

1월 당근, 한라봉
2월 동백꽃, 천혜향
3월 유채꽃, 오분자기
4월 벚꽃, 청보리, 고사리, 황돔
5월 한라산 철쭉, 감귤꽃, 성게
6월 수국, 자리돔
7월 용과
8월 전복, 한치
9월 억새, 코스모스
10월 고등어, 갈치
11월 감귤, 방어, 벵에돔
12월 쥐치, 다금바리

5. 축제와 행사

1월 한라산 만설제
2월 휴애리 매화축제
3월 들불축제, 제주왕벚꽃축제
4월 서귀포 유채꽃 국제걷기대회, 제주 유채꽃큰잔치, 가파도청보리축제
5월 한라산 철쭉제, 한라산 청정고사리축제, 수산일품 보목자리돔 큰잔치축제, 설문대할망 페스티벌
6월 제주 해비치 아트페스티벌
7월 한여름밤의 예술축제, 삼양검은모래 해변축제
8월 표선해비치해변 하얀모래축제, 제주이호테우축제
9월 이중섭 예술제, 추자도 참굴비대축제
10월 탐라문화제, 제주해녀축제, 서귀포칠십리축제, 정의고을 전통민속재현축제, 혼인지축제
11월 최남단방어축제, 제주국제감귤박람회
12월 성산일출축제

6. 책

《나의 문화유산답사기 7 ─ 돌하르방 어디 감수광》 유홍준
《순이삼촌》 현기영
《감자 먹는 사람들》〈깊은 숨을 쉴 때마다〉 신경숙
《그 섬에 내가 있었네》 김영갑
《해녀와 나》 준초이
《제주기행》 주강현
《하멜표류기》 헨드릭 하멜
《그대, 강정》 강기희 외

7. 영화

〈지슬 — 끝나지 않은 세월 2〉 오멸 감독 | 이경준, 홍상표, 문석범 주연

〈비념〉 임흥순 감독 | 강상희, 한신화 주연

〈하늘의 황금마차〉 오멸 감독 | 문석범, 김동호, 양정원 주연

〈인어공주〉 박흥식 감독 | 전도연, 박해일, 고두심 주연

〈이재수의 난〉 박광수 감독 | 이정재, 심은하, 명계남 주연

〈연풍연가〉 박대영 감독 | 고소영, 장동건 주연

〈시월애〉 이현승 감독 | 이정재, 전지현 주연

〈좋은날〉 권혁찬 감독 | 소지섭, 김지원 주연

8. 드라마

〈봄날〉 김종혁 연출 | 김규완 극본 | 고현정, 조인성, 지진희 주연

〈맨도롱 또똣〉 박홍균, 김희원 연출 | 홍정은, 홍미란 극본 | 강소라, 유연석 주연

〈결혼의 여신〉 오진석 연출 | 조정선 극본 | 이상우, 남상미 주연

〈탐나는도다〉 윤상호, 홍종찬 연출 | 이재윤 외 극본 | 임주환, 서우 주연

9. 음악

〈봐사주〉 루아

〈애월낙조〉 장필순

〈하도리 가는 길〉 강아솔

〈Prince of Cheju〉 양방언

〈제주도 푸른밤〉 최성원

〈유채꽃〉 에피톤프로젝트

〈바이킹〉 페퍼톤스

〈PARTY〉 소녀시대

〈귤〉 재주소년

〈꿈꾸는 제주도〉 나무자전거

〈둘만의 여름〉 우쿨렐레피크닉

제주를 읽는 키워드

오름

제주는 오름의 왕국이다. 무려 360여 개의 오름이 모여 있다. 먼 옛날에는 용암과 화산가스를 내뿜던 작은 화산들이었지만 이제는 숲이 되고 목초지가 되었으며 또 마을 언덕이 되었다. 산처럼 높지 않아 금세 오르고 힘을 들이지 않고도 멋진 경치를 볼 수 있으니, 적어도 여행자들에게는 제주의 훌륭한 전망대나 다름없다. 제주 사람들에게 오름은 매우 각별하다. 오름에서 태어나 오름으로 돌아간다고 할 만큼 오름은 마을의 터전이자 목축업의 근거지며 또한 항쟁의 거점이었다. 그리고 오름은 1만8000여 신들의 고향이기도 하다. 그래서 제주 사람들은 오름을 올라야 제주를 알 수 있다고 말한다.

곶자왈

곶자왈은 다른 곳에서는 만날 수 없는 숲의 원형이자 섬의 허파와 같은 곳이다. 오래전부터 제주 사람들은 숲을 '곶'으로, 가시덤불 혹은 자갈이나 바위 같은 암석이 모여 있는 곳을 '자왈'로 불러왔다. 곶과 자왈이 합쳐진 곶자왈은 암석들이 불규칙하게 널려있는 지대에 형성된 숲으로 남방계와 북방계 식물이 공존하는 독특한 생태계를 유지하고 있다. 제주에는 크게 4개의 곶자왈 지대가 있다. 한경·안덕 곶자왈지대, 애월 곶자왈지대, 조천·함덕 곶자왈지대, 성산·수산 곶자왈지대다.

한라산

해발 1950m로 대한민국에서 가장 높은 산이라는 타이틀을 거머쥔 한라산은 그 자체를 제주라 해도 무방하다. 현무암으로 이루어진 휴화산으로 산의 줄기는 제주도 중앙에서 동서로 뻗는다. 정상에는 둘레 약 3km, 지름 500m의 화구호인 백록담이 있다. 한라산이라는 이름은 손을 들어 은하수를 잡을 수 있을 만큼 높다는 뜻이며 해안에서부터 정상에 이르는 지역까지 난대식물, 온대식물, 한대식물, 고산식물 등 갖가지 식물이 분포하는 식물의 보고이다. 제주 사람들에게는 정신적 지주이며 신령스러운 땅이나 다름없다.

귤

제주의 귤은 종류가 다양하다. 우리가 제일 잘 알고 있는 귤이 바로 겨울철 과일의 대표주자 감귤이다. 툭 튀어나온 꼭지 부분이 한라산을 닮은 한라봉은 고급과일로 인기가 많다. 새로운 교배종으로 끝말에 '향'이 붙는 귤도 있다. 오렌지와 귤을 섞은 천혜향, 한라봉과 천혜향을 교배시킨 황금향, 한라봉과 귤을 교배시킨 레드향, 밀감 교배종인 진지향 등이다. 제주에서는 가을부터 봄까지 다양한 귤을 맛볼 수 있다. 여름에는 하귤이 나오는데 신맛이 강해서 설탕에 재워 음료로 마시는 경우가 많다.

해녀

제주는 해녀의 발상지다. 우리나라 해녀의 수는 약 2만 명으로 추산되는데 대부분이 제주도 해녀들이다. 제주 해녀는 강인한 인내와 개척정신을 가진 제주 여성의 상징으로 언급되곤 한다. 해녀들은 특별한 장치 없이 잠수복만 입은 채 깊은 바다로 들어가 소라, 전복, 미역, 톳 등을 채취하고 작살로 문어나 물고기를 잡는다. 평균 수심 5~10m까지 들어가지만 때에 따라선 20m까지 잠수해 들어가 2분 이상 물속에서 견디기도 한다. 해녀들이 수면 밖으로 머리를 내밀고 막혔던 숨을 몰아쉬는 소리를 '숨비소리'라고 한다.

돌하르방

제주 곳곳에서 마주할 수 있는 돌하르방은 육지의 장승과 비슷한 역할을 하는 제주 특유의 석상이다. 주로 성문 앞에 세워두었는데 조선시대 때부터 내려온 '진짜' 돌하르방은 서울에 있는 것까지 포함해 47기가 남아 있다. 제주시청과 삼성혈, 관덕정 등 제주시내 일원과 서귀포시 대정읍, 표선면 성읍리 등지에 산재한다. 형태는 저마다 다르지만 대부분 큰 눈에 굳게 다문 입술, 주먹 같은 코를 가졌으며 두 손을 배에 모으고 서 있다.

말

제주에서는 석기시대 때부터 재래마를 사육했다. 고려시대 때부터는 중산간에 대형 목장을 짓고 말을 전문적으로 관리했다. 현재에도 전국 말 두수의 70%가 제주에 있으며 경주마 혹은 보존이 필요한 천연기념물로 사육되고 있다. 제주 중산간도로를 달리다보면 쉽게 말들을 볼 수 있으며 성이시돌목장이나 제주마방목지 등은 '말을 가까이에서 보는 관광명소'가 되었다.

흑돼지

제주의 재래돼지인 흑돼지는 그 이름처럼 털이 까맣고 온순한 가축이다. 1970년대 말까지만 해도 변소에 돌담을 두르고 돼지를 사육해 '똥돼지'라 불리기도 했다. 고기의 질이 우수하고 맛이 좋아 식용으로 사육이 되는데 외국개량종과 재래종의 교배가 빈번해지면서 점차 토종흑돼지의 모습을 찾아보기 어려워졌다. 제주 어디에서나 맛볼 수 있는 '흑돼지' 고기는 육지와는 차별된, 털이 까만 흑돼지는 분명히 맞지만 교배종이라고 생각하면 된다. 토종흑돼지는 현재 천연기념물 제550호로 지정되어 있다.

제주 올레

제주 여행의 새로운 지평을 연 올레길은 2007년부터 개발된 이래 현재까지 21개의 길이 개장됐다. 평균 15km 내외의 길이로 보통 5~6시간이 걸린다. 21개 코스는 제주도 해안선 전역과 제주의 부속섬, 일부 중산간지대까지 촘촘히 연결되어 있다. 몇 개 +코스만 걸어도 제주의 진가를 온몸으로 느낄 수 있다. 첫 코스를 개장한 지 8년이 흘렀지만 세계적인 걷기 열풍에 더해 올레길을 찾는 '올레꾼'들은 여전히 줄을 잇는다. 올레는 제줏말로 큰길에서 집의 대문까지 이어지는 좁은 골목을 뜻한다.

돌담

아무리 강한 바람이 불어도 제주의 돌담은 절대 무너지지 않는다. 바람이 많이 불면 돌담 아래로 피하라는 말이 맞다. 언뜻 보면 사이사이 틈도 많고 돌 자체가 가볍다보니 허술해 보이기도 하지만 오히려 그 틈이 돌담을 단단히 지탱시킨다. 제주 어디에서나 쉽게 볼 수 있다. 집, 밭, 무덤의 그 모든 울타리가 돌담이기 때문이다. 돌담은 공간과 공간 사이를 차단해주는 역할, 바람을 막는 역할, 가축이 들어오는 것을 막는 역할 등을 한다. 또한 제주의 풍경을 한층 풍요롭게 만들어주는 미적 역할도 무시할 수 없다.

한눈에 보는 제주

01
동북권

가장 익숙하고
가장 짜릿한
제주

동북권 코스

송당리

버스로 35분

김녕성세기
해변
월정리해변
세화해변

버스로 40분

성산일출봉

버스로 10분
+걸어서 40분

섭지코지

버스로 10분
+배로 15분

우도

걷기 난이도 ★★★☆☆
오름과 해안산책로를 두루 걸어야 하는 코스다. 추천하는 오름은 대부분 가파른 경사로를 20분 정도 올라야 한다. '등산'까지는 아니어도 숨이 헐떡이는 길이 많다. 성산일출봉도 오르는 데 약 30분이 걸린다. 섭지코지 역시 버스에서 내려 해안을 따라 30분쯤 걸어야 한다. 짬짬이 물을 충분히 마시고 그늘에서 휴식을 취하자.

언제 가면 좋을까
봄과 가을. 우도 전역과 성산일출봉 주변을 노랗게 물들이는 유채꽃은 3~4월에 볼 수 있고, 다랑쉬오름과 용눈이오름을 하얗게 뒤덮는 억새는 10~11월에 볼 수 있다. 해변이 많아 여름에도 좋지만 그늘이 별로 없어 체력 보존과 자외선 차단에 신경 써야 한다.

본격적인 여행에 앞서
1. 성산일출봉과 우도, 섭지코지 등이 있어 여행자가 가장 많이 몰리는 지역이다. 주말과 성수기에는 무척 붐비니 한적한 평일에 일정을 잡고, 해안 쪽 숙소는 최소 보름 전에 예약하는 것이 좋다.

2. 게스트하우스가 절대적으로 많은 지역이다. 다소 번화한 월정리나 세화리뿐 아니라 동북부 전역에 걸쳐 곳곳에 있다.

3. 제시한 장소들은 주로 '마을' '해변' 단위의 넓은 곳이라 제대로 둘러보려면 시간이 꽤 걸린다. 버스를 이용한다면 전날 송당리에서 숙박을 한 후 이른 아침부터 일정을 시작하자. 모든 해변을 둘러볼 수는 없으니 한 곳을 선택하는 게 '쉼표'를 찍는 방법이다.

4. 주로 이용하는 버스는 701번 동일주버스로 15~20분마다 운행한다. 다만 버스가 이동하는 도로와 해변이 500m 이상 떨어져 있다. 승객이 만원일 때가 많으니 무거운 짐은 짐칸에 넣고 타자. 대부분 정류장에 버스 도착예정시간을 알 수 있는 모니터가 있다.

5. 해안이 아닌 중산간 쪽은 버스가 자주 없으니 제주버스애플리케이션과 정류장에 붙여진 배차표, 제주안내 콜센터(064-120) 등을 활용해 움직이자. 동북권 중산간 주요 버스로는 만장굴과 송당리, 비자림 등을 잇는 990번 읍면순환버스와 제주시내와 성산항을 종점으로 하며 송당리와 수산리를 지나는 710번, 710-1번 시외버스가 있다.

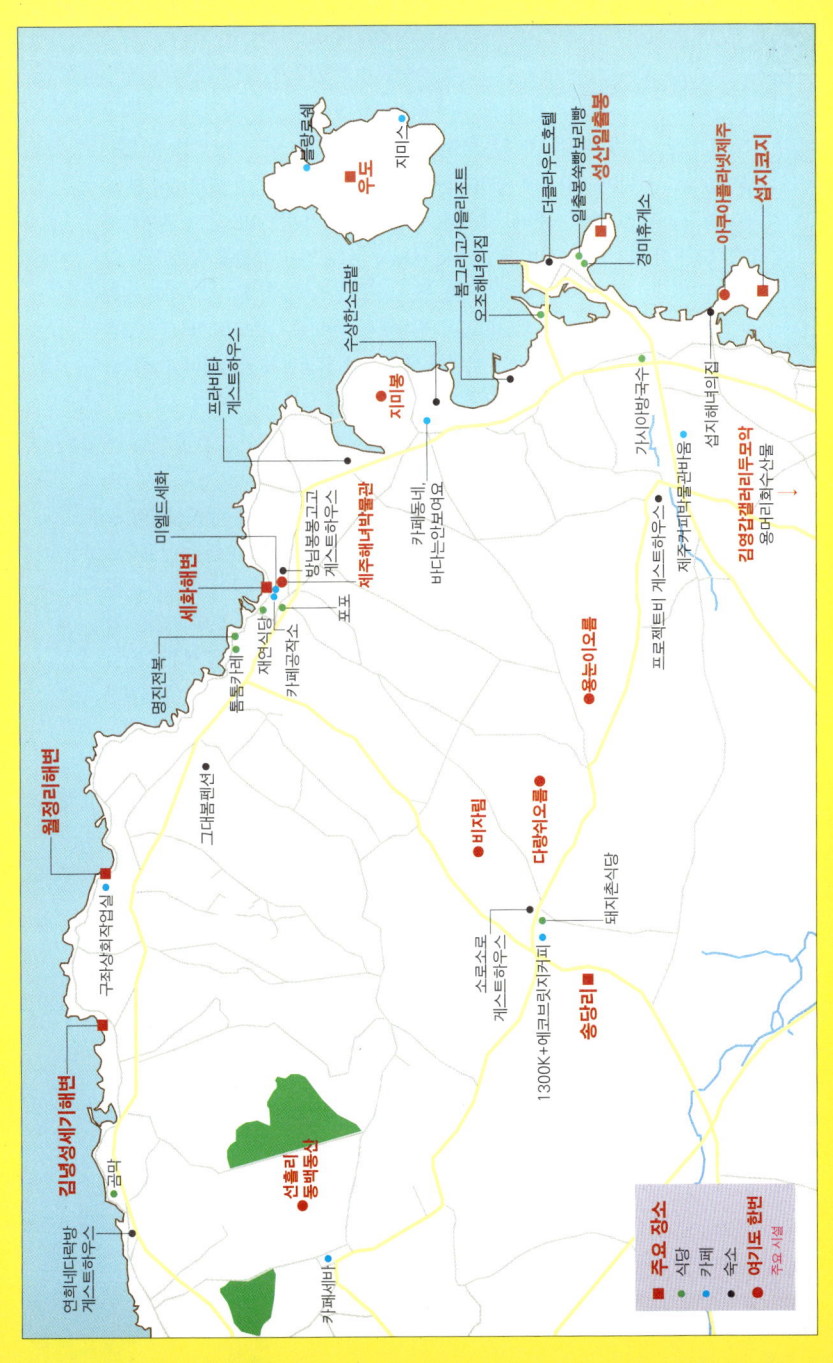

유명한 오름 1개, 생소한 오름 1개 오르기

제주에 왔다면 단연코 오름에 올라야 한다. 동네 뒷산보다도 쉽고 빠르게 오를 수 있지만 올라서 마주하는 전망은 엘리베이터를 타고 올라가는 여느 고층 전망대에 비할 바가 아니다. 오름이야말로 제주의 생태와 문화, 역사, 생활을 이해할 수 있는 바로미터다. 동북권에는 다랑쉬오름, 용눈이오름, 아부오름 등 우리 귀에 익숙한 유명 오름이 있다. 그밖에 안돌오름, 밧돌오름, 체오름, 좌보미오름, 안친오름 등 조금 '덜 유명한 오름'도 있다. 유명한 오름은 왜 유명한지 궁금하니까 올라보고 덜 유명한 오름은 '나만의 오름'을 만들기 위해 올라보자.

설문대할망에게 소원 빌기

송당리는 '소원 비는 마을'이라는 문구를 걸고 마을을 홍보한다. 무속신앙이 보존·전승되는 제주에서 신당의 뿌리라 할 수 있는 송당본향당이 자리한 곳으로 근처에는 소원을 비는 나무도 있다. 비단 송당리뿐이 아니다. 제주라면 소원을 빌 장소와 시간이 무궁무진하다. 누군가는 성산일출봉에서 해돋이를 보며 소원을 빌기도 하고 누군가는 오름 탐방로에 돌을 쌓으며 소원을 빌기도 한다. 제주에서 간절히 원하는 소원을 빌어보자. 이왕이면 설문대할망에게 간청해보자. 설문대할망은 바닷속의 흙을 떠서 제주도를 만들었다는 키가 크고 힘이 센 제주의 신이다. 제주도를 만드신 분이니 제주의 많은 신들 중 최고 높은 신이라고 할 수 있다.

해녀의 숨비소리 들으며 바닷길 걷기

제주 바다 어디서든 쉽게 만날 수 있는 이들이 바로 제주의 상징 중 하나인 해녀다. 그들은 오늘도 숨을 참고 깊고 거친 바다로 들어가 해산물을 채취한다. 숨비소리는 그들이 물 밖으로 올라와 가쁘게 내쉬는 '생명의 소리'다. 해녀는 곧 강인한 제주 여성의 상징이며 희생하는 어머니의 모습이다. 해안선을 따라 걷다보면 해녀의 숨비소리를 들을 수 있다. 휘파람처럼, 새소리처럼 청아하지만 어쩌면 가장 고달픈 숨소리인지도 모른다.

성산일출봉을 배경으로 제주 인증사진 찰칵

제주까지 와서 인증사진을 찍지 않을 수 없다. '여기가 제주다' 하고 알려주는 상징적인 장소로는 성산일출봉만 한 장소가 없다. 성산일출봉 바로 앞에 서면 규모가 큰 일출봉 전체를 다 찍기가 어렵다. 정상에 올라 분화구를 배경으로 찍어도 이곳이 성산일출봉인지 알 길이 없다. 성산일출봉의 촬영 포인트는 성산일출봉이 아니다. 제대로 된 인증사진을 찍고 싶다면 광치기해변을 가든지 지미봉을 오르자. 성산일출봉의 멋진 자태를 배경으로 사진을 찍을 수 있다.

자전거 타고 우도 한 바퀴 돌고 우도 땅콩아이스크림 먹기

우도는 제주도의 축소판과 같은 곳이다. 에메랄드빛 해변의 최고봉으로 꼽히는 홍조단괴해빈과 하고수동해변, 근사한 전망을 그림처럼 펼쳐놓는 우도봉, 깊은 동굴이 있는 검멀레해변에 이르기까지 보고 즐길 것이 많은 섬이다. 섬을 구경하는 가장 좋은 방법은 자전거를 타고 도는 것이다. 15km의 속도로 우도 여행을 떠나보자. 우도의 특산물 우도 땅콩을 버무린 땅콩아이스크림 먹는 것도 잊지 말 것!

송당리

오름에 둘러싸인 신화 속 마을

숲과 오름이 있는 짙은 녹음의 한라산 자락에는 중산간마을이 있다. 해발 200~250m지대, 봉긋 솟은 오름 사이로 오순도순 돌집이 모여 있는 곳. 중산간마을은 들여다볼수록 웅숭깊다. 원시림과 오름에 둘러싸인 들판 위의 안락한 동네는 변화무쌍한 날씨조차 무마시키는 신비로움이 있다. 소와 말의 방목지가 많아 서정적이고 평화로운 기운이 감돈다. 물론 모든 중산간마을이 다 같은 풍경은 아니다. 그러나 어떤 공통적 분위기가 있다면 그 표준은 송당리다.

바닷가마을 김녕리에서 한라산을 향해 17km가량 들어가면 만나는 송당리는 오름 천국이라 불린다. 당오름, 안돌오름, 밧돌오름, 높은오름, 체오름, 세미오름, 아부오름 등 송당리에 거주하는 오름만 18개다. 당오름 아랫녘으로 작은 초등학교와 송당리사무소, 보건소, 식당 등이 도로변을 따라 나란히 자리하고 그 뒤로 슬레이트지붕을 덮은 민가들이 삼삼오오 이웃한다. 오가는 차도 사람도 드물어 마을은 늘 조용한 편이다. 동서남북으로 자리를 지키는 오름들은 돌하르방이나 장승처럼 든든하다. 송당리에서 오름의 '왕'은 마을의 뒷산이나 다름없는 당오름이다. 제주마을 모든 신들의 어머니 격이자 송당마을의 수호신인 백주또 여신이 당오름 기슭의 송당본향당에 계시기 때문이다.

1 송당리에는 제주 4·3사건 때 토벌대에 의해 마을이 불탔고 옆 마을로 피신을 간 주민들은 무참히 학살된 아픈 역사가 있다. 송당리의 일부 영역은 전소된 후 영영 복구되지 못했다. 이웃 다랑쉬마을은 아예 사라졌으니 당시 중산간마을의 수난은 감히 짐작조차 할 수 없을 정도다.

2 제주 민간신앙에서 신을 섬기고 마을의 안녕을 비는 신당은 매우 중요한 의미를 가지는 장소다. 송당본향당은 백주또 혹은 금백조라 부르는 여신을 모신다. 백주또는 남편 소천국과 아들 18명, 딸 28명을 낳았고 이 자손들은 제주 전지역의 마을로 흩어져 마을신이 되었다. 그래서 송당본향당은 제주 신당의 뿌리이자 원조로 통한다. 매년 사람들이 이곳에 모여 영등굿(제주에 전승되는 마을굿)과 제사를 올린다.

3 좋은 곳은 금세 소문나기 마련이라 이 작은 마을에도 게스트하우스와 카페가 문을 열었다. 다소 엉뚱한 듯하지만 이탈리안레스토랑도 한 곳, 베트남음식점도 한 곳, 디자인소품가게도 한 곳씩 있다. 다행히 원래부터 있었던 곳들처럼 요란하지 않고 자연스럽게 성업 중이다.

4 마을 사람들과 제주관광공사에서 개발한 송당마을 답사길도 있다. 2시간이 걸리는 탐방로와 3시간 30분짜리 긴 탐방로이다. 약 6km의 짧은 길은 '송당리사무소—당오름—괭이모루—당오름—본향당 소원나무—마을길—석상 소원나무—마을길—송당리사무소' 순으로 이루어져 있다. 9.8km의 긴 코스는 6km 코스에 '소리 듣는 길—안돌오름—밧돌오름'이 더해진다.

5 당오름은 정상까지 오르는 탐방로가 아직 개발되지 않아 본향당을 중심으로 당오름 둘레길을 걷는 것으로 만족해야 한다.

6 송당리로 가는 버스는 제주시내와 성산부두를 잇는 710번, 710-1번 시외버스가 있고, 김녕리와 비자림, 세화리를 잇는 990번 읍면순환버스가 있다. 710번과 710-1번 버스는 간혹 송당리를 경유하지 않으니 주의하자. 송당리를 지나는 버스는 1시간에 1대꼴이니 정류장에서 버스 시간을 잘 살피고 승차하도록 하자.

7 송당리로 향하는 길목에 용눈이오름과 다랑쉬오름이 있으니 여유가 있다면 들르자. 대중교통을 이용한다면 제주시 또는 성산읍에서 710번이나 710-1번 버스를 타고 차남동산 정류장 혹은 다랑쉬오름입구 정류장에서 내리면 된다. 정류장에서 오름까지 걸어서 이동하는 시간도 거의 1시간이 걸리고, 버스 또한 1시간에 1대꼴로 드문 편이니 시간을 잘 맞추어야 한다.

8 사진작가들과 아는 사람들만 찾는 숨은 명소로 마을에서 걸어서 15분 거리에 있는 안친오름이 있다. 반쪽은 밭으로 쓰이고 또 다른 반쪽은 소방목지로 쓰이는, 정체불명의 야트막한 언덕이 색다른 분위기를 전한다.

9 디자인소품가게 앞에서는 매월 마지막 일요일 오전 11시부터 오후 2시까지 작은 플리마켓이 열린다. '한번해보장'이라는 귀여운 이름의 벼룩시장은 주민들이 직접 수확한 농산물과 예술가들이 직접 만든 예쁜 수공예품을 주로 판매한다.

10 현금인출기(농협), 식당, 카페 같은 편의시설은 송당초등학교 주변에 있다. 다만 편의점이나 큰 마트는 없으니 생필품이나 간식은 미리 준비하자.

★★★★☆ 제주도민 추천

"제주에서 관광이 아니라 여행을 하려면 중산간으로 들어와서 여기저기 솟은 오름을 올라봐야 해요. 그래야 제주의 자연과 역사와 문화를 이해합니다. 오름 구경하는 베이스캠프로는 송당마을이 딱이죠."

- **주소** 제주시 구좌읍 중산간동로 2210
- **이용시간** 언제든
- **입장료** 없음
- **소요시간** 머무르는 만큼
- **문의** 제주시 관광진흥과 064-728-2751

김녕성세기해변 · 월정리해변 · 세화해변

모두가 꿈꾸던 제주바다

동북권에서 멋진 해변을 추천하는 일은 의미가 없다. 바다는 하나같이 찬란한 빛을 자랑하니 이곳저곳 다 들러보거나 자동차나 스쿠터로 해안도로를 돌며 머물고픈 해안을 고르는 게 가장 좋은 방법이다.

동북권의 '핫플레이스'는 단연 월정리다. 월정리는 긴 백사장과 투명한 바다, 높은 파도로 오래전부터 서퍼와 행락객이 즐겨 찾던 바다였다. 그런데 언젠가 카페가 하나둘 생기더니 이제는 강릉의 안목해변처럼 카페거리가 형성되어 벅적한 분위기에서 바다를 바라보며 브런치를 즐기는 분위기가 자리 잡은 지 오래다.

좀더 한적한 동쪽 바다를 원한다면 김녕성세기해변이 좋다. 백사장에는 매점 한 곳과 샤워장이 전부지만 유유히 돌아가는 하얀 풍력발전기와 청아한 바다, 현무암으로 이루어진 너럭바위까지, 완벽하게 자신만의 풍경을 품고 있다.

남쪽으로 내려가면 세화해변도 있다. 플리마켓인 벨롱장과 민속오일장이 열려 볼거리 많고 등대와 물질하는 해녀가 두 눈에 들어오는 그림 같은 곳이다. 철새도래지를 이웃한 하도리, 마을 구경하는 재미가 쏠쏠한 한동리와 평대리, 걸어도 걸어도 좋은 행원리까지 동북권에서 해변을 추천하는 일은 정말 어렵다.

1 김녕성세기해변, 월정리해변, 세화해변은 동북쪽 해안에서 넓은 백사장을 갖춘 대표적 해변(해수욕장)이자 상권이 제법 발달한 곳이다. 약국과 보건소, 은행과 우체국 등이 있으며 숙박업소와 식당, 카페 등이 다른 지역에 비해 몰려 있다.

2 대중교통을 이용할 경우 15~20분 간격으로 운행하는 701번 동일주버스를 타면 된다. 해변에서 해변으로 이동할 때는 해안도로가 아닌 일주도로에 있는 정류장으로 가 버스를 타자. 해안도로를 따라 걸어도 좋지만 거점이 되는 해변과 해변, 혹은 동네와 동네의 간격이 평균 4km 이상임을 염두에 두자.

3 김녕성세기해변은 해변에서 마을까지 10분 정도 걸어야 하지만, 월정리해변과 세화해변은 해변과 상권을 이루는 동네가 가깝다.

4 바다를 따라가다보면 해안선을 따라 돌로 쌓은 성을 볼 수가 있다. 적들의 침입에 대비하기 위해 고려시대 때부터 조선시대에 걸쳐 쌓은 환해장성이다. 환해장성은 구좌읍과 성산읍, 조천읍과 애월읍 등 제주 전역에 걸쳐 흔적이 남아 있다.

동복리부터 종달리까지 해안도로 따라 25km
동북권 해안의 동네별 특징

동복리

본격적으로 동쪽 해안이 시작되는 길목에 위치한 작은 마을이다. 다른 동쪽 마을에 비해 게스트하우스나 식당의 개수가 현저히 적어 한가롭고 여유가 느껴진다.

약 4.7km

김녕리

아름다운 김녕성세기해변을 품은 제법 큰 마을이다. 국제요트학교와 요트마리나가 있으며 카페 겸 소품가게인 산호상점, 카페 겸 금속공예공방인 다시방 프로젝트가 유명하다. 비자림과 만장굴이 가깝다.

약 4km

월정리

'달이 뜨는 바닷가'라는 예쁜 이름을 가진 동네이다. 제법 긴 백사장을 품고 있고 해안과 가깝게 이어지는 작은 동네에는 옛집을 고쳐 만든 펍과 카페 등이 많다. 서핑을 하는 이들도 많아 동쪽 해변 중 가장 활기찬 분위기다.

약 1.5km

행원리

우리나라 최초의 풍력발전단지가 있는 마을이다. 해안도로를 따라돌다보면 15기의 풍력발전기를 가까이에서 볼 수 있다. 행원포구에는 광해군의 제주 유배 첫 기착지였음을 알려주는 작은 비석이 있다.

약 2.5km

한동리

한라산의 정동 쪽에 있어 한동리라 이름 붙여진 마을은 돌담을 쌓은 밭들과 크고 작은 돌집들이 눈에 띈다. 파스타 맛집으로 유명한 알이즈웰도 있다. 공식적인 해수욕장은 없다.

약 3km

평대리

그 어떤 해변보다 한적하게 해수욕하기에 좋은 평대리해수욕장이 있다. 평대리마을은 그 이름처럼 뱅듸(평평하고 풀이 우거진 지형) 위에 자리 잡은 소담스런 동네다. 커피맛으로 소문난 풍림다방과 튀김이 맛있는 평대스낵 등이 있다.

약 2.5km

세화리

매월 5일과 20일, 3시간가량의 플리마켓 '벨롱장'이 열려 많은 여행자들의 발길을 이끄는 마을이다. 5일에 한 번씩 열리는 세화민속오일장도 제법 규모가 커서 구경할 만하다. 세화리 역시 김녕리 못지않게 번화한 곳이다.

약 5km

하도리

총 7개 동네를 거느리고 있어 그만큼 볼거리도 많은 동네다. 일단 철새도래지와 가까운 곳에 조용한 하도리 해변이 위치하고 조선시대 왜구의 침략을 방어하기 위해 쌓은 둘레 950m의 성 별방진이 있다. 별방진에 올라 바라보는 하도리마을 풍경과 포구에 세운 'Hado'라는 영문 설치물이 인상적이다.

약 3km

종달리

'맨 끝에 있는 땅'이라 해서 종달리라 불리는 반농반어촌 마을이다. 지미봉과 우도로 향하는 배가 오가는 작은 항구가 있는 아름다운 마을이다. '소심한 책방'과 '이스트엔드'가 있어 여행자에게 핫한 마을로 통한다.

★★★★★ 제주도민 추천

"제주 동북쪽 바다는 여행객의 90%가 머물거나 지나가며 한 번 이상 마주하는 곳이지요. 해안도로를 따라 드라이브해도 좋고 걸어도 좋아요. 동네는 달라도 한결같이 아름다운 바다입니다."

- **주소 김녕성세기해변** 제주시 구좌읍 해맞이해안로 7-6
  월정리해변 제주시 구좌읍 해맞이해안로 462
  세화해변 제주시 구좌읍 해맞이해안로 1464
- **이용시간** 일출~일몰(해수욕장 개장 7월 초~8월 말)
- **입장료** 없음
- **소요시간** 머무르는 만큼
- **문의** 제주시 해양수산과 064-728-3394

성산일출봉

자연이 만든 장엄한 고성(古城)

성산일출봉 없는 제주를 상상할 수 있을까. 점 하나에 웃고 우는 인생사라면 제주에서 그 '점'은 마땅히 성산일출봉이 되어야 할 것이다. 제주도는 섬 끄트머리에 성산일출봉이라는 점을 찍고서야 비로소 완벽해졌다.

높은 곳에서 성산일출봉의 온전한 형태를 굽어본 사람은 극히 드물지만 그 모습이 낯선 이들은 없다. 항공촬영된 모습을 미디어와 안내책자에서 수없이 봤기 때문이다. 그래도 익숙하건만 동일주도로를 따라 가다 성산에 닿았을 때 '짠!' 하고 등장하는 바다 끝머리의 산은 압도적이다 못해 비현실적 존재로 다가온다. 어느 쪽에서 보나 깎아지듯 각이 져 있는 돌산은 견고하게 지은 성 같고 비탈을 따라 돋아 있는 초록의 수목은 잘 관리된 정원 같다. 단체관광으로 오면 반드시 들르는 곳이기에 성산일출봉은 늘 사람들로 북적인다. 오르는 데 긴 시간이 걸리지 않는다. 30분 정도면 충분히 분화구 전망대까지 닿을 수 있다. 일출봉에서 바라보는 제주 동쪽 해안은 새로운 장관으로 눈앞에 펼쳐지고 이웃한 섬 우도의 전경도 한눈에 들어온다.

일출봉이긴 하지만 해돋이를 보지 않아도 좋다. 한낮에도 어스름 저녁에도 아름다우니까.

1 '성산'이라는 이름은 평평하게 패인 사발 모양의 분화구와 분화구를 둘러 선 바위 봉우리가 마치 거대한 성과 같다 해서 붙었다. 또한 이곳에서 보는 해돋이가 아름다워 '일출봉'이란 이름도 더해졌다.

2 성산일출봉은 5000년 전 제주의 수많은 분화구 중 드물게 바닷속에서 수중폭발한 화산체다. 해발 180m. 화산섬이었지만 땅과 섬 사이에 모래와 자갈이 쌓이면서 육지와 연결되었다.

3 성산일출봉을 더욱 멋진 풍경으로 감상할 수 있는 '포인트'가 있다. 첫번째 포인트는 광치기해변. 간조 때 드러나는 퇴적층의 바위와 바다 뒤편에 펼쳐지는 장엄한 자태를 볼 수 있다. 일출 때는 성산일출봉 뒤로 해가 솟고, 일출과 일몰 때 모두 노을빛에 물든 바다와 까맣게 또렷한 윤곽만이 아름답게 드러난다. 두번째 포인트는 지미봉. 종달리에 솟아 있는 오름인 지미봉 정상에 오르면 성산일출봉의 전체적인 윤곽을 가늠해볼 수 있는 동시에 일대의 풍경을 넓게 조망할 수 있다.

4 성산일출봉 자락은 관광객이 많이 몰리는 곳답게 식당과 카페, 화장품가게, 숙박업소가 들어차 있다. 그러나 다른 지역에 비해 음식값이 비싼 편이고 식당 수에 비해 맛집이 별로 없다.

★★★★☆ 제주도민 추천

"자주 봐서 뻔한 곳이 아니라 자주 봐도 벅찬 곳입니다."

- **주소** 서귀포시 성산읍 일출로 284-12
- **이용시간** 일출 1시간 전~일몰 1시간 후
- **입장료** 어른 2000원
- **소요시간** 2시간
- **문의** 성산일출봉 안내소 064-710-7923

섭지코지

바람의 언덕으로 향하는 길

섭지코지로 향하는 길은 총 세 갈래다. 첫번째는 아쿠아플라넷 정문을 지나 섭지코지 웰컴센터를 통해 가는 방법이다. 두번째는 신양섭지코지에서 이어지는 해안도로를 따라 남쪽으로 돌아 들어가는 방법이다. 세번째는 아쿠아플라넷 건물 뒤편의 해안 길을 걸어 섭지코지로 가는 경로다. 대부분 첫번째나 두번째 길로 섭지코지를 방문한다. 그러나 섭지코지를 오래 마음에 담아둘 수 있는 길은 세번째다.

좁다란 콘크리트 포장 옆으로 웅대한 모습의 성산일출봉이 벗처럼 자리하고 눈앞으로는 오로지 초록의 언덕과 기다란 건물 글라스하우스만이 보이는데 이따금 물질하는 해녀들의 숨비소리가 들린다. 가장 제주다운 풍경 안에서 섭지코지로 향하는 셈이다. 무엇보다 여기저기 공사 중인 어지러운 풍경이 없어서 좋다. 시멘트길이 끝나면 드디어 하얀 등대로 향하는 오르막길이고, 곧 섭지코지하면 떠오르는 풍경이 등장한다. 한산했던 분위기는 등대를 지나면서부터 불어나는 사람들로 다소 어수선해지지만 몸을 휘감는 바닷바람 덕에 마음은 상쾌하다. 바람 많기로 유명한 제주에서도 '바람의 언덕'으로 불리는 곳임을 실감하는 순간이다.

1 '코지'는 제줏말로 바다로 돌출된 육지의 앞부분을 뜻하는 곳을 가리킨다.

2 섭지코지는 봄에 가장 아름답다. 언덕 위로 유채꽃이 흐드러지게 피기 때문이다. 방두포등대까지 올라가면 섭지코지 전역의 모습을 바라볼 수 있다.

3 섭지코지의 토양이 붉어 보이는 까닭은 '송이' 때문이다. 송이는 제줏말로 '가벼운 돌'이라는 뜻인데 화산 폭발 시 고열에 탄 화산석을 가리킨다.

4 휘닉스아일랜드리조트와 맞붙어 있는 섭지코지 웰컴센터로 입장할 경우 단정하게 조성한 정원의 산책로를 걸어 섭지코지로 갈 수 있다. 화장실과 편의점, 카페 등이 있다. 웰컴센터 부근에 전동카트와 전기자전거, 마차 등을 타는 티켓부스도 있는데 오직 휘닉스아일랜드리조트 내 도로로만 다닐 수 있다.

5 섭지코지 산책로 위에 드라마촬영차 지어졌던 '올인하우스'는 한때 섭지코지의 명물이었지만 현재는 과자로 만든 집이 콘셉트인 '달콤하우스'로 바뀌었다. 주변 경관과 어울리지 않아 많은 이들이 아쉬워한다.

6 올인하우스 이후로 섭지코지를 유명하게 한 이들은 세계적 건축가 안도 다다오와 마리오 보타다. 안도 다다오의 '지니어스 로사이'와 '글라스하우스', 마리오 보타의 '아고라'가 섭지코지 위의 새로운 명물이다. 가만히 두어도 아름다운 곳에 외국인 건축가가 설계한 건물이 줄줄이 세워진 것은 퍽 아리송하지만 어쨌거나 건물들 덕분에 무려 '건축문화투어'를 할 수 있다. 건축문화투어는 웰컴센터 건너편 티켓부스(064-782-0080) 또는 휘닉스아일랜드리조트(064-731-7929)를 통해 신청할 수 있다. 돌아보는 데 약 1시간~1시간 30분이 걸린다.

7 지니어스 로사이는 주변의 자연을 십분 활용해 설계한 건물로 '명상의 공간'이라는 콘셉트를 가진 곳이다. 별도의 입장료를 내고 들어갈 수 있다.
글라스하우스는 날개처럼 양쪽으로 펼쳐진 수평의 건물로 레스토랑과 미국의 라이터 브랜드 지포(Zippo)에서 운영하는 지포뮤지엄으로 활용되고 있다.
아고라는 휘닉스아일랜드리조트의 별장 단지인 힐리우스의 부대시설로 내부에 풀장과 피트니스센터 등이 있다. 세 건물 모두 건물의 용도보다는 건물 그 자체로서 볼거리가 되는 곳들이다.

글라스하우스

★★★☆☆ 제주도민 추천

"바람이 정말 센 곳이어서 치맛자락 조심하고 모자가 날아갈까 조심해야 해요. 제주의 바람을 마음껏 만끽하고 갈 만한 곳이에요."

- **주소** 서귀포시 성산읍 섭지코지로 107
- **이용시간** 일출 1시간 전~일몰
- **입장료** 없음
- **소요시간** 1시간
- **문의** 서귀포시 관광진흥과 064-760-2663
  제주관광공사 064-740-6000

우도

제주 안의 파라다이스

우도행 배를 타기 전까지는 제주 그 자체가 파라다이스고 보석이었는데 우도에만 발을 디디면 제주의 진정한 파라다이스는 우도라고 반드시 외치게 된다. 우도는 섬 둘레가 약 17km로 자동차로 30분이면 돌 수 있다. 하지만 우도에서는 우도봉에도 올라야 하고 검멀레해변의 동굴 구경도 해야 하며 하고수동해변에서 물놀이를, 홍조단괴해빈에서 모래찜질도 관찰해야 한다. 눈이 쌓인다면 보드를 타도 될 만큼 넓고도 가파른 우도봉을 오르면 섬의 전경은 물론이고 바다 건너 성산읍과 성산일출봉, 웅장한 한라산이 보인다. '이국적'이라는 표현을 쓰고 싶지 않지만 홍조단괴해빈은 어쩔 수 없이 이국적이라는 표현을 써야 한다. 우리나라에 이런 해변은 이곳 말고 또 없기 때문이다. 낡은 비유지만 엽서 그림 같고 달력 사진 같다. 이와 반대로 검은 빛깔의 검멀레해변은 거대한 석벽과 그 사이 '고래 콧구멍 같은 동굴(우도 사람들은 그렇게 부른다)'이 있어 눈을 쉽게 뗄 수 없다. 하고수동해변은 유독 물이 맑고 모래가 곱다. 스노클링을 하는 이들이 많은데 잠시 '발리나 보라카이에 온 건 아닌가' 하는 착각을 하게 된다.

1 우도는 성산포항 종합여객터미널에서 20분 간격으로 운항하는 도항선을 타고 들어갈 수 있다. 오전 8시부터 정시에 출발하며 우도에서 출발하는 마지막 배는 동절기에는 오후 5시, 하절기에는 오후 6시 30분에 있다. 성산포항에서 우도까지는 약 15분이 걸린다. 우도에서 성산으로 출발하는 배는 오전 7시 30분부터 매시간 정시에 출발해 동절기에는 오후 4시 30분, 하절기에는 오후 6시 30분이 마지막 배다. 월별로 첫 배와 마지막 배 시간이 조금씩 다르니 미리 확인하자.

2 우도에는 천진항과 하우목동항이 있다. 배를 탈 때 티켓을 왕복으로 구매했다면 반드시 항구를 확인해 돌아갈 때 착오가 없도록 하자.

3 우도를 돌아보는 방법은 크게 2가지다. 걷거나 타거나. 섬이 커서 걸어서 돌아보려면 넉넉하게 3시간 이상 시간을 잡는 게 좋다. 천진항과 하우목동항 주변에는 자전거 및 스쿠터 대여점이 있다. 이곳에서 자전거나 스쿠터, 전기스쿠터 등을 1시간 단위로 빌릴 수 있다. 천진항에는 우도투어버스 승차장이 있다. 버스는 30분 간격으로 운행하며 '우도봉—검멀레해변—하고수동해변—홍조단괴해빈' 순으로 돈다. 구경을 마친 뒤 내렸던 장

소에서 다음 버스를 타고 이동하면 된다. 기사님이 마이크를 차고 구수한 입담을 자랑하며 우도 이야기를 들려준다. 승차권은 하루에 5000원이고 홍조단괴해빈에서 선착장으로 돌아가는 마지막 버스 시간은 오후 5시 15분이다. 운행시간은 계절과 상황에 따라 달라질 수 있으니 미리 확인하자.

4 우도는 봄에는 유채꽃이, 여름에는 수국이 아름답다. 가을에는 검멀레해변의 동안경굴 안에서 음악회가 열린다. 물때에 맞춰 보름에 한 번 정도만 들어갈 수 있는 동굴인 데다 스피커 없이 소리가 잘 울리니 이보다 멋진 음악회가 또 없다.

5 하고수동해변은 백사장이 넓고 물이 얕아 해수욕을 하기에 제격이다. 재미있게도 하고수동해변 앞에 보이는 섬 또한 협재해변 앞의 섬과 이름이 같은 비양도다. 다리로 연결된 비양도에는 등대와 해녀의 집이 있다.

6 검멀레해변 앞에서는 매일같이 바다 위에 커다란 원을 그리는 관광객용 보트의 묘기를 볼 수 있다. 배가 그린 동그라미 궤적은 멋진 절경에 어울리는 훌륭한 양념이 된다. 이를 볼 수 있는 가장 좋은 전망대는 땅콩아이스크림을 파는 지미스 2층 자리다.

7 홍조단괴해빈은 서빈백사라는 이름으로 더 유명하다. 보통의 모래가 아닌 해조류의 일종인 홍조식물이 굳어져 만들어진 해변이다. 동양에서는 유일한 형태의 해변으로 해변 자체가 천연기념물로 지정되었다.

8 쇠머리오름이라고도 불리는 우도봉은 해발 132m로 그리 높지 않은 것 같지만 경사가 가파른 편이라 오르는 일이 쉽지만은 않다. 우도봉에 올라 보이는 2개의 등대 중 하나는 1906년에 세워진 제주 최초의 등대다. 우도봉 정상에서 보는 전경이 대단히 아름다우니 조금 힘들더라도 꼭 올라가보자.

9 우도의 특산물은 익히 알려진 것처럼 땅콩이다. 모양이 동그랗고 작은 편인데 껍질째 먹는 그 맛이 무척이나 고소하다. 한 봉지에 5000원 정도에 판매하니 사 먹어보자. 우도 곳곳에서 파는 땅콩아이스크림을 사먹어도 우도 땅콩을 맛볼 수 있다.

10 우도에는 게스트하우스와 민박, 펜션 등이 있다. 우도를 제대로 보려면 하룻밤 묵는 것을 추천한다. 식당과 카페 등 편의시설도 속속 들어차 있어 여행에 불편함이 없다.

★★★★★ 제주도민 추천

"우도는 제주도의 축소판과 같은 곳이에요. 소가 누운 모습과 같다 해서 우도인데 2박 3일 내내 우도에서만 머물며 소처럼 누워 있다 간다 해도 성공적인 제주 여행을 한 거나 다름없어요."

- **주소** 서귀포시 성산읍 성산등용로 130-21(성산항여객터미널)
- **이용시간** 동절기 8:00~17:00, 하절기 8:00~18:30(성산발 우도행 배시간)
- **입장료** 도립공원 1000원, 터미널이용료 500원, 여객선(왕복) 어른 4000원
- **소요시간** 머무르는 만큼
- **문의** 서귀포시 관광진흥과 064-760-2663

여기도 한 번

비가 와도 해가 떠도 좋은
천년의 숲
비자림

비자림에 오면 폐부 깊이 숨을 쉬게 된다. 숲을 방문한 많은 사람들이 누가 시킨 것도 아닌데 있는 힘껏 공기를 마신다. 비자림은 응당 그래야만 할 것 같은 곳이다. 몸이 먼저 안다. 2800여 그루의 비자나무가 뿜는 산소가 깨끗하고 건강하다는 것을. 맑은 대기는 나무와 땅이 함께 만든다. 비자림의 대지는 송이로 덮여 있다. 화산 폭발로 생긴 화산재의 일종인 송이는 땅이 숨을 쉴 수 있도록 도와주는 고마운 친구다. 이 가벼운 돌은 투과력이 좋고 오염물질 제거 능력을 갖추고 있다. 길을 걸을 때마다 들리는 송이의 자그락거리는 소리가 좋다. 붉은 땅, 초록 숲을 걷는 시간은 몸도 마음도 정결해지는 시간이다. 나뭇잎이 꼭 '아닐 비(非)'자를 닮아 비자(榧子)나무라 불린 이 웅장한 나무들은 아주 오랜 시간 한자리를 지켜왔다. 비자림에서 가장 오래된 나무의 수령은 900살에 육박하고 숲에서 가장 우람한 자태를 자랑하는 '새천년나무'는 800년을 살아왔다. 다른 나무들도 대체로 500살 이상의 나이를 먹었다. 긴 시간 살아온 나무의 아름드리 기둥이 어르신의 이마와 같다. 여러 번의 풍파를 겪으며 세상에 달관한 듬직한 비자나무들이 산책자들을 흐뭇하게 바라본다. 간간히 가지 사이로 드는 햇볕이 송이길 위로 곱게 스민다. 느릿느릿한 걸음으로 숲을 한 바퀴를 돌면 1시간 30분 정도가 걸린다. 다 돌고도 못내 아쉬워 '다음에는 비가 올 때 와야지' '비자나무 열매가 떨어지는 가을에 와야지' 기어코 다짐하게 된다.

- **위치** 제주시 구좌읍 비자숲길 62 비자림
  990번 버스 타고 메이즈랜드 정류장 하차
- **이용시간** 9:00~17:00
- **입장료** 어른 1500원
- **문의** 비자림 관리사무소 064-710-7912

 여기도 한 번

잃어버린 마을의
영원한 뒷산

다랑쉬오름

제주 360여 개 오름들 중 유난히 사람들의 입에 오르내리는 오름 몇 곳이 있다. 그중에서 '오름의 왕좌'를 놓고 각축전을 벌이는 오름이 다랑쉬오름과 따라비오름이다. 제주특별자치도는 다랑쉬오름을 오름의 '랜드마크'로 지정했다. 규모와 경사, 분화구 등 화산지형의 특징을 잘 보여주면서 아름다운 경관을 가진 오름이라는 판단에서다. 한복 치맛자락을 펼쳐놓은 형태의 다랑쉬오름은 꽤 높아 오를 때 힘들지만 20분 정도만 오르면 분화구 둘레길에 닿는다. 오름이 큰 만큼 분화구의 크기도 거의 백록담만 해서 둘레길 한 바퀴를 도는 맛이 쏠쏠하다. 멀리 한라산과 바다가 보이고 헤아릴 수 없을 만큼 많은 오름들이 파노라마로 펼쳐진다. 가장 인상적인 풍경은 발밑으로 보이는 아끈다랑쉬오름이다. 엄마의 치맛자락을 잡은 아이처럼 다랑쉬오름 바

아끈다랑쉬오름

로 옆에 붙어 있다. 제주 말로 '아끈'이란 '작은'을 의미하니 작은다랑쉬오름이라는 뜻이다. 다랑쉬오름이 여왕이라면 작은다랑쉬오름은 공주다.

다랑쉬오름 아래는 본래 마을이었다. 오름 기슭에 밭을 일구고 목축을 하며 평화롭게 살아가던 주민들이 사라진 건 1948년의 일이다. 4·3사건이 일어난 바로 그해, 마을은 토벌대에 의해 전소됐다. 오름과 가까운 곳에 다랑쉬굴이 있다. 11명의 종달리 주민이 토벌대를 피해 이곳으로 숨어들었으나 결국 발각되어 토벌대가 피운 연기에 굴 안에서 죽어갔다. 다랑쉬오름은 아름답지만 이렇듯 사연 많은 오름이다. '오름의 여왕'이라는 화려한 수식도 좋지만 사라진 다랑쉬마을의 영원한 뒷산임을 기억해주는 이들이 많았으면 좋겠다.

- **위치** 제주시 구좌읍 세화리 산6
  710번, 710-1번 버스 타고 가시남동입구 정류장 하차
- **입산통제기간** 2월 1일~5월 15일, 11월 1일~12월 15일, 산불조심기간
- **문의** 제주시 녹색환경과 064-728-7892

여기도 한 번

어머니의 품이
떠오르다
용눈이오름

가을철 용눈이오름에는 소년 소녀가 많다. 줄을 지어 오를 만큼 아주 많다. 한적함이 미덕인 오름이거늘 용눈이오름은 수학여행단과 단체여행객들이 몰려드는 인기 오름이다. 다행인건 그 품이 드넓어 사람이 많아도 북적이는 느낌이 없다. 부드러운 능선을 따라 대기로 흩어지는 열일곱 소녀들의 웃음소리는 청량하기까지 하다.

누군가 용눈이오름을 가리켜 어머니의 오름이라고 했다. 오름을 대표한다는 뜻에서가 아니라(그런 뜻이라면 오름의 어머니가 되어야 할 것이다) 완만한 경사와 여성의 가슴 굴곡과 같은 세 개의 능선이 어머니처럼 따뜻하고 너그러운 분위기를 떠올리게 하기 때문이다. 과연 그러하다. 맞은편에 보이는 다랑쉬오름이 당당한 자태로 사뭇 도도하게까지 느껴진다면 용눈이오름은 몸을 좀더 땅으로 낮춘 듯 넓게 퍼진 형태다.

용눈이오름은 3개나 되는 분화구를 안고 있는 복합형 화산체로 오름 중에서도 독특한 형태의 오름이다. 그래서 오름은 하나의 동산이 아닌 몇 개의 동산이 이어진 듯한 느낌이다. 분화구를 가로지르듯 능선이 이어지고 능선의 높낮이 편차가 큰 까닭도 그 때문이다. 한쪽 능선에서 분화구 건너편을 보면 마치 활이 휜 듯 반원형의 반대편 능선을 마주할 수 있는데 그 위를 오가는 사람들의 모습이 재미있다. 생전 용눈이오름을 출근하듯 드나들며 많은 사진을 찍어온 사진작가 김영갑은 제주에서 선이 가장 아름다운 오름으로 용눈이오름을 꼽았다. 용눈이오름이 크게 알려진 데에는 그가 포착한 선 고운 용눈이오름 사진의 역할이 컸다. 오름은 내 어머니의 얼굴을, 그리고 가난했던 한 예술가의 생애를 떠올리게 한다.

- **위치** 제주시 구좌읍 종달리 산 28번지
  710번, 710-1번 버스 타고 차남동산 정류장 하차
- **문의** 제주시 녹색환경과 064-728-7892

 여기도
한 번

깊고도 묘한
물의 숲

선흘리
동백동산

빨간 동백꽃이 흐드러지게 핀 풍경을 기대하면 아쉽다. 개화철인 늦은 겨울부터 초봄에 가도 '동백이 어디 있지?' 하고 한참 찾아야 한다. 동백동산을 찾는 목적은 동백꽃이 아니라 먼물깍이다. 먼물깍은 용암대지의 오목한 부분에 물이 모여 형성된 습지로 마을에서 멀리 떨어져 있다는 뜻의 '먼물'과 끄트머리라는 뜻의 '깍'이 합쳐진 지명이다. 람사르습지로 등록된 생태의 보고로 팔색조와 긴꼬리딱새, 비바리뱀 등 멸종위기 동물 13종과 수련과의 멸종위기 식물 순채가 살고 있다. 먼물깍을 향하는 길은 곧 곶자왈을 걷는 길이다. 제주 사람들에게는 '선흘곶'이라는 이름으로 더 익숙한 숲이다. 요즘은 곶과 자왈을 붙여 곶자왈이라 하지만 예전에는 숲을 뜻하는 곶과 암석과 가시덩굴 등을 뜻하는 자왈을 따로 불렀다. 그래서 제주 할망들은 "곶에는 들

어가고 자왈에는 가지 말라" 한다. 그런데 막상 선흘곶의 탐방로로 들어서면 곶이 아닌 자왈로 들어가는 게 아닌가 싶을 만큼 나무가 대단히 우거지고 습한 기운이 강하다. 곳곳에 '뱀조심' 표지판까지 세워져 있으니 이곳이 제주의 아마존인가 싶을 정도다. 동백동산은 자연에 대한 경외심을 불러일으키기에 충분하다. 마음 졸이며 2km가량 걸으면 길이 확장되면서 작지도 크지도 않은 습지, 먼물깍이 등장한다. 주변에 의자와 정자 등이 설치되어 있지만 야생의 기운은 더욱 강하게 느껴진다. 먼물깍에 이르러서야 나무에 가렸던 햇볕이 쏟아진다. 바깥으로 나와 일광욕을 하는 뱀들에 놀라는 사람이 한둘이 아니다.

- **위치** 제주시 조천읍 선흘리 산12번지
  981번, 990번 버스 타고 선흘 정류장 하차
- **이용시간** 9:00~18:00
- **문의** 동백동산습지센터 064-784-9445

저승에서 벌어 이승에서 쓰는 물질

그래도 테왁망사리를

한 가득 채우는 기쁨

 여기도 한 번

숨을 참고
삶을 잇는 여인들
제주해녀 박물관

제주도 해안선을 따라 걷다보면 물질하는 해녀들을 자주 볼 수 있다. 때로는 그들의 모습이 아니라 그들의 숨소리로 먼저 알아차릴 때가 있다. "호오이!" 하고 내뱉고 마시는 그 숨소리를 숨비소리라고 한다. 마치 새소리 같기도 하고 휘파람 소리 같기도 한데 참으로 청아하다. 여러 명의 해녀들이 숨비소리를 내뱉을 때면 마치 음악처럼 느껴지기도 한다. 그러나 그들은 인어공주가 아니다. 물질의 풍경과 숨비소리를 낭만적으로 받아들이는 이들은 오직 여행자뿐이다.

제주해녀박물관은 해녀의 숨비소리를 이렇게 표현했다. '턱 밑까지 올라온 숨을 억누르고 한계를 이겨낸 뒤 내뱉는 세상에서 가장 깊은 생명의 소리'. 해녀는 강인하고 끈기 있는 제주 여성의 상징이다. 어떤 보조장비도 없이 오로지 호멩이(소라,

성게, 문어 등을 잡을 때 쓰는 도구)와 호미, 비창(전복을 뗄 때 쓰는 도구) 등 도구와 망사리(자루)만 메고 바다로 뛰어든다. 잠수시간은 1분에서 2분. 그동안 최대 20m까지 내려가 해산물을 채취한다. 힘들 때는 망사리를 매어둔 테왁에 잠시 기댈 뿐이다. 그들은 물질을 저승의 돈을 벌어 이승의 자식을 먹여 살리는 일이라 말한다.

제주해녀박물관은 저승과도 같은 험난한 일터에서 평생을 보낸 제주 어머니의 정신을 기린다. 박물관은 '해녀의 생활' '해녀의 일터' '해녀의 생애' 부문으로 나뉘어 해녀의 모든 것을 소상히 설명한다. 캐나다 방송국에서 찍은 "해녀가 되고픈 소녀, 영재" 영상 속에는 1970년대 해녀들의 삶이 사실적으로 그려져 있다. 박물관은 크지 않지만 세화해변에 갔다면 꼭 한번 들러볼 만한 곳이다.

- **위치** 제주시 구좌읍 해녀박물관길 26
  701번, 910번, 990번 버스 타고 해녀박물관 정류장 하차
- **이용시간** 9:00~18:00
  (휴관 신정, 설날, 매월 첫째주, 셋째주 월요일)
- **입장료** 어른 1100원
- **문의** 064-782-9898

이토록 짜릿한
동쪽 끝 풍경
지미봉

제주의 오름 중에는 오름으로 불리지 않고 'OO봉'이나 'OO산'으로 불리는 경우가 더러 있다. 다랑쉬오름을 월랑봉으로, 말미오름을 두산봉으로, 큰사슴이오름을 대록산으로 부르는 것처럼 말이다. 지미오름도 지미봉으로 불린다. 둘 모두 정식이름이니 어떻게 불러도 좋겠지만 지미오름은 확실히 지미봉이라고 부르는 게 더 자연스럽다.

봉우리가 하늘로 솟은 커다란 삼각형 형태의 오름이라 그렇다. 종달리마을길에서 지미봉을 바라보면 생각 이상으로 거대하고 수풀이 빽빽해 올라갈 엄두가 나지 않는다. 그럼에도 지미봉은 사람들이 꾸준히 오르는 오름이다. 우도에서 가장 가까운 오름이자 동쪽 끝 마을 종달리에 위치한 지리적 조건은 최상의 전망을 선사하기 때문이다.

해발은 166m. 그리 높진 않지만 경사가 가파른 편이라 어느새 땀이 맺힌다. 기분 좋게 운동하는 마음으로 20여 분을 오르면 드디어 아래에서 바라보던 '봉우리'에 도착한다. 전망은 뭐라 표현하기 어려울 정도로 아름답다. 중산간에 몰려 있는 오름에선 바다가 아득하게 보이지만 지미봉에서는 바다와 한라산, 그리고 마을도 한 눈에 담을 수 있다. 또렷하고도 너르게 트인 풍경이 컴퓨터 그래픽처럼 비현실적으로 느껴지기까지 한다. 나무와 현무암으로 담을 친 오밀조밀한 밭들하며 수백 가지의 빛깔 스펙트럼을 보여주는 바다, 그 위의 우도와 성산일출봉, 빨간색·초록색·파란색 지붕이 옹기종기 모여 있는 종달리마을 풍경… 한참을 바라보아도 좋다. 풍경이 곧 제주 그 자체나 다름없다. 지미봉에 서 있노라면 설문대할망이 된 것처럼 눈앞의 풍경을 조물조물 만질 수 있을 것만 같다. 블록놀이를 하듯 말이다.

- **위치** 제주시 구좌읍 종달리 산3-1번지
  701번, 910번 버스 타고 종달리 정류장 하차
- **문의** 제주시 녹색환경과 064-728-3123

 여기도 한 번

한 남자의
제주 순애보

김영갑갤러리 두모악

남자는 너무 가난해서 당장의 끼니조차 때울 돈이 없었다. 몸이 버석버석 말라가는데도 필름과 인화지만 있다면 굶어도 상관없던 남자의 고향은 바다 건너 충남 부여. 연고 없는 섬에 반해버려 고향땅 한번 밟지 않고 20년을 살았다. 철저하게 홀로. 남자가 하는 일은 오름과 들판을 헤매며 카메라 셔터를 누르는 일이었고, 사람들은 그를 '광인'이라 했다. 남자는 루게릭병으로 온몸의 근육이 서서히 굳어가는 그 순간까지도 변심한 적 없었다. 그것은 제주를 향한 사랑, 카메라를 든 열정이었다.

김영갑이라는 괴물 같은 존재 앞에서 감히 제주를 사랑한다 말할 수 있을까. 대체 제주의 무엇이 그의 반평생을 섬에 잡아두었을까. 그는 이렇게 말했다. "내게 있어 제주는, 제주의 사진은, 삶에 지치고 찌든 인간을 위무하는 영혼의 쉼터입니다. 그

저 바라만 보아도 마음의 평화를 얻을 수 있는, 흔들리지 않는 평상심을 유지할 수 있는, 영원한 안식처입니다." 김영갑갤러리두모악은 그가 생을 마감하기 전 폐교를 정리해 직접 꾸린 사진갤러리다. 한라산의 옛이름인 두모악을 이름으로 건 갤러리에서는 제주의 오름과 중산간, 마라도, 해녀 등을 담은 그의 작품을 만나볼 수 있다. 또한 그가 앉았던 사무실과 손때 묻은 카메라, 생전의 인터뷰 영상 등이 관람객을 맞이한다. 김영갑이 세상을 떠난 지 10년이 넘었지만 제주도가 사라지지 않는 한 그의 사진이 빛바랠 일은 앞으로도 없을 듯하다.

- **위치** 서귀포시 성산읍 삼달로 137
  910번 버스 타고 김영갑갤러리두모악 정류장 하차
- **이용시간** 동절기 9:30~17:00, 춘추절기 9:30~18:00, 하절기 9:30~19:00
  (휴관 매주 수요일, 설날, 추석 당일)
- **입장료** 어른 3000원
- **문의** 064-784-9907

 여기도 한 번

반가워,
바다 친구들

아쿠아플라넷 제주

바다에 들어가지 않고도 심해의 생물들을 '떼'로, 그것도 바로 눈앞에서 마주한다는 것은 참으로 신비로운 일이다. 아쿠아리움의 크기는 물의 양이 기준이 되는데 아쿠아플라넷 제주는 그 양이 1만800t 규모로 아시아에서는 두번째 규모다. 아쿠아플라넷 제주에서 시선을 압도하는 것은 역시 지하1층의 거대 수조다. '제주의 바다'라 이름 붙여진 이 수조는 바다 일부분을 통째로 들어옮긴 듯 수많은 물고기가 유영하고 있다. 마치 극장의 대형스크린을 보는 것 같아서 수조안 물고기들이 3D영상으로 느껴질 만큼 현실감이 없다. 이 거대 수조 안에서는 매일 가오리먹이급이와 '해녀의 아침'이라는 제목의 해녀쇼가 펼쳐진다. 실제 제주 해녀가 물질을 시연해 눈길을 끈다. 아쿠아플라넷은 오픈 초창기 희귀보호종인 고래상어 2마리를 영입해 논란이 되기도

했다. 수족관은 한 어부의 그물에 걸려든 고래상어를 '기증'받은 것이라 해명했지만 그 해명 때문에 더 거센 비난이 쏟아졌다. 결국 한 마리는 폐사했고 다른 한 마리는 방류했다. 현재 수족관에 '상징적인 마스코트'는 없으나 그 유무가 수족관의 인기를 좌우하진 않는 듯하다. 생태설명회라는 이름으로 열리는 물범, 펭귄, 수달의 '먹방'과 영리하고 귀여운 큰돌고래의 재롱을 보다보면 나도 모르게 물개박수를 치게 된다.

- **위치** 서귀포시 성산읍 섭지코지로 95
  701번, 901번 버스 타고 신양리입구 정류장 하차
- **이용시간** 10:00~17:50
- **입장료** 어른 3만9200원
- **문의** 064-780-0900

재연식당

제주식 집밥을 정갈하게 내주는 집이다. 생선구이와 제육볶음, 고사리무침과 도라지무침, 돌자반, 장조림, 잘 익은 김치 등 엄마가 차려준 듯 따뜻하고 맛깔난 백반이 한 상 가득 차려진다. 메뉴는 엄마정식과 갈치정식, 옥돔정식과 김치찌개, 추어탕이 있다. 대표 메뉴인 엄마정식에는 고등어구이와 제육볶음, 6가지 반찬과 미역국, 쌈채소가 나오고 갈치정식과 옥돔정식은 동일한 기본 구성에 생선이 바뀌어 나온다. 특별한 음식은 아니지만 여행 중 집밥이 당길 때, 무난하고 배부르게 한 끼 먹고 싶을 때 들러봄직한 집이다.

- **가는 길** 세화민속오일시장에서 걸어서 5분. 평대리 방향으로 두 블록 지나 골목 안쪽
- **주소** 제주시 구좌읍 세화1길 20-30
- **문의** 064-783-5481
- **영업시간** 10:00~19:30
- **휴일** 매주 일요일

돼지촌식당

제주산 백돼지 생삼겹살을 주메뉴로 하는 고깃집이다. 여행자들에게는 '흑돼지오겹살'이 아니어서 아쉬울 수도 있겠지만 뛰어난 미각의 소유자가 아닌 다음에야 큰 차이를 느낄 수 없다. 육지의 삼겹살과 달리 근고기 형태로 두툼하게 잘려 나오는 제주의 삼겹살은 고기 씹는 맛을 제대로 느끼게 해준다. 지방과 살코기의 비율이 적당하고 잡내도 없다. 매일 신선한 고기를 끊어온다는 주인은 고기에 대한 자부심도 크다. 송당리 사람들이 자주 가고 또 추천하는 동네 맛집이다.

- **가는 길** 송당리 버스정류장(성산 방향)에서 걸어서 1분
- **주소** 제주시 구좌읍 중산간동로 2258
- **문의** 064-784-6777
- **영업시간** 10:00~21:00
- **휴일** 연중무휴

명진전복

제주는 분명 전복을 많이 먹을 수 있는 '기회의 섬'이다. 전복 비싸기로는 제주도 마찬가지지만 그래도 육지보다 좀더 저렴한 가격으로 싱싱한 '조개류의 황제'를 맛보는 호사는 누려줘야 한다. 명진전복은 직접 전복을 양식해 그날그날 신선한 전복을 들여오는 식당이다. 전복내장과 단호박, 당근 등을 넣은 영양밥에 저민 전복살을 보기 좋게 올린 전복돌솥밥이 대표 메뉴다. 밥을 시키면 고등어구이와 정갈한 반찬도 함께 나온다. 버터를 살짝 발라 구운 전복구이와 오도독 씹히는 전복회도 있다.

- **가는 길** 세화포구에서 평대리해변 쪽으로 약 1km. 해안도로변에 위치
- **주소** 제주시 구좌읍 해맞이해안로 1282
- **문의** 064-782-9944
- **영업시간** 9:30~18:30
  (쉬는시간 15:00~16:00)
- **휴일** 매주 화요일

톰톰카레

톰톰카레의 메뉴는 단 2가지다. 강낭콩과 병아리콩이 들어간 콩카레와 제주에서 난 당근과 양파 등 제주산 채소가 듬뿍 들어간 구좌야채카레다. 카레에는 반드시 '고기'가 들어가야 하는 이들에게는 아쉬울 수 있겠지만 깔끔하고 담백한 맛에 자꾸 밥을 비벼먹고 싶은 중독성이 있다. 카레를 반씩 담아주는 반반카레도 있다. 집을 개조한 식당이라 제주에 사는 친구네 집에 와서 카레밥을 먹는 정겨운 기분이 든다.

- **가는 길** 평대리해변에서 북쪽 대수길을 따라 약 400m
- **주소** 제주시 구좌읍 평대2길 39-28
- **문의** 010-6629-1535
- **영업시간** 점심 11:30~15:00
  저녁 18:00~20:00
- **휴일** 매주 월요일

곰막

생선회와 매운탕, 생선구이 등 다양한 해산물 메뉴를 판매하지만 이 집을 찾는 이들이 1순위로 찾는 메뉴는 회국수다. 국수에 올라가는 회는 그날그날 식당에 들어온 생선에 따라 달라진다. 주로 광어회나 한치가 올라가는 편. 생선회의 양도 푸짐하고 국수의 양도 많아서 한 그릇 하고 나면 배가 든든하다. 금방 썰어 낸 활어회라 선도가 좋고 국수 또한 그때그때 삶아 내는데 다른 집에 비해서 유독 면발이 쫄깃한 편이라 생선회와의 조화가 훌륭하다. 새콤달콤한 초장양념과 아삭한 양파가 맛을 다 잡는다.

- **가는 길** 동북입구교차로에서 해안 쪽으로 구좌해안로를 따라 약 700m
- **주소** 제주시 구좌읍 구좌해안로 64
- **문의** 064-727-5111
- **영업시간** 8:00~19:00
- **휴일** 매월 둘째주 화요일

포포

세화리의 '뜨는 맛집'으로 젊은 셰프가 직접 연구한 레시피로 맛깔난 중식을 낸다. 무엇보다 제주에서 나는 특별한 재료를 이용해 독창적이면서도 대중적인 입맛을 사로잡는 메뉴를 낸다는 데 후한 점수를 주고 싶다. 제주에서 난 신선한 해물에 김치를 볶아 만든 해물김치볶음짜장과 모자반을 넣은 몸해물백짬뽕, 제주 여름귤로 소스를 만들어 상큼한 하귤탕수육, 제주 녹차를 넣어 만든 제주녹차크림새우에 이르기까지 대부분의 메뉴가 만족스럽다. 중식 특유의 느끼함이 없고 새콤하고 시원한 맛을 살리는 데 주력했음이 느껴진다.

- **가는 길** 세화초등학교 교문 맞은편
- **주소** 제주시 구좌읍 구좌로 62
- **문의** 010-9787-2780
- **영업시간** 점심 11:30~15:00, 저녁 17:30~22:00
- **휴일** 매주 수요일

오조해녀의집

- **가는 길** 오조해녀의집 버스정류장에서 바다 쪽으로 한도로를 따라 약 60m
- **주소** 서귀포시 성산읍 한도로 141-13
- **문의** 064-784-7789
- **영업시간** 6:00~23:00
- **휴일** 연중무휴

제주에서 전복죽하면 첫손에 꼽히는 집이 오조해녀의집이다. 해녀의집치고는 굉장히 규모가 크고 직원 수도 많은데 그게 다 전복죽을 먹으러 오는 손님이 많은 덕분이다. 전복 내장이 들어 고소한 맛을 내는 밀감빛 고운 색깔의 전복죽은 양이 무척 푸짐한 데다 전복도 아쉽지 않게 들어 있다. 함께 내오는 반찬도 정갈한 편이다. 전복죽 한 그릇에 제주 막걸리를 한 사발을 곁들이는 손님도 적지 않다. 전복죽을 내는 식당은 무척 많지만 여전히 선두의 자리를 지키고 있는 데는 이유가 있는 법이다.

섭지해녀의집

- **가는 길** 섭지코지 방향, 한화아쿠아플라넷 뒤편 해안가
- **주소** 서귀포시 성산읍 섭지코지로 93-15
- **문의** 064-782-0672
- **영업시간** 7:00~21:00
- **휴일** 명절연휴

오조해녀의집에서 전복죽을 먹어야 한다면 섭지해녀의집에서는 깅이죽을 먹어야 한다. 깅이죽은 제줏말로 게를 뜻하는 깅이를 곱게 갈아 불린 쌀과 함께 죽으로 끓인 음식이다. 깅이는 갯벌에 서식하는 작은 게로 죽에 넣을 때는 통째로 갈아 쓴다. 죽 한 그릇에 게 한 마리의 온전한 영양분이 다 녹아 있는 셈이다. 검은 흙임자 빛깔의 깅이죽은 한술 뜨는 순간 게의 고소한 맛이 입안 가득 퍼진다. 전복죽이나 보말죽보다 맛과 향이 좀더 강하다.

가시아방국수

제주시내에 올레국수가 있다면 성산읍에는 가시아방국수가 있다. 테이블 서너 개가 놓인 작은 국수집이지만 뽀얀 국물에 푸짐하게 얹어주는 돼지수육, 탱탱하게 삶아진 중면은 여느 고기국숫집들 중에서도 뛰어난 맛을 자랑한다. 물국수가 괜찮으면 대개는 비빔국수도 맛이 좋은데 가시아방국수의 비빔국수 또한 추천할 만하다. 이 집은 고기를 잘 삶는다. 단품 혹은 세트로 즐길 수 있는 제주산 오겹수육의 돔베고기 역시 쫄깃하고 고소한 맛이 입맛을 당긴다.

- **가는 길** 동남초등학교에서 고성오일시장 쪽 사거리에 위치
- **주소** 서귀포시 성산읍 고성동서로 67
- **문의** 064-782-3300
- **영업시간** 10:30~3:00
- **휴일** 연중무휴

경미휴게소

문어 먹으러 가기 좋은 집이다. 쫄깃하면서도 부드럽게 씹히는 문어숙회, 문어와 바지락 등의 해산물에 미역을 듬뿍 넣어 시원하게 끓인 해물라면이 대표메뉴다. 해물라면은 '문어라면'이라고 불러도 될 만큼 문어를 많이 넣어준다. 성산일출봉 일대의 오랜 맛집으로 현지 단골도 많고 여행자들도 많이 찾는다. 성게밥, 전복덮밥, 한치덮밥 등 다른 메뉴도 있지만 손님의 90% 이상이 해물라면을 먹는다. 문어숙회는 가끔 질길 때도 있어 맛의 기복이 있는 편.

- **가는 길** 성산리입구 버스정류장(제주 방향)에서 해녀특산물판매장 끼고 일출로를 따라 약 100m
- **주소** 서귀포시 성산읍 일출로 259
- **문의** 064-782-2671
- **영업시간** 5:00~18:30
- **휴일** 연중무휴

용머리회수산물

손맛 좋은 아주머니가 운영하는 온평리 해안도로의 작은 횟집이다. 황돔과 우럭, 전복을 전문으로 한다. 바로 잡아 활어회로 내어주는 쫄깃한 황돔과 진하고 칼칼하게 끓인 황돔지리가 맛있다. 회를 먹고 난 뒤 얼큰한 매운탕과 하얗게 우려낸 지리를 선택할 수 있는데 지리를 꼭 먹어보자. 식사로 판매하는 전복죽과 매운탕도 괜찮다. 현지인을 상대로 한적하게 장사하는 곳이라 천천히 해산물을 맛보고 싶을 때 추천할 만하다.

- **가는 길** 온평리포구에서 환해장성로를 따라 서귀포 방면으로 400m
- **주소** 서귀포시 성산읍 환해장성로 467
- **문의** 064-782-5798
- **영업시간** 10:00~21:00
- **휴일** 비정기 휴무

일출봉쑥빵보리빵

제주 보리와 제주 쑥으로 만든 빵에 직접 끓인 팥으로 앙금을 채워 만든 찐빵이 맛있는 집이다. 좋은 재료로 매일매일 신선한 빵을 만든다는 자부심이 있는 곳. 앙금을 넣은 쑥찐빵, 한라봉찐빵, 보리찐빵이 있고 앙금 없이 쪄낸 보리빵이 있다. 쑥찐빵과 한라봉찐빵은 쑥과 한라봉의 향이 진한 편이다. 개당 500원으로 가격이 저렴하고 낱개 판매도 가능해 몇 개 사서 간식 삼기에 좋다.

- **가는 길** 일출봉입구 버스정류장에서 한라식육점식당 끼고 돌아 골목 안쪽
- **주소** 서귀포시 성산읍 성산중앙로 30-3
- **문의** 064-784-0093
- **영업시간** 8:30~20:00(제품 소진 시까지)
- **휴일** 비정기 휴무

1300K + 에코브릿지커피

중산간마을에 뜬금없이 자리한 디자인상품숍 겸 카페. 그 '뜬금없음' 때문에 더 많은 이들의 주목을 받게 됐다. 1층에는 제주를 주제로 만든 문구류와 생활소품, 인테리어소품, 패션용품을 판매한다. 2층에서는 커피를 비롯해 제주에서 유명한 효월 야생초차와 한라봉주스, 제주당근주스, 영귤에이드 등 음료를 판매한다. 3~4가지 종류의 빵도 판매하고 있어 간식으로 먹고 가기 좋다.

- **가는 길** 송당리사무소에서 약 370m, 중산간동로 대로변에 위치
- **주소** 제주시 구좌읍 중산간동로 2240
- **문의** 064-782-1305
- **영업시간** 10:00~19:00
- **휴일** 매주 수요일

미엘드세화

새로 지은 바닷가 하얀 집은 서울의 번화가에 있을 법한 외관이다. 그렇다고 혼자 튀는 느낌이 아니라 주변과 적절히 어울린다. 바람 부는 날 창가에 앉아 바다를 바라보면 좋을 카페. 이 집의 생크림케이크는 수준급이다. 신선한 동물성 생크림으로 매일매일 일정량만 만들어 파는데 인기가 많은 딸기생크림케이크는 일찌감치 동이 난다. 테이블도 많고 공간도 구획이 잘되어 있어 손님이 많아도 붐비는 느낌이 없다. 제주 관련 책도 많아서 정보를 얻어가기 좋다.

- **가는 길** 제주해녀박물관에서 바다 쪽으로 약 200m. 해맞이해안로 도로변에 위치
- **주소** 제주시 구좌읍 해맞이해안로 1464
- **문의** 064-782-6070
- **영업시간** 11:00~19:00
- **휴일** 매주 수요일

구좌상회작업실

옛집을 그대로 살리고 몇 가지 소품과 인테리어만으로 감성적인 공간으로 탈바꿈한 월정리 근처 작은 카페다. 소녀 같은 주인의 감각이 돋보이는 이곳에서는 꼭 케이크를 먹어봐야 한다. 주인은 카페를 열기 이전부터 이곳에서 케이크를 만들어 다른 곳에 납품하던 파티셰로 일해왔다. 치즈케이크와 당근케이크가 주메뉴로 매일매일 정해진 분량만 만들어 판매한다. 홍차나 허브티와 함께 먹으면 맛있다. 케이크의 심플한 데코레이션과 차를 내어주는 차림 또한 무척 감각적이어서 손님들은 사진을 찍어 SNS에 올리기 바쁘다.

- **가는 길** 월정리해변에서 월정1길을 따라 골목 안쪽으로 약 450m
- **주소** 제주시 구좌읍 월정1길 55-3
- **문의** 010-6600-6648
- **영업시간** 11:00~18:00
- **휴일** 매주 화요일~목요일

카페공작소

세화 바다를 인터넷에 검색했을 때 나오는 사진 대부분이 카페공작소 앞에서 찍힌 것이다. 카페공작소 앞에서 바라보는 세화해변은 유독 더 아름다운데 그 까닭은 주인장이 철마다 꽃이 핀 화분이나 꽃병, 나무 의자와 같은 소품들을 바다와 길 사이 담장에 놓아두기 때문이다. 바다는 몇 가지 소품 덕분에 예쁜 핀을 꽂은 아이처럼 더 예뻐진다. 세화해변 최고의 포토존이나 다름없다. 커피공작소는 아기자기한 제주 관련 소품을 파는 기념품숍이기도 하고 공연이나 크고 작은 행사가 열리는 동네 문화공간이기도 하다. 직접 청을 담가 만드는 다양한 귤 종류의 음료와 꾸덕한 질감의 당근 케이크가 맛있다.

- **가는 길** 세화해변 앞 해맞이해안로 도로변
- **주소** 제주시 구좌읍 해맞이해안로 1446
- **문의** 070-4548-0752
- **영업시간** 9:00~21:00
- **휴일** 매주 수요일

바다는안보여요

상호가 돋보이는 종달리의 작은 카페다. 이름처럼 정말 바다는 보이지 않는다. 주인장이 제주에 카페를 차린다고 했을 때 지인들마다 "바다 보여?" 하고 묻기에 지은 상호란다. 추천음료는 아이스아메리카노 디크레마. 산미가 있는 예가체프 원두로 에스프레소를 내린 후 크레마를 걷어내 산뜻하고 깔끔한 맛을 낸 차가운 커피다. 은은한 꽃향과 커피향이 좋다. 버터커피는 인도네시아 만델링 원두로 내린 커피에 가염버터를 넣은 고소한 커피로 식기 전에 다 마셔야 한다. 겨울철에 어울리는 메뉴. 종달리마을을 산책하다 잠시 쉬어가기 좋은 카페다.

- **가는 길** 종달초등학교에서 종달리마을 안쪽 올레1코스 따라 약 500m
- **주소** 제주시 구좌읍 종달로5길 31-1
- **문의** 064-782-4518
- **영업시간** 11:00~23:00
- **휴일** 매주 수요일

카페동네

이 집에서 반드시 맛보아야 할 메뉴가 있다. 당근빙수다. 당근주스야 제주에 있는 많은 카페에서 쉽게 볼 수 있는 메뉴지만 당근빙수는 카페동네만의 전매특허 메뉴다. 먹기 전엔 과연 당근빙수가 맛있을까 의문이 생기지만 일단 맛보면 당근즙과 연유, 우유의 조화가 이토록 훌륭한 것인지 깜짝 놀라게 된다. 구좌읍에서 나는 당근을 갈아 우유와 섞고 달콤한 맛을 살려줄 연유를 첨가해 얼린 후 눈꽃처럼 곱게 갈아낸다. 그 위에 잘게 다진 호두를 토핑처럼 뿌리면 이 집의 당근빙수가 완성된다. 당근을 싫어하는 사람이라도 맛있게 먹을 수 있다.

- **가는 길** 종달초등학교에서 종달리마을 안쪽 올레1코스를 따라 약 400m
- **주소** 제주시 구좌읍 종달로5길 23
- **문의** 070-8900-6621
- **영업시간** 10:00~18:00
- **휴일** 매주 화요일

카페세바

재즈 선율이 흐르는 조천읍 선흘마을 골목길의 예쁜 카페. 주인은 피아니스트 출신으로 카페에 피아노가 놓여 있고 여러 분야의 책과 함께 다량의 클래식 LP판이 꽂혀 있다. 가끔씩 카페에서 공연이 열리기도 한다. 정성스레 내려주는 핸드드립커피가 대표메뉴다. 원두는 예가체프, 하라, 시다모, 파푸아뉴기니, 과테말라 등이 준비되어 있고 더치커피와 모카포트커피도 있다. 보리빵과 리코타치즈샐러드 등 디저트도 있다.

- **가는 길** 선흘1리 버스정류장 옆 동백상회 안쪽 골목으로 약 350m
- **주소** 제주시 조천읍 선흘동2길 20-7
- **문의** 070-4213-1268
- **영업시간** 11:00~18:00
- **휴일** 매주 일요일

지미스

우도에서 땅콩아이스크림을 먹는 여행자 열의 아홉은 지미스에서 먹지 않을까 싶다. 우도에 땅콩아이스크림 열풍을 일으킨 지미스는 '원조'답게 매일매일 쉼 없이 아이스크림을 뽑아내고 있다. 아이스크림은 명성답게 온통 땅콩범벅이다. 컵 가장 아래층에는 고운 땅콩가루를 깔고 그 위에 땅콩이 쏙쏙 박힌 바닐라아이스크림을 올린 다음 마지막으로 껍질째 먹는 볶은 우도 땅콩을 한가득 올려준다. 우도 땅콩도 적잖이 먹을 수 있는 데다 아이스크림의 달콤함과 땅콩의 고소함이 어우러져 꽤나 훌륭한 맛을 자랑한다.

- **가는 길** 검멀레해변 앞 위치
- **주소** 제주시 우도면 우도해안길 1132
- **문의** 010-9868-8633
- **영업시간** 8:00~17:30
- **휴일** 연중무휴

제주커피박물관바움

대수산봉(큰물뫼오름) 아래 나무숲 사이에 자리한 커피박물관 겸 카페다. 1층은 1873년 생산된 엔터프라이즈사의 상업용 커피그라인더를 비롯해 전세계의 로스터기, 추출도구, 커피잔세트, 커피포트 등이 전시되어 있고 커피 추출 체험실과 로스팅실이 있다. 2층은 사방이 창으로 숲을 바라볼 수 있는 카페다. 원두 종류가 많고 커피가 신선하다. 핸드드립커피를 추천한다. 카페 주변에 올레2코스가 지나는 길이 있고 솔밭공원과 야외정원이 가꿔져 있어 산책하기 좋다.

- **가는 길** 장만이동산 버스정류장(성산 방향)에서 콘크리트 농로길 따라 대수산봉 쪽으로 약 1km
- **주소** 서귀포시 성산읍 서성일로 1168번길 89-17
- **문의** 064-784-2255
- **영업시간** 9:00~18:00
- **휴일** 연중무휴

블랑로쉐

하고수동해변 바로 옆 돌출된 작은 곶 위에 새하얀 건물로 지어진 카페다. 카페 사방이 통창이어서 아름다운 우도 바다를 바라보며 쉴 수 있다. 땅콩빙수가 맛있다. 부드럽게 갈린 얼음 위에 땅콩가루와 통땅콩, 아몬드를 얹고 콩가루를 뿌려 고소하고 달콤한 맛을 살린다.

- **가는 길** 하고수동해변에서 하고수동포구 쪽으로 우도해안길 95m 이동 후 오른쪽 골목 안
- **주소** 제주시 우도면 우도해안길 783
- **영업시간** 동절기 10:00~18:00
  하절기 10:00~20:00
- **문의** 064-784-0045
- **휴일** 연중무휴

방님봉봉고고 게스트하우스

1인 전용 게스트하우스로 나홀로 여행자가 반가워할 만한 곳이다. 게스트하우스가 위치한 하도리마을도 조용하고 게스트하우스 자체도 고요하다. 어떠한 방해 없이 편안하게 쉬다 갈 수 있어 좋다. 1인실은 더블베드에 빈티지한 조명과 학생용 책상이 놓여 있다. 2인실은 2층 침대가 놓여 있는데 일행은 받지 않는다. 전반적으로 쾌적한 느낌이며 특히 열린 공간인 카페 벽면에는 카세트테이프, 피규어, 장난감, 그릇, 패브릭이 가득 채우고 있다. 흡사 만물상 같지만 지저분한 느낌이 아니라 빈티지한 분위기를 조성한다. 조식으로 토스트와 달걀후라이 등을 제공한다.

- **가는 길** 해녀박물관 버스정류장에서 오르막길을 따라 약 100m 직진 후 왼쪽 마을 안길
- **주소** 제주시 구좌읍 구좌로 149-9
- **예약 및 문의** 010-9288-3412, www.bangnimbongbong.co.kr

프로젝트비 게스트하우스

1인실 2개와 2인실 2개로 이루어진 게스트하우스. 수산리마을 한적한 자리에 있고 나홀로 손님이 대부분이어서 조용하고 차분하게 시간을 보내기 좋다. 신축건물이라 깔끔하고 채광도 좋다. 2층은 객실로, 1층은 카페로 운영한다. 조식은 전날 말해야 하고 9시부터 먹을 수 있다. 메뉴는 그때그때 다르고 가격은 5000원이다. 게스트하우스 곳곳에 직접 만든 인형, 쿠션, 가방 등을 놓아둔 바느질 솜씨 좋은 주인은 여행자에게 '늦잠'을 권장한다. 게스트하우스가 위치한 마을도, 묵는 방도 느긋하고 평화로운 분위기가 물씬 풍긴다.

- **가는 길** 수산초등학교 병설유치원에서 길 건너 골목 안쪽
- **주소** 서귀포시 성산읍 수산서남로 18-9
- **예약 및 문의** 010-4262-1592, www.projectb.co.kr

소로소로 게스트하우스

중산간마을 송당리에 위치한 조용한 게스트하우스다. 1인실과 2인실, 별실을 갖추고 있으며 2개의 숙박동과 별도의 카페동으로 이루어져 있다. 방마다 빗과 드라이기, 수건, 머그컵 등 필요한 물품들이 준비되어 있고 객실 복도에는 정수기와 공용냉장고가 있다. 욕실도 넓고 쾌적하다. 커피를 비롯한 다양한 차 종류를 판매하는 카페는 공용공간으로 사용된다. 숙박객에게는 정갈하게 차린 조식을 제공한다. 젊은 주인 부부는 대중교통 이용자들을 위해 버스 시간을 고려해 가장 효율적으로 주변 여행을 할 수 있는 방법을 소상하게 알려준다. 버스가 뜸한 중산간마을이라 뚜벅이들에게는 큰 도움이 된다.

- **가는 길** 송당리마을 초입(성산 쪽에서 들어올 때)에 위치. 대물동산 버스정류장에서 걸어서 2분
- **주소** 제주시 구좌읍 송당 7길 3
- **예약 및 문의** 070-4116-9938, hisuhee75.blog.me

프라비타 게스트하우스

1인실과 2인실로 이루어진 방이 총 5개인 게스트하우스다. 별관으로 위치한 2층 카페건물과 잘 가꿔진 잔디정원 덕분에 객실 수에 비해 규모가 꽤 커 보인다. 욕실에는 1인용으로 분리된 작은 욕실이 여러 개 있고 간단히 손을 씻을 수 있는 세면시설이 파우더룸 형태로 갖춰져 있어 좋다. 조식으로 빵과 과일, 샐러드, 수제요구르트 등이 준비된다. 2분 거리에 철새도래지가, 10분 거리에 하도해변이 있다.

- **가는 길** 창흥교차로에서 하도13길을 따라 마을 안쪽으로 750m
- **주소** 제주시 구좌읍 하도13길 62-9
- **예약 및 문의** 010-4177-3213, puravita71.blog.me

더클라우드호텔

최근에 오픈한 고급 풀빌라호텔로 모든 객실에서 바다와 성산일출봉, 우도를 조망할 수 있다. 모든 객실에 노천스파가 갖춰져 있으며 스위트룸의 경우 노천스파와 함께 개별 수영장도 있다. 작은 어메니티부터 침구류 하나하나가 고급스럽다. 몰입감이 뛰어난 커브드TV가 설치된 점도 인상적이다. 제주산 재철 재료로 요리를 내는 레스토랑 라운지나인이 있으며 호텔산책로도 예쁘게 꾸며져 있다.

- **가는 길** 성산초등학교에서 바다 쪽으로 530m 직진 후 왼쪽 길을 따라 470m
- **주소** 서귀포시 성산읍 한도로 269-37
- **예약 및 문의** 064-783-8366, www.cloudhotel.co.kr

그대봄펜션

식당을 함께 운영하는 주인이 정성스럽게 아침식사를 내어주는 B&B형 독채펜션이다. 돌담동과 바람동이라 이름 지은 2동의 건물로 이루어져 있으며 각각 침실 2개와 침대 2개로 총 4명이 묵을 수 있다. 한동리 한적한 자리에 위치하며 모던하게 디자인한 신축건물이다. 내부는 화이트톤의 깔끔한 카페 분위기를 풍긴다. 창이 많아 채광이 좋고 숙박에 필요한 어메니티가 빠짐없이 준비되어 있다.

- **가는 길** 한동리사무소에서 마을길을 따라 900m 이동 후 오른쪽 길로 300m
- **주소** 제주시 구좌읍 한동로6길 28
- **예약 및 문의** 010-8871-6534, www.younbom.com

연이네다락방 게스트하우스

2인실과 4인실로 구성된 깔끔한 게스트하우스. 공용공간으로 주방과 휴게공간, 남녀 분리된 화장실과 욕실이 있다. 휴게공간에서는 동복리 바다를 바라보며 차 한잔하기에 좋다. 야외마당에선 종종 영화 상영을 한다. 조식으로 샐러드와 달걀, 토스트를 제공한다.

- **가는 길** 동복리 버스정류장에서 마을 안쪽으로 걸어서 2분
- **주소** 제주시 구좌읍 동복로 56-3 • **예약 및 문의** 010-2757-8872, bloomingjeju.wix.com

수상한소금밭

1인실과 2인실, 4인실이 있다. 본래 염전이었던 터에 지어 소금밭이라는 이름을 붙였다. 조식으로 카레밥과 음료 혹은 토스트와 음료가 제공된다. 종달리마을 안쪽 바닷가와 가까워서 뚜벅이 여행자들이 선호한다.

- **가는 길** 종달초등학교에서 바다 쪽 마을 안길로 680m
- **주소** 제주시 구좌읍 종달동길 36-10 • **예약 및 문의** 010-8933-0848, www.mysterysalt.com

봄그리고가을리조트

성산일출봉이 바라보이는 시흥리 바닷가에 위치한 리조트다. 총 3개 동으로 이루어졌으며 한실과 가족룸, 트윈룸, 더블베드룸, 스위트룸이 있다. 성인풀과 유아풀이 구분된 야외수영장이 있고 편의점과 치킨전문점, 식당, 실내놀이터 등 부대시설이 자리잡고 있다.

- **가는 길** 성산고등학교에서 해맞이해안로를 따라 송난포구 쪽으로 약 1km
- **주소** 서귀포시 성산읍 해맞이해안로 2652 • **예약 및 문의** 064-784-2211, www.springnautumn.com

**02
동남권**

홀로
걷고 싶은
한적한 제주

동남권 코스

가시리

버스로 30분

표선해비치해변

버스로 50분

남원큰엉

걷기 난이도 ★★☆☆☆
대체로 평탄하지만 가시리에 있는 갑마장길을 걷거나 따라비오름 또는 대록산을 오른다면 다소 숨이 찰 수 있다.

언제 가면 좋을까
사계절 모두. 크게 계절에 영향을 받는 지역은 아니다. 봄이면 봄대로, 가을이면 가을대로 좋다. 가시리는 가까운 녹산로에 유채꽃이 피는 봄과 따라비오름 주변으로 억새가 피는 가을이 좋고, 표선해비치해변은 해수욕장이 문을 여는 여름이 좋다. 남원큰엉은 가까운 곳에 위미동백나무군락지가 있어 동백꽃이 피는 늦겨울이 좋다.

본격적인 여행에 앞서
1. 제시한 코스는 다른 지역에 비해 상대적으로 사람이 덜 몰리는 곳으로 한산한 분위기를 선호하는 이들에게 알맞다. 아침부터 움직인다면 하루 코스로 적당하다. 하지만 중산간마을인 가시리마을 곳곳과 갑마장길 일대를 제대로 둘러보려면 한나절 이상 걸리고 드나드는 버스도 자주 없기 때문에 전날 가시리에 도착해 숙박을 한 후 일정을 시작하거나 거꾸로 남원큰엉―표선해비치해변―가시리 순으로 동선을 짜는 것이 좋다.

2. 가시리를 제외하고 표선해비치해변과 남원큰엉은 버스로 이동하기 수월한 편이다. 성산 방면에서 이동한다면 15~20분 간격으로 오가는 701번 동일주버스를 타면 되고 서귀포시내 쪽에서 이동한다면 701번, 730번, 730-1번, 910번 시외버스와 시내버스인 100번 버스 등을 이용하면 된다.

3. 동남권에서 가장 번화한 곳은 표선면사무소 주변이다. 표선해비치해변에서 10분 정도 걸어가면 된다. 대형마트와 은행, 식당, 택시 승차장 등이 모여 있다. 가시리에는 작은 슈퍼와 농협은행이 전부다.

가시리마을 아침 산책

중산간마을의 아침은 유난히 상쾌하다. 육지의 도심과는 비교할 수 없이 맑은 공기를 마시고 새소리와 바람소리를 배경음악으로 들으며 한가한 마을길을 돌아보는 일은 이곳에서만 누릴 수 있는 호사다. 가시리마을은 걷는 일 그 자체만으로 즐겁다. 피곤하지 않다면 기세를 몰아 따라비오름과 조랑말체험공원까지 걷자.

제주마 구경하고 말똥쿠키 먹기

제주에 산다고 다 같은 말이 아니다. 천연기념물로 지정된 순수 제주마는 덩치가 작고 순한 성격의 조랑말이다. 조랑말체험공원에서 제주마도 만나고 커피와 함께 달콤한 말똥쿠키도 맛보자.

두루치기 한 젓가락에 한라산 한 모금

가시리는 예로부터 돼지고기 맛있기로 유명한 동네였다. 양돈장과 도축장이 인근에 있어 그때그때 돼지를 잡아 신선한 고기를 저렴한 가격으로 내놓기 때문이다. 가시리에는 10여 곳에 가까운 고깃집이 있는데 주로 내는 음식은 두루치기와 생고기, 몸국 등이다. 특히 갖은 채소를 넣고 볶아 먹는 두루치기가 인기 메뉴. 제주 사람들처럼 두루치기에 냉장고 밖(노지)에 놓아둔 한라산소주를 한잔 곁들여보자.

바다를 향해 800m 백사장 달리기

제주에서 표선해비치해변만큼 백사장의 폭이 넓은 해변이 없다. 썰물 때 백사장에서 바다까지의 폭이 800m에 이르니 100m 달리기를 여덟 번이나 연속으로 할 수 있을 만큼 넓다. 다른 해변은 바다를 곁에 두고 백사장 둘레길을 따라 걷지만 표선해비치해변에서만큼은 둘레가 아니라 폭을 따라 걷거나 달려보자.

동백나무군락 혹은 감귤밭 돌기

남원읍은 감귤산지로 유명한 동네다. 늦봄에는 귤꽃향이 향긋하게 퍼지고 늦가을부터는 노랗게 익은 감귤이 주렁주렁 달린다. 남원읍 어딜 가나 쉽게 귤과수원을 만날 수 있다. 귤 구경도 즐겁지만 농장이나 게스트하우스에서 감귤 따기 체험프로그램을 운영하기도 하니 수확 시기에 방문했다면 한번 도전해보자. 또한 남원읍 위미리에는 동백나무 군락이 있다. 2월 중순부터 3월 말까지 빨갛게 핀 500여 그루의 동백꽃을 볼 수 있다.

돌하르방, 정낭, 물허벅 제주3종세트 앞에서 사진 한 컷

표선면에는 성읍민속마을과 제주민속촌 등 제주의 전통가옥이 밀집되어 있다. 초가지붕을 얹은 돌집과 제주의 대문 격인 정낭, 마을의 장승과도 같은 돌하르방, 제주 여인들이 메고 다녔던 물동이인 물허벅 등을 볼 수 있다. 제주에서만 만날 수 있는 전통 산물들 앞에서 인증사진을 찍어보자. 가장 '제주스러운' 사진을 건질 수 있을 것이다.

한반도 모양 나무터널 통과하기

남원큰엉 해안경승지의 1.5km 구간 산책로는 걷다보면 자연스럽게 형성된 한반도 모양의 나무터널을 만날 수 있다. 별생각 없이 걸으면 모르고 지나칠 수도 있으니 어디에 한반도가 보이는지 두 눈 크게 뜰 것.

가시리

시간을 더하는 마을

가시리의 아침 공기는 언제나 숲에 들어온 듯 서늘하다. 땅도 나무도 물기를 가득 머금어 마을 전체가 촉촉한 느낌이다. 마을이 작고 집들도 띄엄띄엄 떨어져 있어 한가하고 고요하다.

마을 안에는 자연사랑미술관이 있다. 폐교된 가시초등학교를 사진갤러리로 단장한 곳으로 제주에서 30년 넘게 사진을 찍어온 서재철 작가가 자신이 찍은 제주의 풍광 사진을 전시한다. 잔디가 없는 모래 운동장과 밟을 때마다 삐걱삐걱 소리를 내는 나무바닥 복도가 정겹다. 갤러리에서 유독 눈에 띄는 사진들은 가시리의 간판 명소인 따라비오름이다. 사진이 오름에 오르라 부채질한다. 미술관을 나와 늘쩡늘쩡 걷다가 카페에 들어가 핸드드립커피를 한잔 청한다. 산속마을에 카페만 두 곳이다.

카페를 벗어나 한 달에 두 번 작은 장터가 열리는 가시리사무소 앞 공터 마루에 앉는다. 마실 나온 어르신들도 있고 넉살 좋은 개들도 많다. 마냥 쉬고 논 것 같은데 겨우 정오를 넘겼을 뿐이다. 하릴없이 따라비오름을 오르기로 한다. 자동차가 있으면 유채꽃과 코스모스가 아름다운 녹산로를 달리면 되고 뚜벅이라면 잘생긴 말들을 구경하며 갑마장길을 걸으면 된다. 여기는 시간을 더하는 동네, 가시리(加時里)다.

1 가시리는 해발 90~570m 높이의 너른 대지를 차지하고 있는 마을로 600여 년간 제주의 목축문화를 선도해왔다. 조선시대에는 추위에 강하고 튼튼한 산마(山馬)를 키워내는 목장으로, 나아가 최고등급의 말(갑마甲馬)을 모아 기르던 갑마장으로 운영되었다. 현재는 당시 목장 경계용으로 쌓은 돌담인 잣성이 남아 있으며 갑마장 자리는 마을공동목장으로 활용하고 있다. 마을공동목장에는 조랑말체험공원이 들어서 있고 공원은 조랑말박물관과 조랑말승마장, 조랑말캠핑장 등으로 꾸려져 여행자를 맞이하고 있다. 도보여행 코스인 갑마장길을 걸어보자.

2 가시리마을은 제주시에서 표선을 오가는 720-1번 버스와 서귀포시에서 표선을 잇는 910번 버스, 표선과 가시리를 순환하는 920번 버스가 지난다. 720-1번 버스는 하루에 네 번 운행되고 910번과 920번 버스도 1시간에 1대꼴로 오가니 버스를 이용한다면 시간을 잘 맞춰야 한다.

3 가시리마을은 예부터 말 목장뿐만 아니라 재래돼지 사육으로 유명했다. 마을 안팎으로 돼지고기로 만든 요리를 내는 식당이 10여 곳 있고 가시리마을회관을 중심으로 한 서너 곳의 식당들이 여행자에게 인기가 많다. 주메뉴는 돼지두루치기와 몸국이다.

자연사랑미술관

4 가시리마을에는 게스트하우스와 민박집, 펜션 등 10여 곳의 숙박업소가 있고 오름과 갤러리, 박물관 등 볼거리도 풍부하다. 그래서 뚜벅이 여행자는 기본적으로 3~4시간 이상 걷는 것을 감수해야 한다.

5 매월 둘째주, 넷째주 일요일마다 가시리사무소 앞에서 '가시장터'가 열린다. 주민들이 직접 만든 액세서리와 먹을거리, 생활소품 등을 판매한다.

가시리, 갑마장길 따라 20km 트레킹

• **갑마장길은 어떤 길?**

가시리마을과 따라비오름, 조랑말체험공원 같은 볼거리가 있는 갑마장 사이에는 '갑마장길'이라 불리는 도보여행 코스가 있다. 갑마장길은 마을부터 오름과 말방목지, 잣성 등을 두루 지나며 총 길이는 약 20km다. 긴 갑마장길이 안고 있는 총 길이 10km의 쫄븐갑마장길도 있다(쫄븐은 제줏말로 '짧은'을 뜻한다). 쫄븐갑마장길은 따라비오름과 잣성, 조랑말체험공원, 큰사슴이오름 등 주요 코스를 잇는다. 자동차를 타고 간다면 갑마장길이 아닌, 유채꽃길로 유명한 녹산로를 따라 조랑말체험공원까지 이동 후 쫄븐갑마장길을 걸어보기를 추천한다.

갑마장길 코스

총 20km, 7시간 소요

가시리사무소 – 가시사거리 – 설오름 – 하잣성길 – 따라비오름 – 중잣성길 – 큰사슴이오름 – 유채꽃 플라자 – 꽃머체 – 행기머체 – 안좌동 – 가시사거리 – 가시리사무소

쫄븐갑마장길 코스

총 10km, 3시간 소요

행기머체 – 조랑말 체험공원 – 가시천 – 따라비오름 – 잣성 – 국궁장 – 큰사슴이오름 – 유채꽃 플라자 – 꽃머체 – 행기머체

• 갑마장길의 주요 볼거리

따라비오름

'가을에는 따라비오름'이라는 제주 여행의 불문율 같은 말이 있다. 가을이면 오름 주변으로 억새가 하얗게 피어나기 때문이다. 3개의 굼부리(분화구)와 크고 작은 여러 개의 봉우리가 있는 듬직한 오름은 언제 올라도 너른 품으로 방문자를 맞이한다. 부드러운 능선은 여러 곳으로 뻗어 있어 일단 분화구까지 올라가기만 하면 드넓은 초원과 삼나무 울타리, 풍력발전기, 크고 작은 오름과 한라산, 멀리 제주 바다가 눈앞에 펼쳐진다.

- **주소** 서귀포시 표선면 가시리 62번지
- **문의** 서귀포시 녹색환경과 064-760-2912

조랑말체험공원

조랑말체험공원에는 국내 최초의 '이립(里立)' 박물관인 조랑말박물관이 있는데, 제주의 오랜 목축 역사와 문화, 제주마에 대한 설명을 쉽고 재미있게 소개하고 있다. 특히 단절 위기에 놓인 제주의 말테우리(말을 돌보는 사람을 일컫는 제줏말) 영상은 보고 갈 만하다. 옥상공원에서는 가시리 풍경을 파노라마처럼 감상할 수 있다.

- **주소** 서귀포시 표선면 녹산로 381-15
- **이용시간** 동절기 10:00~17:00, 하절기 10:00~18:00(휴일 매주 화요일)
- **입장료** 어른 2000원
- **문의** 064-787-0960

따라비오름에서 본 풍경

조랑말박물관

★★★☆☆ 제주도민 추천

"제주의 풍경에서 빼놓을 수 없는 존재가 말이잖아요. 가시리는 말 구경도 실컷 하고 중산간의 매력도 흠뻑 느낄 수 있는 마을이지요. 오름과 대지에 방목한 말들이 풀 뜯고 있는 모습을 보면 마음도 평화로워지고요."

가시리
- **주소** 서귀포시 표선면 가시리로 565번길
- **이용시간** 언제든
- **입장료** 없음
- **소요시간** 머무르는 만큼
- **문의** 가시리사무소 064-787-1305

자연사랑미술관
- **주소** 서귀포시 표선면 가시리로 613번길 46
- **이용시간** 10:00~18:00(입장마감 17:30)
- **입장료** 어른 3000원
- **소요시간** 1시간
- **문의** 064-787-3110

표선해비치해변

반짝반짝 광활한 백사장

김녕리부터 하도리까지 쭉 이어지는 동북권 해변들과는 이름도 위치도 '동떨어진' 표선해비치해변은 그야말로 독야청청한 바다다. 해비치라는 이름은 이 바다를 가장 정직하게 표현한 이름이다. 기실 햇빛을 받아 보석처럼 반짝이는 것은 물보다 모래다. 해가 비춘 모래는 마치 유리알처럼 빛나고, 그 유리알은 끝도 없이 펼쳐져 있다. 햇빛을 잘 먹는 바다라 바닷물도 쏙쏙 증발된 모양이다. 걸어도 걸어도 바다는 좀처럼 발에 닿지 않는다. 정말이지 한참을 걸어야 바닷물에 발을 담글 수 있다. 백사장의 길이는 200m 정도지만 폭은 800m나 된다. 이토록 넓은 백사장이라면 그 위에서 축구와 야구를 동시에 한다 해도 무리가 없겠다. 물론 썰물 때 얘기다. 만조 때면 드넓었던 백사장은 찰랑찰랑 물이 차올라 흔적 없이 사라진다. 밀물일 때 바다는 마치 호수 같다. 해변이 만의 형태라 안쪽 깊숙이 물이 들어오고 그 둘레를 따라 걷기 좋은 산책로가 조성되어 있기 때문이다. 또한 바람이 유독 심한 날이 아니면 바다는 파도가 없다시피 할 정도로 얌전하다. 그러니 '바다 산책'이라는 말은 표선해비치해변에 가장 잘 어울린다. 썰물 때는 너른 백사장을 걷고 밀물 때는 호수 한 바퀴 돌 듯 해변의 삼면을 두루 걸을 수 있으니 말이다.

1 표선해비치해변은 올레 3코스와 4코스가 만나는 지점으로 산책하는 방법은 2가지다. 첫번째는 표선해비치해변부터 하얀 등대까지 올레길을 따라 걷는 방법이다. 해변을 따라 도는 길은 올레3코스고 해변이 끝나고 당케포구부터 이어지는 해안길은 올레4코스다. 올레길을 따라 걷다가 보이는 해비치호텔&리조트 앞쪽의 하얀 등대는 드라마 〈아이리스〉에 등장해 일명 아이리스등대라 불린다. 두번째는 표선해비치해변에서 큰 도로(민속해안로)를 따라 걷다가 해비치호텔&리조트 안으로 들어가 수영장이 있는 리조트 정원을 산책하는 방법이다. 마치 외국의 휴양지에 온 듯한 느낌이다.

2 가족끼리 제주로 피서를 왔다면 물놀이하기에는 표선해비치해변이 제격이다. 수심이 평균 1m 이내로 낮은 편이어서 안전하고, 넓은 백사장의 모래 또한 매우 고와서 아이들이 마음껏 뛰어놀기 좋다.

3 표선해비치해변에는 공공자전거 대여소가 있다. 150원을 결제하고 휴대전화로 본인인증을 하면 3시간 동안 자전거를 탈 수 있다.

4 표선해비치해변에서 5분만 걸으면 제주민속촌이 나온다. 100여 채의 제주전통가옥을 재현해 제주의 민속문화와 생활풍속을 알 수 있도록 했다. 인위적으로 조성한 마을이지만 규모가 꽤 커서 둘러볼 만하다. 입장료는 1만원인데, 성읍민속마을에 갈 예정이라면 방문하지 않아도 된다.

5 표선리교차로와 당케포구를 중심으로 횟집, 고깃집, 백반집 등이 늘어서 있고 걸어서 15분, 자동차로 3분 거리에 표선면 번화가가 있다.

표선해비치해변의 만조

★★★☆☆ 제주도민 추천

"표선해비치해변은 만조 때와 간조 때 모습을 모두 봐야 해요. 느낌이 확 다르니까요. 만조 때는 작은 항구 같고 간조 때는 가장 넓은 모래사장을 가진 해수욕장 같아요."

- **주소** 서귀포시 표선면 표선백사로 127
- **이용시간** 일출~일몰(해수욕장 개장 7월 초~8월 말)
- **입장료** 없음
- **소요시간** 머무르는 만큼
- **문의** 서귀포시 해양수산과 064-760-2772

남원큰엉

절벽 따라 숲을 걷듯 바다를 걷듯

절벽에서 시작된 길은 음지와 양지를 두루 거쳐 절벽에서 끝난다. 음지는 숲길처럼 울창한 나무터널이다. 돈나무, 우묵사스레피나무 등 상록수의 가지가 해풍에도 끄떡없는 자세로 얽히고설키어 견고한 요새처럼 아치를 만들었다. 나무터널 중에는 한반도 형태를 띤 것도 있다. 우연히 만들어진 것치고 모양이 정확하다. 양지는 거칠 것 없이 시원하게 뚫린, 바다를 벗한 길이다. 하얀 포말이 부서지는 까만 절벽을 바라보며 걸으면 거대한 벼룻돌이 파도를 막아내듯 절벽을 둘러섰다. 1.5km가량의 절벽 위 산책로는 그렇게 빛과 어둠을 번갈아가며 이어진다.

길의 시작점인 '남원큰엉'은 그 절벽에 뚫린 커다란 구멍이다. 파도를 소리 없이 삼킬 것 같은 시커먼 굴이 두렵고도 신비롭다. 부지런히 걸으면 30분도 걸리지 않지만 재게 움직일 이유가 없다. 가만사뿐 천천히 걸어야 좋은 길이다. 걷다보면 산책로에서 바다로 향하는 샛길이 중간중간 등장한다. 바다와 절벽을 좀더 가까이에서 볼 수 있도록 최대한 땅끝으로 빼놓은 길이다. 깎아진 절벽 위에 울타리를 두르고 길을 정비해 누구나 안전하고 즐겁게 걸을 수 있으니 길을 닦은 이들에게 새삼 고마운 마음이다.

1 '엉'이란 바닷가나 절벽 등에 뚫린 바위그늘이나 굴을 일컫는 제줏말이다.

2 표선에서 출발한다면 표선초등학교 정류장에서 701번 동일주버스를, 서귀포에서 출발한다면 시내버스 100번이나 시외버스 701번, 730번, 730-1번을 타고 동부보건소 정류장에 내려 바다 쪽으로 약 320m 걸으면 된다. 이정표를 찾기보다 금호제주리조트를 찾아 리조트 정원을 지나면 남원큰엉 산책로로 쉽게 진입할 수 있다.

3 산책로 근처에는 '쇠 떨어지는 고망'이라는 이름을 가진 거대한 구멍이 있는데, 방목된 소들이 그 구멍에 떨어지는 일이 잦은 데서 유래했다고 한다.

4 남원큰엉 산책로 옆에는 놀이공원 제주코코몽에코파크와 영화배우 신영균이 세운 신영영화박물관이 있다.

5 시내버스 100번, 시외버스 701번, 730번, 730-1번 버스를 타고 5개 정류장을 지나 새천동 정류장에 내려 1km 정도 걸어가면 위미동백나무군락지가 있다.

★★★☆☆ 제주도민 추천

"나름 유명한 명소인데 의외로 한가해서 단골이 많은 해안산책로예요. 다들 한반도 모양의 나무터널에서 인증사진을 찍는데, 날이 맑은 날은 한반도 딱 중앙에 수평선이 걸려요. 휴전선 같아서 신기하죠."

- **주소** 서귀포시 남원읍 태위로 522-12
- **이용시간** 일출~일몰
- **입장료** 없음
- **소요시간** 1시간
- **문의** 서귀포시 관광진흥과 064-760-2663

여기도 한 번

바다와 천이
만난 곳
쇠소깍

수년 전만 해도 쇠소깍은 한적한 소(沼)였다. 신비롭고 짙은 초록빛 물웅덩이는 얼핏 알 수 없는 천길 물속 같지만 다시 보면 투명하게 맑아서 한동안 넋을 놓고 바라보게 된다. 못처럼 고인 듯해도 소에 모인 물은 시나브로 바다로 흘러들어 검푸르게 번져간다. 쇠소깍의 '깍'은 끝을 뜻하는 말. 그러니까 이곳은 민물과 바다가 만나는, 효돈천의 끝자락이다. 다분히 정적이지만 용암이 흘러내리며 만들어진 기암괴석의 골짜기와 심연은 지나가던 올레꾼의 시선을 붙들어두기에 충분하다. 쇠소깍을 장식하듯 뗏목배인 테우 한 척이 등장하면 물살은 소리 없는 파문을 일으킨다.

이제 쇠소깍은 사람들로 흥성인다. 수상자전거와 카약도 다니며 테우도 오가느라 붐비는 물웅덩이는 때로 교통정리가 필요할 지경이다. 다행히 엔진 없이 인력으로

움직이는 것들이라 소음과 대기공해가 없다. 쇠소깍 안은 사람들의 웃음소리만 낭랑하다. 쇠소깍 수상레저는 기다림이 필수다. 덕분에 슈퍼 하나 없던 주변에는 카페와 편의점이 빼곡히 들어섰다. 뱃사공에게 따로 연락을 해야 했던 테우는 이제 정해진 시간에 맞춰 운행을 한다. 오래전 호젓한 풍경을 기억하는 이들에게는 조금 아쉬울 수 있겠다. 허나 뱃놀이로 즐거운 표정들을 보고 있자면 마냥 애석해할 일도 아닐 듯싶다.

카약과 수상자전거, 테우는 쇠소깍 전망대 아래 선착장에서 출발해 용천수가 솟는 지점까지 왕복 800m, 약 20분간 즐길 수 있다. 체험권은 오전 9시부터 일몰 30분전까지 쇠소깍입구 매표소에서 구입하면 된다.

- **위치** 서귀포시 과원동로 쇠소깍
  910번, 930번, 701번, 730-1번 버스 타고 표돈중학교 정류장 하차
- **문의** 쇠소깍 관광안내소 064-732-1562

 여기도 한 번

혼자 머물고 싶은
포구마을
공천포

첫 만남에 친숙한 사람이 있듯 첫눈에 허물없이 익숙한 장소가 있다. 제주에서는 공천포가 그렇다. 바다는 제주의 이름난 해변만큼 아름답지 않다. 물빛은 검푸르고 해변 또한 검은 모래와 현무암으로 이루어져 검회색을 띤다. 에메랄드빛이니 민트빛이니 할 수 없고 갯벌이 있는 육지의 서쪽 바다를 떠오르게 한다. 그래서 더 친숙하게 느껴지는지도 모르겠다. 포구도 작고 마을도 아담한데 특별한 볼거리가 있는 것도 아니어서 들고 나는 이들도 많지 않다. 공천포의 바다는 대체로 쓸쓸하다. 그 쓸쓸함의 매력이 이방인을 잡아둔다. 완만하게 구부러진 포구길을 걸으며 바다와 집들을 멀뚱히 바라보는 일이 공천포에서 누리는 최상의 즐거움이다. 마치 공천포에 사는 사람의 일상처럼 뒷짐을 지고 바다를 산책하는 일은 물론 소소하기 이를 데 없다.

여행자에게 공천포는 여행의 긴장을 풀고 낯선 공간을 가장 일상적인 공간으로 느끼도록 해준다. 그것이 그 이상한 매력이다. 오래 머물고 싶다. 이왕이면 혼자서. 그러나 특정 장소에 대한 애정은 대개 혼자만의 것이 되기 어렵다. 사람 마음이라는 게 참 보편적이어서 내가 좋으면 남도 좋기 때문이다. 그래서 이 '볼 것 없는 어촌마을'에는 카페도 서너 곳이나 되고 세련된 분위기의 식당도 자리 잡았으며 게스트하우스와 B&B 역시 잇따라 생기고 있다. 이곳 사장들의 말을 들어보면 '사람이 많은 곳'이라서가 아니라 '공천포가 좋아서' 가게를 연 경우가 많다. 여행의 콘셉트가 '홀로 담담하게'라면 여기, 공천포가 답이다.

- **위치** 서귀포시 남원읍 공천포로 69-2
  910번, 930번, 701번, 730-1번 버스 타고 공천포 정류장 하차
- **문의** 서귀포시 관광진흥과 064-760-2663

 여기도 한 번

제주 사람이 사는
제주 전통가옥마을
성읍민속마을

성읍리에 들어서면 마치 기다렸다는 듯 초가지붕을 얹은 돌집들이 도로변으로 줄줄이 등장한다. '성읍민속마을'이라는 팻말이 집집마다 꽂혀 있고 '구경하는 집'이라는 써붙인 집도 한두 곳이 아니다. 사람이 사는 집이 맞나 의심이 되는데 어떤 집이든 야외 교실처럼 긴 나무 의자가 몇 개씩 놓여 있는 공간이 있다. 그리고 순간 옷깃을 잡는 어느 손길. "오미자차나 말뼈 좀 보실래요?"

이쯤 되면 살짝 맥이 빠지지만 실망하지 말고 그 집을 나와 읍성을 찾자. 모두가 찾는 진짜 성읍민속마을은 마을을 빙 두른 정의읍성 안에 있다. 성곽 안으로 들어서면 드디어 마을의 상징인 느티나무와 팽나무가 보이고 동헌과 관아, 향교가 등장한다. 이곳이 바로 500년 역사를 품은 성읍민속마을이다. 조선시대에 제주는 제주목과 대정현, 정의현 세 곳으로 나뉘어 통치되었는데 이 중 정의현의 소재지였던 곳이 성읍민속마을이다. 현재 성 안에서 거주하고 있는 가구는 45가구이고 나머지 집들은 술이나 떡을 만드는 체험공간이나 숙박공간 등으로 쓰인다. 모든 가옥이 오래된 것은 아니어서 100여 년 정도 보존되어온 고평오 가옥, 이영옥 가옥, 조일훈 가옥 등은 문화재로 지정되었다. 모두 안까지 둘러볼 수 있다. 마을에서 그냥 지나칠 수 없는 볼거리는 12기의 돌하르방인데 다른 지역의 돌하르방과 달리 얼굴이 둥글넓적하고 눈썹이 없어 생김이 다르다. 안할망당, 광주부인, 쉐당 등 민간신앙을 엿볼 수 있는 신당도 여러 곳 있다. 성곽을 두른 마을이라 아늑하고 단체관광객이 없는 한 조용하다. 동네 어르신들은 관광객에 아랑곳없이 밭일에 몰두하거나 빨래 널기에 여념 없다.

- **위치** 서귀포시 표선면 성읍정의현로 22번길 9-2 성읍민속마을 720-1번 버스 타고 성읍1리 정류장 하차
- **이용시간** 일출~일몰
  (체험관, 관아, 향교 등은 매주 월요일 휴무)
- **문의** 성읍민속마을 관리사무소 064-760-2512

춘자멸치국수

메뉴는 오로지 멸치국수 한 그릇이다. 양은냄비에는 별다른 고명 없이 멸치육수에 만 중면이 들어 있다. 그러니 국수의 맛은 육수와 살짝 뿌려진 고춧가루가 결정한다고 볼 수 있다. 국물은 멸치향이 아주 진해서 구수하고 중면은 본래의 식감이 그렇듯 뚝뚝 끊어지는 편이다. 이 맛은 마치 시골터미널에서 먹던 소박한 우동 같다. 그런데 이 조촐한 국수 한 냄비가 어쩐지 멸치국수의 정석 같다는 느낌이 든다. 양껏 먹고 난 후에도 자꾸 먹고 싶고, 국수하면 이 집 국수가 떠오른다. 식당은 구멍가게처럼 작아서 테이블 두 개가 전부고, 같은 공간 안에 개방된 주방이 있어 국수 끓이는 모습을 볼 수 있다.

- **가는 길** 표선축협사거리에서 제주은행 표선지점 쪽으로 약 40m. 대로변에 위치
- **주소** 서귀포시 표선면 표선동서로 253
- **문의** 064-787-3124
- **영업시간** 8:00~18:00
- **휴일** 명절연휴

돈까스가게

테이블도 몇 개 되지 않는 작은 식당에서 끊임없이 돈가스가 튀겨진다. 주문 즉시 깨끗한 기름에 튀겨 겉이 신선하고 바삭할 뿐 아니라 고기 또한 매우 두툼하다. 고기는 얼리지 않은 제주산 돼지 생등심만을 쓴다. 돈가스를 시키면 샐러드와 수프가 함께 나온다. 샐러드소스와 돈가스 소스, 단무지까지도 직접 만드는 집이다. 가격은 다른 돈가스집보다 저렴한 편. 표선면 사람들의 동네 맛집이었는데 이제는 여행자들에게도 많이 알려져 식사시간에는 줄을 서야 하는 일도 빈번하다.

- **가는 길** 표선리사무소 버스정류장 바로 뒤
- **주소** 서귀포시 표선면 표선동서로 240-1
- **문의** 064-787-3947
- **영업시간** 11:00~20:00
- **휴일** 매주 일요일

공천포식당

- **가는 길** 공천포교차로에서 공천포로 따라 해안로 진입 후 우측 마을회관 쪽으로 약 50m 직진
- **주소** 서귀포시 남원읍 공천포로 89
- **문의** 064-767-2425
- **영업시간** 9:00~19:30
- **휴일** 매월 첫째주, 셋째주 월요일

굉장히 당연한 말 같지만 공천포 사람들은 공천포식당에 가서 물회를 먹는다. 동네식당을 찾는다는 의미보다는 제주 전통식 물회를 맛볼 수 있는 식당이기 때문에 그렇다. 사실 제주에서 맛보는 물회의 양념은 대개 육지의 매콤새콤한 요리법을 따르는 경우가 많다. 그러나 제주 전통 물회는 된장을 기본양념으로 한다. 그래서 공천포식당에서 물회를 시키면 국물의 색깔이 붉은빛이 아니라 갈색빛이 돈다. 된장의 구수함과 식초의 새콤함, 참기름의 고소함이 한꺼번에 느껴진다. 회 인심도 넉넉하다. 전복, 소라, 한치, 자리돔, 해삼 등 종류별 물회가 있고 전복과 소라가 함께 들어간 모듬물회가 있다.

명문사거리식당

- **가는 길** 가시보건소에서 중산간동로 쪽으로 약 200m
- **주소** 서귀포시 표선면 중산간동로 5218
- **문의** 064-787-1121
- **영업시간** 9:00~21:00
- **휴일** 명절연휴

제주에서만 먹을 수 있는 몸국을 '제대로' 먹고 싶다면 단연 이곳을 추천하겠다. 관광객이 많이 찾는 해안과 멀리 떨어진 중산간마을 안에, 그것도 돼지고기로 유명한 동네에서 오랫동안 뭉근하게 끓여낸 몸국은 한술 뜨는 순간 소위 '오리지널'이라는 느낌이 든다. 메밀가루나 전분을 많이 풀어 걸쭉한 게 아니라 돼지 잡뼈가 오래 끓어 진득해진 국물에 돼지고기가 아쉽지 않게 들어가 있고 이 음식의 주인공인 모자반(몸)이 가득 들어가 오독오독 씹히는 식감을 낸다. 개인 취향이겠지만 몸국은 국에 밥을 말아 먹는 게 더 맛있다.

나목도식당

가시리의 터줏대감으로 자리하고 있는 나목도식당에서 가장 유명한 메뉴는 돼지생갈비다. 그런데 날이면 날마다 먹을 수 있는 메뉴가 아니라 돼지 잡은 날만 맛볼 수 있는 것이어서 이 집 생갈비를 맛보려면 미리 전화로 확인을 하는 편이 낫다. 매일 먹을 수 있는 메뉴가 아님에도 인심 좋은 주인 할머니는 생갈비를 넉넉하게 내어준다. 가격 또한 다른 고깃집에 비해 무척 저렴한 편이다. 후추만 살짝 친 신선한 생갈비는 쫄깃한 육질이 고스란히 느껴진다. 멜젓(멸치젓)에 콕 찍어 먹어야 제맛이고 고기는 갈빗대에 붙은 고기가 제일 맛있다.

- **가는 길** 가시리사무소 앞. 느티나무 뒤쪽에 위치
- **주소** 서귀포시 표선면 가시로613번길 60
- **문의** 064-787-1202
- **영업시간** 9:00~20:00
- **휴일** 비정기 휴무

가시식당

제주에서 돼지고기를 먹는 방법은 참으로 다양한데 양념고기를 선호한다면 두루치기를 한 번쯤 먹어보는 것도 좋다. 돼지고기로 각종 축전을 벌이는 가시리에서 두루치기로 꼽히는 식당이 가시식당이다. 고추장양념에 숙성시킨 제주산 돼지고기를 은박지를 씌운 불판에 볶다가 그 위에 무생채와 콩나물, 파무침을 더해 한데 볶아먹는 음식이 바로 제주식 두루치기다. 투박하지만 밥 한 공기를 금세 해치울 수 있다. 이 집은 진한 돼지육수의 몸국과 순댓국도 괜찮다. 두루치기와 밥을 시키면 몸국이 같이 나온다.

- **가는 길** 가시리사무소에서 중산간동로 방면으로 50m
- **주소** 서귀포시 표선면 가시로565번길 22
- **문의** 064-787-1035
- **영업시간** 8:00~20:30
- **휴일** 설 연휴 둘째날

공새미59

덮밥을 주메뉴로 하는 밥집이다. 카페처럼 아기자기하고 예쁘게 꾸며놓은 인테리어 덕분에 젊은 여행자들이 많이 찾는다. 돼지고기간장덮밥, 돼지고기된장덮밥, 딱새우덮밥, 성게문어덮밥, 오징어덮밥 등이 있는데 짭짤한 양념돼지고기구이에 마늘칩을 수북하게 얹은 돼지고기간장덮밥이 간판메뉴라 할 수 있다. 매콤한 맛을 좋아한다면 딱새우덮밥도 괜찮다. 딱딱한 껍질은 벗기기 좋게 다듬어져 있어서 새우살을 쉽게 먹을 수 있다. 덮밥 외에도 다양한 종류의 칼국수와 안주가 있다.

- **가는 길** 공천포쉼터에서 공천포로11번길 (올레5코스)을 따라 골목 안쪽
- **주소** 서귀포시 남원읍 공천포로 59-1
- **문의** 070-8828-0081
- **영업시간** 9:30~22:00 (쉬는시간 15:00~17:00)
- **휴일** 매주 화요일

표선어촌식당

물회, 매운탕, 생선구이, 뚝배기 등 해안식당에서 흔히 볼 수 있는 해산물 요리를 내는 집이다. 아주머니들 손맛이 좋아서 대부분 메뉴가 맛있는 편인데 이 집에서 꼭 맛봐야 하는 메뉴는 바로 옥돔지리다. 옥돔 한 마리가 통째로 들어 있고 무채와 고추가 넉넉하게 든 옥돔지리는 시원하고 칼칼한 맛이다. 생선과 국물도 비린 맛 하나 없이 담백하다. 아침식사로, 해장식으로도 아주 훌륭한 한 끼다. 옥돔이 구이뿐 아니라 국에도 어울리는 생선임을 새삼 확인할 수 있다. 반찬도 다양하고 푸짐한 편이다.

- **가는 길** 당케포구 내 해안로변(표선당포로)
- **주소** 서귀포시 표선면 민속해안로 578-7
- **문의** 064-787-5533
- **영업시간** 9:00~21:00
- **휴일** 비정기 휴무

모드락572

알고 가기보다 어쩌다 마주치면 더 반가운 카페. 한적한 동네 가시리에서도 조용한 자리에 위치한 파스텔톤의 카페는 들어가지 않고는 못 배길 모양새다. 로스터리 카페라 커피 볶는 향기가 은은하게 퍼지고 카페 내부에는 그림들이 벽에 걸려 있다. 그림 구경, 책 구경 하다보면 시간은 훌쩍 흘러간다. 모드락572는 갤러리 카페이자 복합문화공간으로 시낭송회, 음악회 등이 자주 열린다. 서울이 고향인 주인장은 가시리에 반해 이곳에 카페를 개업하고 문화예술인들의 사랑방으로 활용하고 있다. 핸드드립커피를 추천한다. 직접 만드는 케이크도 맛있다.

- **가는 길** 가시리사무소에서 표선 방향 버스정류장 쪽으로 약 350m
- **주소** 서귀포시 표선면 가시로 572
- **문의** 064-787-5827
- **영업시간** 10:00~22:00
- **휴일** 매주 화요일

우리동네가시리

가시리마을회관 앞에 자리 잡은 작은 카페 겸 밥집이다. 돈가스와 우동이 식사 메뉴고 커피와 주스와 에이드, 허브차와 차이티 등을 판다. 자몽 하나가 통째로 들어가는 꿀자몽주스가 맛있다. 보헤미안의 분위기가 물씬 풍기며 옷과 가방 등 빈티지한 패션소품과 액세서리도 한쪽에 판매한다. 동네 산책 중에 잠시 쉬어가면 좋을 곳이다.

- **가는 길** 가시리사무소 앞
- **주소** 서귀포시 표선면 중산간동로 5219
- **문의** 064-787-0319
- **영업시간** 10:00~20:00
- **휴일** 매주 토요일

마음카페

표선면 가시리 조랑말체험공원에 자리한 카페다. 상호 '마음'은 중의적이다. 사람의 마음을 뜻하기도 하고 말의 소리[馬音]를 의미하기도 한다. 비교적 넓고 쾌적한 내부에는 말과 관련한 아트 상품을 판매하는 코너가 따로 있다. 감귤과 당근으로 만든 조랑말주스와 말똥쿠키를 먹어보자. 마음카페 맞은편에 위치한 베이커리 카페 '시간더하기'도 괜찮다. 천연효모빵을 만드는데 마을 주민들 사이에 소문난 빵집이다.

- **가는 길** 정석항공관에서 녹산로를 따라 가시리 쪽으로 약 2km
- **주소** 서귀포시 표선면 녹산로 381-15
- **문의** 064-787-0960
- **영업시간** 동절기 10:00~17:00 하절기 10:00~18:00
- **휴일** 매주 화요일

와랑와랑

위미동백나무군락지에 위치한 카페다. '와랑와랑'이라는 이름은 불기운이 세게 타오르는 모양을 의미하는 제줏말이다. '이글이글'과 비슷한 뜻이다. 손재주가 좋은 주인 부부는 카페 건물을 직접 공사하고 내부의 가구와 자잘한 소품까지 모두 손수 제작했다. 지역 특색을 살려 동백오일, 동백비누를 만들어 판매도 한다. 동백오일은 피부와 머릿결에 효과가 좋기로 익히 알려져 있다. 세세한 손길이 느껴지는 개성 넘치는 카페의 대표메뉴는 핸드드립커피와 찰떡구이. 유기농영귤차와 무농약 레몬차도 괜찮다. 창문 밖의 울창한 동백나무 숲을 보며 차를 마실 수 있다.

- **가는 길** 위미동백나무군락지 내 세천동 버스정류장에서 걸어서 10분
- **주소** 서귀포시 남원읍 위미중앙로300번길 28
- **문의** 070-4656-1761
- **영업시간** 11:00~18:00
- **휴일** 매주 월요일

송카페

공천포 앞바다가 한눈에 내다보이는 해안가 작은 카페다. 옛집을 단장해 만든 카페는 아담하지만 오래 머물고 싶은 매력을 지녔다. 서로 다른 디자인의 의자와 오래된 타일바닥은 빈티지하고, 여러 개의 따뜻한 조명과 바다를 향한 커다란 통창은 모던한 분위기를 자아낸다. 젊은 주인 부부는 벨지안초콜릿을 듬뿍 넣은 핫초코를 추천한다. 단계별로 단맛을 조절해 주문할 수 있다. 제주산 야생초차로 유명한 효월차도 판매한다. 효월청보리차, 도라지차, 겨우살이차 등이 준비되어 있다. 따뜻한 차를 앞에 두고 공천포 바다를 바라보노라면 시간 가는 줄을 모른다.

- **가는 길** 공천포교차로에서 공천포로 따라 해안 방면으로 직진 후 오른쪽으로 30m
- **주소** 서귀포시 남원읍 공천포로 91
- **문의** 070-4191-0586
- **영업시간** 10:00~21:00
- **휴일** 매주 화요일

카페지니

공천포에 자리한 베이커리 카페다. 서울과 제주의 특급호텔 베이커리에서 경력을 쌓은 파티셰인 주인이 매일 새 빵을 굽는다. 빵 종류가 많지는 않지만 여느 유명 베이커리에 뒤지지 않는 빵맛을 자랑한다. 재료를 아낌없이 넣었지만 너무 달거나 느끼하지 않다. 블루베리치즈빵, 롤치즈빵, 바닐라슈크림빵, 브리오슈 등이 인기가 많다. 당일 만든 빵만을 판매하며 파스타와 샐러드 등 식사메뉴도 있어 브런치를 즐기기도 좋다. 규모가 꽤 있는데 1층과 2층, 옥상 야외석까지 테이블이 있다.

- **가는 길** 공천포쉼터 맞은편
- **주소** 서귀포시 남원읍 공천포로11번길 19
- **문의** 064-733-6798
- **영업시간** 10:00~21:00
- **휴일** 매주 월요일

서연의집

영화 〈건축학개론〉에서 여주인공의 집으로 등장했던 건물을 카페로 재단장한 곳이다. 영화가 흥행한 데다 영화에서 매우 중요한 장소로 등장해 연일 많은 이들이 이곳을 찾는다. 1층과 옥상에서 바라보는 바다 풍경이 아름답다. 카페가 자리한 동네는 굉장히 한산하지만 카페는 언제나 북적이는 편이라 조용히 여유를 만끽하고 싶은 이들에게는 부담스러울 수 있다. 다양한 커피와 차를 비롯해 영화 속 주인공들의 이름이 새겨진 떡과 머핀, 조각케이크 등을 요기할 거리로 판다.

- **가는 길** 위미초등학교에서 해안 쪽으로 약 1km
- **주소** 서귀포시 남원읍 위미해안로 86
- **문의** 064-764-7894
- **영업시간** 9:00~21:00
- **휴일** 연중무휴

표선이레하우스

표선 바다를 코앞에 둔 작은 게스트하우스다. 해수욕장과도 5분 거리다. 객실은 1인실과 2인실, 4인실이 갖춰져 있다. 겉보기에 화려한 외관은 아니지만 내부는 매우 깔끔하고 산뜻하다. 작은 거실에는 잡지와 책 몇 권이 놓여 있고 소등시간까지 클래식 음악이 흘러나온다. 객실마다 생수 한 병이 제공되며 원하는 이에게 귀마개를 무료로 제공한다. 화장실과 욕실은 외부 건물에 있지만 역시 깨끗하고 넓다. 비교적 넓은 정원의 흔들의자에 앉아 바다를 바라보는 시간을 가질 수 있어 좋다.

- **가는 길** 표선해수욕장야영장에서 포구 쪽으로 약 100m
- **주소** 서귀포시 표선면 표선당포로 9
- **예약 및 문의** 010-3270-6297, cafe.naver.com/pyosun2re

타시텔레 게스트하우스

굉장히 이국적인 분위기를 풍기는 게스트하우스다. 심지어 이곳을 찾는 숙박객조차 카트만두나 델리쯤에서 온 듯 '자유방랑객'의 풍모를 지닌 이들이 많다. '타시텔레'는 티베트 사람들의 인사말이다. 이름에서 짐작하다시피 게스트하우스의 인테리어도 온통 티베트풍이고 제주 토박이이자 가시리 주민인 주인장 또한 티베트 스타일의 옷차림을 고수한다. 외국 배낭여행을 하는 듯한 느낌을 받을 수 있는 곳이다. 2인실부터 4인실, 6인실로 구성되어 있고 휴게실과 별도의 공용욕실 및 화장실이 있다. 바느질 명상실과 요가실 등의 특별한 공간도 마련되어 있다. 조식은 전날 미리 얘기해두면 5000원에 수프와 요구르트, 토스트 등을 먹을 수 있다.

- **가는 길** 가시리 자연사랑미술관에서 동삼동 삼거리 진출 후 동삼동 버스정류장 방면으로 약 50m 직진
- **주소** 서귀포시 표선면 가시로 612-6
- **예약 및 문의** 010-3785-1070, cafe.naver.com/bimtashidelek

넙빌레하우스

커다란 워싱턴 야자수들에 둘러싸인 정원과 통창으로 외벽을 마감한 근사한 외관은 고급스러운 별장을 보는 듯하다. 밤에 조명이 켜지면 더욱 화려하고 멋지다. 내부는 4인실과 6인실, 독채로 이루어져 있다. 독채는 복층 구조로 거실과 침실, 주방 등이 갖춰져 있으며 4인실, 6인실은 복도를 기준으로 바다와 산 전망으로 나뉜다. 당연히 바다 전망 객실이 인기가 많다. 공용화장실과 욕실, 파우더룸이 있으며 1층은 공용공간으로 식당과 카페, 휴게실로 꾸며져 있다. 조식으로 샐러드와 토스트, 계란, 커피 등이 제공된다.

- **가는 길** 위미입구교차로에서 대유가든 골목으로 진입 후 해안 쪽으로 약 400m
- **주소** 서귀포시 남원읍 공란포로 153
- **예약 및 문의** 010-9000-9300, cafe.naver.com/nubbillehouse

금호제주리조트

남원읍에 위치한 하얀 외관의 깔끔한 리조트다. 총 4개 타입의 객실로 이루어져 있으며 가족 단위 여행객들에게 알맞은 숙소다. 제주바다를 바로 앞에 두고 있으며 남원큰엉과 산책로가 리조트를 감싸듯 위치한다. 잘 다듬어진 정원과 풀장이 있고 로비에 편의점과 작은 카페가 있으며 바와 마사지숍 등을 부대시설로 갖추고 있다. 조식뷔페를 운영한다.

- **가는 길** 남원읍 동부보건소에서 해안 쪽으로 약 50m
- **주소** 서귀포시 남원읍 태위로 522-12
- **예약 및 문의** 064-766-8000, www.kumhoresort.co.kr

해비치호텔&리조트

호텔과 리조트를 함께 갖추고 정원과 수영장, 캠핑장, 스파 등을 두루 운영하는 고급 숙소다. 표선해비치해변을 앞에 두고 있으며 쾌적한 시설과 서비스로 가족 단위 관광객에게 특히 인기가 있다. 뷔페와 다이닝룸, 카페와 베이커리의 만족도가 높고 아이들을 위한 프로그램과 성인을 위한 레저, 휴식 프로그램을 다양하게 운영한다. 호텔의 안락한 서비스를 누리며 편안히 쉬고 싶은 이들에게 추천할 만하다.

- **가는 길** 표선해비치해변에 위치
- **주소** 서귀포시 표선면 민속해안로 537
- **예약 및 문의** 064-780-8100,
  www.haevichi.com

허밍제주

공천포에 자리한 조용한 분위기의 1~2인 전용 객실을 둔 B&B다. 총 6개의 객실로 이루어져 있고 모두 바다를 바라볼 수 있다. 더블 침대와 화장대, 오픈형 옷장이 비치되어 있고 객실별로 욕실이 있다. 화이트 톤의 깔끔하고 모던한 분위기이며 1층에는 조식 및 간단한 음식을 먹을 수 있는 카페형 공용공간이 마련되어 있다. 조식으로는 전복죽이 제공된다.

- **가는 길** 공천포쉼터에서 공천포로를 따라 공천포구 방면으로 약 130m
- **주소** 서귀포시 남원읍 공천포로 59
- **예약 및 문의** 010-8851-8575,
  www.hummingjeju.com

요네상회

파스타와 카레 등을 판매하는 밥집이자 핸드메이드소품을 판매하는 숍으로 인기를 얻어온 요네상회에서 B&B도 운영한다. 1인실과 2인실 방 3개를 갖춘 조용한 민박집이다. 책을 읽고 담소를 나눌 수 있는 작은 거실과 주방, 널찍한 공용욕실을 갖추고 있다. 나홀로 여행자에게 추천해줄 만한 숙박업소다. 조식으로 토스트와 커피를 제공한다.

- **가는 길** 롯데칠성음료 제주감귤 공장 맞은편 해안 골목 안쪽
- **주소** 서귀포시 남원읍 공천포로 83
- **예약 및 문의** 070-4238-0507

미로객잔

중산간마을 가시리에서도 한참을 안쪽으로 들어가야 만날 수 있는 '숨어 있는 B&B'다. 휴대전화도 잘 터지지 않는 곳이지만 이곳을 찾는 이들이 많은 건 호텔 부럽지 않은 객실과 맛깔난 식사, 누구에게도 방해받지 않는 조용한 분위기 덕분이다. 1인실과 2인실, 3인실로 구성된 객실은 각각의 테마가 있다. 위생을 최고로 치는 주인의 고집에 침구류부터 일회용 어메니티까지 깨끗하지 않은 것이 없다. 침대와 테이블은 제주산 목재를 이용해 직접 짜넣었다. 모든 객실에는 개별 욕실이 있다. 공용공간인 서재 겸 식당에는 벽 한가득 책들이 빽빽하다. 조식 메뉴는 매일 바뀌며 1인용 쟁반에 제공된다. 저녁식사도 예약제로 가능하다.

- **가는 길** 가시리사무소에서 안좌동 쪽으로 약 3km
- **주소** 서귀포시 표선면 녹산로5번길 116-16
- **예약 및 문의** 010-3156-3017, blog.naver.com/mirrro

03
서귀포시내권

남국의 정취가
물씬 풍기는
제주

서귀포시내권 코스

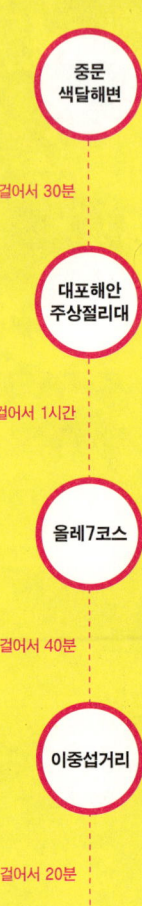

걷기 난이도 ★★★☆☆
주요 장소 간 거리가 걷자니 멀고 버스를 타자니 애매한 경우가 많다. 오히려 버스를 타려면 더 돌아가는 경우도 있어 많이 힘들다면 택시를 이용하는 편이 낫다. 전반적으로 걸어야 하는 코스다.

언제 가면 좋을까
걷기에 최적인 봄이나 가을이 좋다. 내내 바다를 곁에 두고 도는 코스라 여름 풍경도 좋지만 그늘이 많지 않아 쉽게 지칠 수 있다. 봄이면 하예에서 중문 시내까지 벚꽃이 만개해 장관을 이룬다.

본격적인 여행에 앞서
1. 제주 남부의 중심이자 가장 번화한 지역이라 할 수 있는 중문과 서귀포 일대의 코스다. 중문관광단지와 서귀포시내 사이는 14km 정도로 꽤 거리가 있지만 두 곳을 잇는 버스가 자주 있어 이동이 쉽다. 그러나 제시한 코스는 해안을 따라 도는 코스이기 때문에 장소와 장소 사이를 버스로 움직이기는 어렵다. 시간과 체력이 허락한다면 걷는 것이 좋겠지만 그렇지 않다면 택시를 이용하는 편이 효율적이다. 대포해안 주상절리대에서 올레7코스의 시작점이자 끝점인 월평포구 사이(약 8.5km)를 제외하면 대부분 기본요금 안팎이다.

2. 제시한 코스를 모두 돌면서 올레7코스까지 다 걷기에는 부담이 따른다. 올레7코스는 외돌개에서 월평마을 아왜낭목을 잇는 13.8km의 길로 5시간 정도가 소요된다. 시간이 부담스럽다면 중간지점부터 걷자. 중문에서 여행을 시작한다면 월평마을 아왜낭목이 시작점이 되는데 중간지점인 서건도나 법환포구부터 외돌개 방면으로 걸어도 충분히 걷는 즐거움을 만끽할 수 있다.

3. 해변과 기암괴석, 미술관과 식물원, 시장과 번화가 등이 몰려 있는 코스다. 당일치기로 돌아볼 예정이라면 오전 일찍 일정을 시작하자. 여유롭게 하룻밤 정도 숙박을 하는 것을 추천한다. 일정 첫날이나 마지막 날 둘러봐도 좋다. 호텔이 많아 공항리무진버스 600번이 20분 간격으로 있고 공항에서 서귀포까지 약 1시간이 걸린다. 제주시내와 서귀포시내를 잇는 780번 버스 또한 15분마다 오간다. 780번 버스는 서귀포에서 공항까지 약 1시간 30분이 소요된다.

지도 1 (서귀포 중심)

- 서귀포시청 제2청사
- 제주월드컵경기장
- 우정횟집
- 천짓골식당
- **서귀포매일올레시장**
- 서귀포시청 제1청사
- 베지그랑
- 네거리식당
- 오는정김밥
- 삼보식당
- 구피풋, 대우정
- 바농
- 메이비
- **천지연폭포**
- 백패커스홈 게스트하우스
- 섬 게스트하우스
- **왈종미술관**
- **정방폭포**
- **새연교**
- **이중섭거리**
- 황우지
- 제니스홈 게스트하우스
- 제스토리
- 서귀포항
- 잠녀숨비소리
- **올레7코스**
- **외돌개**
- **새섬**
- 카페7373
- 덕성원, 건축카페 유토피아
- 솔빛바다
- 문섬
- 맑음 게스트하우스, 어진이네횟집, 섶섬할망카페 →
- 범섬

지도 2 (중문 일대)

범례
- ■ 주요 장소
- ● 식당
- ● 카페
- ● 숙소
- ● 여기도 한번 (주요 시설)

- **천제연폭포**
- 베니키아중문호텔
- **여미지식물원**
- 수두리보말칼국수
- 롯데호텔제주
- 제주신라호텔
- 제주중문관광단지
- **약천사**
- 월평아왜낭목
- **중문색달해변**
- 하얏트리젠시제주
- **대포해안 주상절리대**
- **올레7코스**

특급호텔 정원길 걸어보기

중문관광단지에는 이름만 들어도 알 수 있는 특급호텔이 포진해 있다. 호텔에 숙박하지 않아도 호텔 안 정원을 산책할 수 있고 정원 일부는 올레길에 포함되어 있어 부담 없다. 하얏트리젠시제주부터 롯데호텔제주를 거쳐 씨에스호텔앤리조트까지 쭉 이어져 있으니 조금씩 분위기를 달리하는 호텔 정원을 걸어보자. 호텔의 명성에 걸맞게 아름답게 가꿔진 정원은 자연 속의 길을 걸을 때와는 또 다른 느낌이다. 중문색달해변과 서귀포 앞바다를 가장 좋은 '뷰'로 감상할 수 있다는 것을 알아두자.

평상에 앉아 쉰다리 혹은 막걸리 한잔!

제주는 술도 달다. 제주의 전통발효음료인 쉰다리는 막걸리와 비슷하지만 알코올 성분이 거의 없어 유산균 음료에 가깝다. 뒤에서 소개될 섬섬할망카페나 일반 전통주점에서 맛볼 수 있고 간혹 이중섭거주지 부근에서 아주머니들이 빙떡과 함께 판매하기도 한다. 평상에서 바다를 바라보며 마시는 쉰다리의 맛이 제일이다. 쉰다리가 없다면 '분홍 막걸리'로 불리는 제주막걸리로 대신하자. 제주 어디서나 쉽게 구매할 수 있다.

폭포 앞에서 '설정샷' 찍기

서귀포 권역에서 꼭 들르게 되는 곳이 폭포다. 정방폭포, 천지연폭포, 천제연폭포, 소정방폭포는 물론 비가 내리면 쏟아지는 엉또폭포까지 각양각색의 폭포가 있다. 육지에서는 산을 한참 타고 올라야 어쩌다 만나는 폭포지만 제주에서라면 큰 수고 없이 시원한 폭포를 만날 수 있다. 폭포 앞에서 인증사진도 찍고 다양한 각도를 이용해 재미있는 설정사진도 찍어보자. 남는 건 사진뿐!

서귀포매일올레시장에서 군것질하기

이중섭거리 끝에서 만날 수 있는 서귀포매일올레시장은 주전부리 천국이다. 앙금이나 크림을 넣어 갓 구워낸 온갖 종류의 빵부터 새콤달콤한 감귤·한라봉주스, 떡볶이와 김밥, 튀김, 쫀득쫀득한 보리찐빵과 감귤찐빵까지 매우 다양하다. 끼니를 대신할 수도 있고 포장해서 여행 중 간식으로 즐겨 먹어도 좋다.

그림엽서에 손글씨 써서 부치기

휴대전화로 모든 용건을 주고받는 요즘 같은 세상에 엽서는 받는 것도 보내는 것도 아주 드문 일이 되었다. 그래도 아직까지는 기념품숍에서 꿋꿋하게 판매되는 주요 상품 중 하나다. 제주 기념품숍이나 플리마켓에서도 제주 풍경이 담긴 엽서는 쉽게 볼 수 있다. 엽서를 몇 장 사자. 좀더 색다르게 이중섭미술관이나 이왈종미술관에서 제주 풍경을 그린 화가의 작품이 인쇄된 엽서를 사도 좋다. 제주에서의 기분을 십분 반영한 메시지를 적은 다음, 근처 우체국으로 간다. 이왕이면 관광인(해당 지역의 특색이 새겨진 우체국 도장)을 찍고 우표를 붙여 사랑하는 이에게 보내자. 나 자신이 받는 이여도 좋다. 제주로부터 날아온 엽서 한 장의 감동은 기대 이상으로 크다.

밤의 운치를 물씬 느끼며 달빛 산책을!

중문과 서귀포에서는 야간관광도 가능하다. 새섬과 새연교, 천지연폭포는 서귀포의 야경 명소로 이름난 곳이다. 세 곳 모두 가깝게 붙어 있어 산책을 하며 한 곳씩 야경을 감상할 수 있다. 또 중문골프장에서는 한 달에 두 번 중문달빛걷기 행사가 열린다.

중문색달해변

바라만 보아도 좋은 바다

파도는 높고 바다는 검푸르다. 보는 이에 따라서 중문색달해변은 조금 위압적으로 느껴질 수도 있다. 활처럼 구부러진 500m 가량의 백사장이 이곳이 해변임을 증명하지만 해변으로 가는 길은 평지가 아닌 절벽 위에서 시작된다. 다소 가파른 경사를 따라 내려가야만 모래를 밟을 수 있는 중문색달해변. '가깝고도 먼 그대' 같다는 수식이 어울린다.

사람들은 호텔이 모여 있는 중문관광단지의 산책로에서, 중문색달해변 전망대에서 바다를 바라본다. 어딘가 오르지 않고도 전망대라는 곳에 쉽게 닿아 해변 전체를 조망할 수 있다는 건 이곳만의 장점이자 매력이다. 특급호텔들이 이곳에 모여 단지를 이룬 까닭이 이해되기도 한다.

바다는 그대로 그림이 된다. 빛에 따라 바람에 따라 그 풍경은 조금씩 달라져서 가장 생생하고 화려한 영상이라고 해도 좋을 것 같다. '바라보는' 대신에 바다를 '힘차게 껴안는' 이들은 모험을 사랑하는 서퍼들이다. 파도를 타고 유연하게 움직이는 그들의 모습 덕분에 가만히 선 사람도 가슴 깊은 구석이 시원해지는 기분이다. 중문색달해변을 즐기는 방법은 목 좋은 벤치에 앉아 바다를 그저 바라보는 것, 그것으로 충분하다.

1 중문색달해변은 2개의 해변으로 나뉜다. 하나는 조근모살, 다른 하나는 진모살(긴모살이라고도 한다)이다. 진모살은 고운 백사장의 해변이고, 조근모살은 갯깍 주상절리대와 하얏트리젠시 제주 사이의 돌이 섞인 작은 해안이다. '모살'은 제줏말로 모래를 뜻하고 '조근'은 '작은', '진'은 '긴'이란 뜻이다. 중문색달해변을 온전히 즐기고 싶다면 갯깍 주상절리대를 걸어보자.

2 중문색달해변에는 샹그릴라 요트선착장이 있다. 시각별로, 코스별로 다양한 요트투어 프로그램이 있으며 선착장 옆 매표소에서 승선권을 구매할 수 있다. 일출 무렵에 요트를 타고 해맞이를 할 수 있는 선라이즈 크루즈를 추천한다. 1인당 약 8만 원의 비용이 든다.

3 중문색달해변은 수심이 1.2m 정도로 다른 해변에 비해 깊고 파도가 센 편이라 윈드서핑, 수상스키 등의 명소로 알려져 있다. 서핑은 보통 봄부터 가을까지 한다. 중문색달해변에서 걸어서 5분 거리에는 우리나라 최초의 서핑스쿨인 제주서핑스쿨에서 초보자도 어려움 없이 서핑에 도전할 수 있다. 1시간가량 강습을 받고 2시간 정도 프리서핑을 할 수 있는데 보드와 슈트는 대여해준다. 1인당 약 6만원의 비용이 든다.

4 중문색달해변에서 1km가량 떨어진 중문골프장에서는 매월 둘째주, 넷째주 금요일에 달빛걷기 프로그램이 진행된다. 일몰 시간에 맞춰 해안을 따라 3km를 걸으며 풍등 날리기, 야광 캔들 사진 찍기 등 작은 이벤트가 곁들여진다. 참가비는 무료다. 한국관광공사에서 주관하며 제주지사 홈페이지(16885404.com)에서 예약 가능하다.

5 해변에서 중문호텔단지 방향으로 조성된 산책로를 가볍게 걸어보자. 경사진 산책로 끝에 닿으면 중문색달해변의 풍경이 한눈에 들어온다.

중문색달해변 산책로

★★★☆☆ 제주도민 추천

"하얏트리젠시부터 롯데호텔, 신라호텔까지 고급 호텔들 사이 산책로를 걸으면 제주 현지인들도 여행 온 것 같아요. 숙박객이 아니어도 상관없으니 호텔과 바다 사이의 예쁜 산책로를 부담없이 걸어보세요."

- **주소** 서귀포시 중문관광로72번길 114
- **이용시간** 일출~일몰(해수욕장 개장 7월 초~8월 말)
- **입장료** 없음
- **소요시간** 머무르는 만큼
- **문의** 서귀포시 해양수산과 064-760-2772

대포해안 주상절리대

내 바다 위의 연필 한 다스

제주도 남부 최고 '볼거리'로 꼽히는 대포해안 주상절리대는 줄을 서서 관람을 해야 할 때가 많다. 미술관도 아닌데 줄을 서는 까닭은 절벽에 설치된 전망대로 건너가는 나무데크의 폭이 넓지 않은 데다 사람들까지 많이 몰려서다. 전망대가 아니면 수풀에 가려 주상절리대를 볼 수 없기에 어쩔 수 없다. 그래도 지루함보다 짐짓 눈앞에 펼쳐질 풍경에 대한 기대감이 고조된다. 문득 〈내 서랍 속의 낡은 바다〉라는 노래가 떠오른다. 서랍을 열었을 때 등장하는 아름답고도 고요한 바다, 그 위 주상절리대의 모습이 어떨지 설렌다.

놀랍게도 전망대에 이르러 마주한 풍경은 거대한 육각기둥의 연필 한 다스다. 서랍을 여니 연필이 나온 셈인데 기대 이상으로 정연하고 조형미가 뛰어나 하염없이 바라보게 된다. 이 '작품'을 만든 석수장이, 아니 예술가는 용암이다. 주상절리는 화산이 분출한 후 바다와 만난 용암이 급속히 식으면서 생긴 수직의 돌기둥으로 키가 작은 몽당연필 모양의 돌기둥부터 30m 높이의 돌기둥까지 크고 작은 바다 위 연필들은 율동하듯 무리지어 서 있다. 파도가 치고 또 쳐도 좀처럼 닳는 일이 없는 이 연필 한 다스는 해안을 따라 1km쯤 이어져 있다.

1 2005년 천연기념물로 지정된 대포해안 주상절리대는 중문 주상절리대, 지삿개 주상절리대라고도 부른다. 대포해안 주상절리대의 명성에 이웃한 갯깍 주상절리대는 살짝 덜 유명하지만 서로 다른 모양새에 분위기 또한 전혀 다른 곳이니 하얏트리젠시제주 옆 갯깍 주상절리대도 보러 가자.

2 주상절리대 주변은 키가 큰 워싱턴야자수 정원이 아름답게 조성되어 있어 휴식하기에 좋다. 대포해안 주상절리대에서 서귀포시내 방면으로 걸어서 5분 거리에 제주국제컨벤션센터가 있는데 이곳에는 편의점과 식당, 카페 등이 입점해 있어 끼니를 해결할 수 있다.

3 걸어서 10분 거리에는 아프리카 박물관이 있다. 다양한 소품과 사진 전시를 통해 아프리카의 역사와 문화, 예술 등을 접할 수 있는 곳으로 연중무휴로 운영된다. 10년 넘게 한자리를 지킨 퍽 인기 있는 테마 박물관이다.

4 중문색달해변에서 올레8코스를 따라 대포해안 주상절리대까지 해안을 따라 걷는 약 2km의 길이 매우 아름답다. 특히 씨에스호텔앤리조트의 정돈된 정원 산책로가 인상적이다.

★★★★☆ 제주도민 추천

"사람도 많고 입장료도 받는다고 일부러 안 가는 사람도 있는데 직접 와서 보면 절대 후회하지 않을 명소 중의 명소예요. 특히 파도가 10m 이상으로 용솟음치는 날은 장관이 따로 없습니다. 비바람이 부는 날에는 더욱 기대할 만한 곳이죠."

- **주소** 서귀포시 중문동 2767
- **이용시간** 9:00~18:00
- **입장료** 어른 2000원
- **소요시간** 30분
- **문의** 주상절리 관광안내소 064-738-1393

올레7코스

딱 한 코스의 올레길을 걷는다면

2007년 공식적으로 열린 제주 올레길 덕분에 사람들은 길을 걸으며 '놀멍 쉬멍 촌촌이' 보고 느끼는 제주에 매료되었다. 길은 이제 20코스가 넘어간다. 그중 마음먹고 딱 한 코스만 제대로 걸어봐야겠다면 올레7코스를 추천한다. 인기 1순위의 올레 대표 코스로 바다 곁을 지나는 14.2km의 길은 대체로 평탄하지만 1~2km 간격으로 길의 형태가 달라져 좀처럼 따분할 틈이 없다.

외돌개에서 돔베낭길로 이어지는 시원한 소나무길과 판판한 나무데크길, 김수봉 씨가 직접 곡괭이와 삽으로 일군 비탈 위의 수봉로, 물질하는 해녀들의 모습이 보이는 법환포구의 시멘트길, 하루 두 번 썰물일 때 섬으로 들어가는 길이 열리는 서건도 앞 자갈길, 올레꾼들이 일일이 돌을 고르는 작업으로 닦은 일강정 바당올레길까지... 올레7코스는 자연과 사람이 함께 만든, 제주 남쪽 바다의 아름다움을 함축적으로 보여주는 산책로다. 이윽고 10km 지점에 다다르면 강정마을 해군기지 건설현장이 드러난다. 구럼비바위를 밟고 선 크레인들의 모습이 생경하다. 강정쉼터에 한숨 돌리고 다시 걷기 시작하면 평화로운 강정포구와 월평포구를 잇달아 만나고 곧 월평마을 종점에 다다른다.

1 올레7코스는 외돌개에서 월평마을 아왜낭목를 잇는 14.2km의 해안길이다. 보통 4~5시간 소요된다. 대부분 쉽게 걸을 수 있는 평탄한 길이지만 돌과 바위로 이루어진 일강정 바당올레나 돔베낭길 이후 이어지는 해안바윗길은 다소 험하니 넘어지지 않도록 조심해야 한다. 바닥이 미끄럽지 않은 운동화 착용이 필수다.

2 중문 방면에서 여행을 시작했다면 동선상 월평마을 아왜낭목에서 출발해 외돌개를 도착지로 삼는 게 효율적이다. 코스를 거꾸로 걸을 때는 파란색 화살표가 아닌 주황색 화살표를 따라가면 된다.

3 올레7코스의 하이라이트는 '썩은섬'이라 불리는 서건도 앞 일강정 바당올레와 김수봉 씨가 삽과 곡괭이만으로 산길을 일구어 만든 수봉로, 외돌개에 인접한 해안 데크길 돔베낭길이다. 코스를 모두 걷기 벅차다면 코스의 중간지점인 서건도를 시작점으로 잡아도 이 하이라이트는 모두 경험할 수 있다. 서건도는 하루 두 번, 간조 때 물이 빠지면서 섬으로 들어가는 길이 열린다. 이름과 달리 '싱그러운' 섬이다. 섬에서 가까운 곳에 강정마을 해군기지 공사장이 보인다.

올레7코스에서 바라본 범섬

4 이따금 등장하는 파란색 말 표지는 '간세'라 불리는 조랑말로 제주올레의 상징이다. 게으름뱅이라는 뜻의 제줏말 '간세다리'에서 이름을 따왔다. 갈림길에서 길을 안내하거나 볼거리가 있을 경우 그에 대한 안내글이 쓰여 있다.

5 비가 오는 날 돔베낭길과 일강정 바당올레길은 다소 미끄러워 주의가 필요하다.

돔베낭길

올레7코스에서 바라본 법환포구와 범섬_문심

★★★★☆ 제주도민 추천

"와리지 말앙, 촌촌이 봅서(서두르지 말고 천천히 보세요)! 산이영 바당이영 몬딱 좋은게 마씸(산이랑 바다랑 모두 좋습니다)."

- **주소** 시작점(혹은 종점) 서귀포시 서귀동 외돌개
  종점(혹은 시작점) 서귀포시 월평동 월평마을 아왜낭목
- **이용시간** 일출~일몰
- **입장료** 없음
- **소요시간** 5시간
- **문의** 제주올레 064-762-2190

이중섭거리

가족과 그림을 사랑한 가난한 아빠의 흔적

서귀포시내의 인기 명소는 1.4평(4.6m²)의 비좁은 단칸방에서 식구를 보살펴야 했던 가난한 가장으로 인해 탄생했다. 화가 아버지를 둔 네 식구는 전쟁을 피해 제주로 왔고 서귀포 앞바다가 내려다보이는 언덕 위 초가집에 세 들었다. 피란살이는 1년 정도 이어졌고 이후 화가는 일본으로 간 아내와 아이들을 그리워하며 살다 불혹의 나이에 요절했다. 핍진한 인생이 남긴 것은 그림뿐이다. 종이과 캔버스가 없어 대신한 담뱃갑 속 작고 얇은 은박지에 아내와 아이들을 그려넣고 미소를 새겼다.

이중섭거리에서 애처로운 예술가의 삶은 헤아리기 어렵다. 거리에는 그의 작품 속 주인공들을 표현한 조형물들이 가로등처럼 서 있고 양 옆으로는 크고 작은 공방들과 카페, 식당, 아트마켓 등이 자리하고 있다. 아마도 이중섭이 가족과 서귀포에서 보낸 11개월의 시간은 오늘날 거리 분위기만큼 행복했을 것이다. 그가 서귀포에 살며 남긴 작품에는 가족, 섬, 게, 물고기, 귤 등의 소재가 활력 넘치는 형태로 표현되어 있으며 대체로 따뜻하다. 사람들은 이제 화가를 대신해 행복했던 그해 1951년을 추억한다. 그가 바라보았을 바다를, 그의 가족이 머물던 작은 방을, 그가 남긴 그림들을 하나씩 더듬으며...

1 이중섭거리는 이중섭미술관과 이중섭거주지 일대의 거리를 일컫는다. 가장 중심이 되는 거리는 제니스홈 게스트하우스 부근에서 상설시장인 서귀포매일올레시장까지 언덕을 따라 이어지는 360m의 길이다. 이중섭 그림 조형물들이 거리에 높게 솟아 있어 쉽게 찾을 수 있다.

2 이중섭거주지에는 이중섭과 그의 가족이 실제로 살던 집과 방이 그대로 보존되어 있다. 당시 주인이었던 할머니의 며느리가 집을 관리한다. 근처 이중섭미술관에서는 은지화 6점, 유화 7점, 엽서 1점 등 모두 14점의 이중섭 원화를 소장, 전시하고 있다.

3 배고픈 나날이었음에도 가족과 함께였기에 충만한 마음이었음을 짐작할 수 있는 결정적인 작품은 그가 제주를 떠난 이후 그린 〈그리운 제주도 풍경〉이다. 그림에는 서귀포 바다와 아이들, 게가 그려져 있다.

4 서귀포시는 이중섭미술관부터 소암기념관까지 4.9km의 길을 '작가의 산책길'이라 명명하고 탐방 코스를 조성했다. 이 길에는 이중섭미술관 외에도 기당미술관, 서복전시관 등이 자리하며 47점의 조형작품 등이 유토피아로를 따라 전시되어 있다.

5 매주 토요일과 일요일에는 이중섭거리에 서귀포예술시장이 열린다. 2008년부터 현재까지 꾸준히 열리고 있는, 제주 플리마켓의 '원조'라 할 수 있다. 일렬로 늘어선 좌판에는 직접 만든 공예품과 생활용품, 액세서리 등 갖가지 물건이 진열된다. 즉석에서 그림을 그려주거나 만들기 체험을 할 수 있는 공간도 있고 거리 공연도 열린다.

6 이중섭거리에는 공방과 카페, 식당 등이 촘촘하게 모여 있어 제법 긴 시간을 보내기도 좋다.

★★★☆☆ 제주도민 추천

"이중섭미술관 옥상에 꼭 올라가보세요. 이중섭 화백이 그린 〈섶섬이 보이는 풍경〉이 눈앞에 그대로 보일 겁니다."

이중섭거리
- **주소** 서귀포시 서귀동 512
- **이용시간** 언제든
- **입장료** 없음
- **소요시간** 1시간
- **문의** 서귀포시 관광진흥과 064-760-2663

이중섭미술관
- **주소** 서귀포시 이중섭로 27-3
- **이용시간** 동절기 9:00~18:00
  하절기 9:00~20:00
- **휴일** 매주 월요일, 설날, 추석, 1월 1일
- **입장료** 어른 1000원
- **소요시간** 30분
- **문의** 064-760-3567

새섬·새연교·
천지연폭포

아름다운 제주의 밤

밤 산책을 포기할 수 없는 이들에게 그 대안이 되어줄 코스가 있다. 높은 곳에서 보는 도심의 야경과 같은 화려함은 아니지만 걸음을 옮길 때마다 보석함을 여는 것 같은 야경이다.

우선 일몰 시간에 맞춰 새연교를 찾자. 새하얀 새연교가 석양을 머금고 금빛으로 물드는 시간, 다리 건너편 서귀포층 너머로 해가 천천히 넘어간다. 태양이 정수리마저 감춘 후에도 사위는 여전히 밝다. 얼마 남지 않은 햇빛으로 새연교를 건너 새섬을 한 바퀴 돈다. 섬 둘레길은 1.1km로 20분이면 돌 수 있다. 해 저문 새섬을 걷는 일은 서귀포 앞바다를 오롯이 응시하는 일이다. 갈대숲과 소나무 오솔길을 걷는 동안도 바다는 눈앞에서 사라지지 않는다. 서귀포항의 준설선과 어선들이 손을 뻗으면 닿을 듯 가깝다.

다시 출발점으로 돌아오니 색색의 빛을 발하는 밤의 새연교가 보인다. 한낮과 해 질 녘은 다른 모습이다. 한밤의 무지개를 볼 수 있다면 그건 아마 새연교가 아닐까. 로맨틱한 무지개를 다시 건너 15분을 걸으니 천지연폭포 입구가 나온다. 어둠에 예민해진 귓가로 폭포 아래 흐르는 연외천의 물소리가 감겨든다. 천변을 따라 호젓한 산책로를 걷다보면 하늘과 땅을 잇는 천지연 폭포가 빛을 쏟아내고 있다.

1 새연교는 제주의 전통배 테우를 형상화한 길이 169m의 다리다. 육지와 새섬을 잇는 보도교로 자전거나 차량은 출입할 수 없다. 새연교의 이름은 '새로운 인연을 만드는 다리'라는 뜻으로 지어졌다. 조명은 일몰 이후 켜지고 밤 10시경에 소등된다. 새연교의 야경은 멀리서 바라봐도 멋지지만 새섬 안에서 바라볼 때 더욱 아름답다.

2 초가지붕을 두르는 새(띠)가 많이 난다 하여 새섬이라 일컫는 작은 섬은 새연교가 완공된 2009년부터 육지와 연결되어 공원화되었다. 섬 초입에는 조그마한 광장이 조성되어 있고 음악벤치가 놓여 있는데 〈서귀포 칠십리〉〈감수광〉 등의 노래와 클

래식 음악이 번갈아가며 재생된다.

3 새연교 건너편에 보이는 언덕은 서귀포층이다. 패류화석이 층층이 쌓여 있어 지질명소로 이름난 곳이다. 새섬에서 가장 가깝게 자리한 섬이 문섬, 동쪽에 보이는 섬이 섶섬, 멀리 서쪽에 보이는 섬이 범섬이다.

4 천지연폭포는 높이 22m, 너비 12m, 못의 깊이 20m의 폭포로 주변에 공원이 아름답게 조성되어 있으며, 폭포 주변으로 아열대성, 난대성의 상록수와 양치식물이 숲을 이루고 있다.

새연교에서 바라본 서귀포층의 일몰

천지연폭포 진입로

새연교

★★★☆☆ 제주도민 추천

"새섬, 새연교, 천지연폭포는 낮에 가서 생각보다 별로였다는 분들도 있어요. 그런데 밤에 가면 기대 이상이었다는 분들이 많습니다."

새섬과 새연교
- **주소** 서귀포시 서홍동 새연교
- **이용시간** 일출~22:00
- **입장료** 없음
- **소요시간** 1시간
- **문의** 새연교안내소 064-760-3471

천지연폭포
- **주소** 서귀포시 칠십리로 14
- **이용시간** 일출~22:00 (입장마감 21:10)
- **입장료** 어른 2000원
- **소요시간** 1시간
- **문의** 천지연폭포 관리사무소 064-760-6301

 여기도 한 번

첫눈에 반할 만한 호방한 미남형 폭포
정방폭포와 왈종미술관

정방폭포, 천지연폭포, 천제연폭포는 서귀포에서 관광명소로 꼽히는 세 곳의 폭포다. 저마다 다른 특징을 가진 폭포라 어디가 더 좋다고 단정 지을 수는 없다. 그러나 세 곳 중 한 곳만 가야 한다면 정방폭포를 먼저 꼽겠다. 다른 곳과 견주어 이곳만의 특징이나 분위기를 첨언하는 일은 사족에 가깝다. 그냥 보면 "아!" 한다. 그러니까 정방폭포는 아이돌 그룹으로 치면 '센터'에 와야 할 '비주얼 멤버'다. 우리나라에 이렇게 압도적인 풍경을 가진 폭포가 있음이 반갑다. 수직으로 꺾인 절벽으로 떨어지는 물줄기는 폭 8m, 높이 23m에 달한다. 퀄퀄 쏟아져내리는 물소리는 가장 이상적인 폭포수의 소리다. 속이 시원스레 뚫리는 장쾌한 풍경과 소리에 잠시 홀린 듯 서 있게 된다. 물보라를 일으키며 낙하한 물은 곧바로 바다와 만나는 우리나라의 유일한 해안폭포다. 바다의 파도는 폭포 앞에서 숙연한 듯 잠잠하다. 오래전 진나라 시황제의 명령을 받고 불로초를 구하러 제주까지 왔던 신하 서불은 정방폭포 암벽에 '서불과차(徐市過此)'라 새겼다. '서불 들렀다 감'이라는 뜻이다. 이리도 멋진 장소에 들렀다가니 흔적이라도 남겨야겠다 싶었던 모양이다. 우리는 무얼 남기진 말고 눈에만 고스란히 담아가면 된다.

정방폭포 입구와 이웃한 자리에 왈종미술관이 있다. 1990년에 서귀포에 정착해 제주를 주제로 그림을 그려온 이왈종 화백이 2013년에 개관한 곳이다. 전통 민화에 바탕을 둔 독특한 색감으로 제주를 표현한 작가의 작품들을 감상할 수 있다.

정방폭포
- **위치** 서귀포시 칠십리로214번길 37
- **이용시간** 8:30~18:00
  (입장마감 17:50, 일몰일출 시간에 따라 변경)
- **입장료** 어른 2000원
- **문의** 정방폭포 관리사무소 064-760-6341

왈종미술관
- **위치** 서귀포시 칠십리로214번길 30
- **이용시간** 동절기 10:00~18:00(입장마감 17:00)
  하절기 9:30~18:30(입장마감 17:30)(휴관 월요일)
- **입장료** 어른 5000원
- **문의** 064-763-3600

여기도
한 번

위로해주고픈
외로운 바위

외돌개와
황우지

외로운 기둥바위 하나. 외돌개를 마주하면 이름이 왜 외돌개인지 단박에 알 수 있다. 높이 20m의 길쭉한 바위는 머리 위에 아담한 소나무 몇 그루만을 벗한 채 바다 한가운데 고매한 자태로 서 있다. 홀로 하늘을 이고 있으니 고되기도 하련만 하단부로 내려갈수록 굵어지는 형태 덕분인지 독야청청한 기운이 느껴진다. 사실 신묘하기까지 한 제주의 이름난 기암괴석들에 비하면 초라한 느낌임을 부정할 수 없다. 그래도 사람들은 외돌개 앞에 서서 브이자도 그리고 함박웃음도 짓는다. '외로우니까 사람이다'라는 주옥같은 시구가 떠오른다. 외돌개는 올레7코스의 출발점이기도 하다. 외돌개에서부터 1km가량 이어지는 돔베낭길(나무데크길)은 올레7코스의 일부로 올레길을 걷지 않더라도 걸어볼 만하다.

외돌개에서 동쪽으로 해안을 따라 10여 분 걸어가면 만날 수 있는 황우지도 가보자. 오랫동안 제주의 비경으로 손꼽혀왔던 곳인데 최근에는 스노클링으로 명성이 높다. 황우지를 처음 본 사람들이 놀라는 2가지가 있다. 하나는 영롱하고 투명한 초록 물빛, 또 하나는 사람이 만든 듯한 자연 풀장이다. 만처럼 둥글게 형성된 얕은 절벽 아래로 바닷물이 가두어진 듯한 형태라 누가 봐도 수영하라고 만들어놓은 장소 같다. 물이 들고 빠지는 곳은 뚝을 쌓고 파도를 막아놓아 늘 잔잔한 편이다. 그래도 만조일 때에는 수심이 3m에 달해 어린이들은 각별한 주의가 요구된다. 물론 들어가지 않고 바라만 보아도 좋은 곳이다.

외돌개와 황우지
- **위치** 서귀포시 남성로 57
  7번, 100번, 701번 버스 타고 삼매봉 정류장 하차
- **문의** 서귀포시 문화관광과 064-760-3031

 여기도 한 번

요정 혹은 선녀가
살 것 같은 신비로움
여미지식물원과 천제연폭포

중문관광단지 일대에서 조금만 높은 곳에 올라가면 둥그스름하게 솟아 있는 돔 모양 건축물 하나가 보인다. 동양 최대의 유리온실이 있는 여미지식물원이다. 1989년에 개원했으니 어느덧 개원 30년을 바라보고 있다. 승효상, 강익중, 안규철, 정현 등 우리나라를 대표하는 건축가와 예술가가 함께 온실식물원과 야외정원의 모습을 새로이 단장했고 식재 식물의 종을 지속적으로 늘려가면서 다양한 정원을 선보이고 있다.

식물원의 중심인 유리온실은 기네스북에 등재되었을 만큼 큰 규모로 판타지영화 속 세트장 같은 느낌이다. 중앙홀을 중심으로 한 방사형 구조로, 부채꼴처럼 퍼진 각각의 온실은 꽃의정원, 물의정원, 선인장정원 등 총 5개 정원으로 구성되어 있다. 실외정원도 한국정원, 일본정원, 이태리정원, 프랑스정원 등 나라별 정원의 특징을 살려 규모는 작아도 제대로 조성했다.
여미지식물원과 이웃한 천제연폭포는 7명의 선녀가 목욕을 했다는 전설이 내려오는 3단 폭포다. 중문의 산기슭에서 내려온 물로 이루어진 폭포의 1단은 비가 많이 오는 날이면 물줄기가 떨어지는 장관을 볼 수 있다. 1단에서 계단을 통해 내려가면 만날 수 있는 2단과 3단은 평소 때도 장쾌하게 폭포가 쏟아진다. 다만 폭포가 3단이다보니 계단을 오르락내리락하는 수고로움이 있다. 폭포를 둘러싼 난대림에는 희귀식물인 솔잎란이 자생하고 다양한 넝쿨식물과 양치식물, 상록수와 팽나무가 울창하다. 폭포와 숲을 가로지르는 아치형의 선임교에 오르면 천제연폭포 일대와 멀리 바다까지 보인다.

여미지식물원
- **위치** 서귀포시 중문관광로 93
  110번, 780번, 702번, 961번 버스 타고 중문관광단지입구 정류장 하차
- **이용시간** 9:00~18:00
  (입장마감 17:30)
- **입장료** 어른 9000원
- **문의** 064-735-1100

천제연폭포
- **위치** 서귀포시 천제연로 132
  110번, 120번, 130번, 780번 버스 타고 중문우체국 정류장 하차
- **이용시간** 8:00~18:00
  (일몰 시간에 따라 변동)
- **입장료** 어른 2500원
- **문의** 천제연폭포 관리사무소 064-760-6331

 여기도 한 번

배낭 메고 장보는 시장
서귀포매일 올레시장

이중섭거리의 종점이나 다름없는 곳으로 시장의 규모는 크지 않지만 충분히 둘러볼 만한 재미가 있다. 이름처럼 매일 열려 있으니 언제 가도 좋다. 시장의 분위기가 좀 독특한 편인데 이곳에서 찬거리를 사는 현지인의 재래시장 역할을 하면서도 여행자를 주고객으로 하는 점포들이 많아 뜨내기손님을 위한 시장의 느낌도 난다. 시장 가방을 든 주민과 배낭을 멘 여행자의 비율이 반반이다. 무엇보다도 여행자에게는 단연 다양한 먹을거리가 먼저 눈에 들어온다. 떡볶이, 김밥, 김치전, 튀김을 한데 섞어 내주는 제주판 분식일체 '모닥치기'를 비롯해 달콤한 한라봉크림이 든 돌하르방빵, 감귤주스와 한라봉주스, 오메기떡과 감귤과즐, 감귤초콜릿, 보리빵과 국화빵 등 한끼 식사로도 손색이 없는 음식이 가득한 먹을거리 천국이다. 그 외에는 청과물을 파

는 점포가 가장 많이 눈에 띄는데 여러 종류의 귤을 맛보고 구매할 수 있고, 귤을 포함한 청과물의 대부분은 택배로 부칠 수도 있다. 여행 막바지라면 제주에서 나고 자란 브로콜리, 감자, 당근, 양파 등 신선하고 저렴한 채소를 한 보따리 사가는 것도 괜찮겠다. 중심 통로 가운데는 작은 분수와 벤치 등으로 휴식처가 마련되어 있고 올레안내센터도 있어 올레코스와 제주 여행에 대한 정보를 얻어갈 수 있다.

- **위치** 서귀포시 중앙로54번길 35
  730번, 780번, 910번, 930번 버스 타고 중앙로터리 정류장 하차
- **이용시간** 7:00~21:00
- **문의** 서귀포매일올레상가 조합 064-762-1949

 여기도 한 번

절이 '스펙터클'하다면 바로 여기

약천사

불자가 아니라면 '갈까 말까' 고민할 수도 있다. 먼저 '갈까' 하고 고민하는 이유는 이국적인 분위기의 절이라는 점이다. 절이 이국적이라니 대체 무슨 소리인가 싶지만, 비단 절 주변의 나무가 야자수라서 그런 것이 아니라 동양에서 가장 큰 법당 대적광전이 특별해서다. 법당 내부에는 국내 최대 높이의 비로나자불이 안치되어 있고 대적광전 2층에는 불자들이 동참해 만든 8만 개의 보살이 있으며 절 마당에는 무게 18톤의 범종까지 있다. 설명만 접해선 '기록에 도전하는 사찰' 같은데 어찌됐든 '최대'라는 수식과 뭔가 위엄 있어 보이는 숫자에 이끌리는 건 어쩔 수 없다.

'가지 말까' 하고 망설이는 이유는 간단하다. 한라산 자락의 관음사는 익숙하지만 약천사는 생소하다. 일부러 들려야 볼 수 있는, 서귀포시내와 중문 중간의 어중간

한 위치에다 절의 역사도 짧다. 1918년경부터 작은 암자로 있다가 1996년에 대적광전이 준공되고 2007년 전통사찰로 지정등록되면서 세상에 알려지기 시작했다. 결론부터 말하면 '갈까 말까' 할 때는 가는 게 좋다. 절 앞에 서서 제주 앞바다를 바라보는 것만으로도 약천사는 들를 만한 이유가 된다. 또한 대적광전은 바깥에서만 볼 게 아니라 꼭 안을 들어가봐야 한다. 3층 구조지만 단층처럼 느껴지는 회랑식 구조라 2층과 3층의 개방된 복도를 돌며 법당과 비로나자불의 웅장함을 느낄 수 있다. 대적광전 앞쪽의 나한전도 들르자. 오백나한이 모셔져 있는 법당이다.

- **위치** 서귀포시 이어도로 293-28
  110번, 120번, 130번, 702번, 780번 버스 타고 중문고등학교 정류장 하차
- **문의** 064-738-5000

네거리식당

갈칫국을 먹으러 오는 이들로 아침부터 붐비는 집이다. 갈칫국은 제주 향토음식 중 하나로 주로 구이나 조림으로 갈치를 접하는 대부분의 관광객에게는 다소 생소하지만 일단 맛을 보면 시원하고 칼칼한 국물에 엄지손가락을 치켜든다. 통통한 갈치 토막 3~4개가 아쉽지 않게 들어 있고 아삭한 배춧잎, 푹 익은 무와 단호박이 조화를 이룬다. 아침식사나 해장식으로 추천한다.

- **가는 길** 천지동사무소 교차로에서 아랑조을거리 안쪽으로 약 360m
- **주소** 서귀포시 서문로29번길 20
- **문의** 064-762-5513
- **영업시간** 7:30~22:00(공휴일은 9:00~18:00)
- **휴일** 명절 당일

삼보식당

전복뚝배기가 맛있다. 서귀포 일대에서 제주 향토음식 전문점으로 이름난 집으로 관광객뿐만 아니라 서귀포시민들도 단골로 드나드는 맛집이다. 서귀포크리스탈호텔 바로 맞은편에 있어 찾기도 쉽다. 슴슴한 된장국물에 딱새우, 전복, 성게알, 바지락 등을 푸짐하게 넣어 끓인 전복뚝배기를 비롯해 물회, 갈치구이, 갈치조림, 전복죽 등 다양한 해산물 음식을 내놓는다.

- **가는 길** 서문로터리에서 중정로를 따라 약 350m
- **주소** 서귀포시 중정로 25
- **문의** 064-762-3620
- **영업시간** 8:00~21:00
- **휴일** 연중무휴

덕성원

제주까지 가서 중국음식점을 갈 필요가 있을까 싶지만 이 집은 한 번쯤 들러봄직하다. 덕성원의 명성을 제주에 떨친 대표메뉴는 게짬뽕. 마치 꽃게탕에 면을 만 듯한 독특한 짬뽕은 게에서 우러나온 국물맛이 아주 개운하다. 이 집 탕수육 역시 내공을 자랑한다. 찹쌀반죽을 얇게 입혀 바삭하게 튀겨낸 탕수육은 여느 중국요리 맛집에 뒤지지 않는다.

- **가는 길** 천지연폭포 입구 교차로에서 태평로 따라 약 200m 직진 후 왼쪽 골목 안쪽
- **주소** 서귀포시 태평로01번길 4
- **문의** 064-762-2402
- **영업시간** 11:00~21:00
- **휴일** 연중무휴

섶섬할망카페

제주 전통음료로 쉰밥에 누룩을 넣어 발효시킨 쉰다리라는 술이 있다. 술이라지만 알코올 성분이 거의 없다시피 해 제주에서 나고 자란 이들은 어린 시절 쉰다리를 요구르트처럼 마신 추억을 가지고 있다. 요즘은 맛볼 수 있는 곳이 많지 않은데 섶섬할망카페에서 달면서도 시큼하고 볏짚의 향을 알싸하게 풍기는 쉰다리를 맛볼 수 있다. 할망이 직접 담근 쉰다리 한 사발에 제철을 맞은 성게와 부침개 한 접시면 세상 모든 시름을 잊은 듯 행복하다.

- **가는 길** 보목교회에서 해안 방면으로 약 400m, 올레6코스에 위치
- **주소** 제주도 서귀포시 보목로 64
- **문의** 010-2859-8876
- **영업시간** 9:00~18:00
- **휴일** 비정기 휴무

수두리보말칼국수

고동은 제줏말로 보말이라 일컫는다. 제주에서는 보말을 바지락처럼 죽이나 국, 국수에 넣어 끓인 음식을 많이 먹는다. 향토음식을 내는 식당 대부분은 보말이 든 메뉴를 하나씩 가지고 있다. 수두리보말칼국수에서는 보말을 넣은 보말칼국수와 보말죽, 보말짬뽕을 맛볼 수 있다. 제주 바다에서 난 자연산 보말과 성게로 깊고 구수한 국물맛을 낸다. 쫄깃한 수타면에 보말의 내장이 우러난 진한 국물의 조화가 훌륭하다.

- **가는 길** 중문동사거리에서 중문관광단지 방면으로 20m
- **주소** 제주도 서귀포시 천제연로 190
- **문의** 064-739-1070
- **영업시간** 8:00~20:00
- **휴일** 매월 첫째주, 셋째주 수요일

잠녀숨비소리

올레길이나 해안선을 따라 걷다보면 마치 제주에만 있는 체인점처럼 '○○해녀의집'이 있기 마련인데 실제로 해녀들이 물질로 잡아온 신선한 해산물을 내어주는 집들로 믿고 먹을 수 있다. 그날그날 잡아온 해산물은 철에 따라 다르지만 보통 참소라, 전복, 돌문어, 성게 등이 있다. 잠녀숨비소리 역시 여느 해녀의집과 다르지 않다. 잠녀는 해녀와 같은 말이고 숨비소리는 해녀가 숨을 내뱉을 때 내는 소리다. 이 집은 특히 회국수와 성게국수가 맛있기로 유명하다. 올레7-1코스를 걷다가 들러 식사를 해도 좋고 간단히 참소라회 한 접시에 막걸리를 한잔하고 가도 좋다.

- **가는 길** 올레7코스에서 법환바당올레와 법환포구 사이에 위치. 솔라시도펜션 근처
- **주소** 제주도 서귀포시 최영로10
- **문의** 064-739-1232
- **영업시간** 7:00~19:00
- **휴일** 연중무휴

천짓골식당

돔베고기를 전문으로 하는 집이다. 돔베고기란 담백하게 삶은 돼지고기를 도마에 올려내는 제주 향토음식이다. 제주산 오겹살을 삶아내는데 흑돼지오겹살이 있고 백돼지오겹살이 있다. 흑돼지오겹살이 좀더 비싸다. 한 덩어리가 통째로 도마 위에 올려져 나오는데 주인이 직접 썰어주고 맛있게 먹는 법을 말해준다. 쫀득한 돼지고기는 멜젓을 찍어 쌈을 싸 먹어도 좋고 고기만 굵은 소금에 찍어만 먹어도 좋다. 기호에 따라 고기의 삶은 정도, 비계와 살코기의 비중 정도를 주문할 수 있다. 돔베고기를 시키면 몸국이 함께 나온다.

- **가는 길** 천지동사무소 교차로에서 북쪽으로 한 블록 더 가서 왼쪽 골목 안
- **주소** 서귀포시 중앙로41번길 4
- **문의** 064-763-0399
- **영업시간** 18:00~22:00
- **휴일** 매주 일요일

베지그랑

제주에서 난 재료를 기본으로 창작요리를 선보이는 식당이다. 철에 따라 메뉴가 조금씩 달라지는데 모든 요리에 조미료를 쓰지 않고 천연 재료로 간을 해 건강한 요리를 선보인다는 자부심을 가진 곳이다. 주로 두부, 호박, 유채나물, 메밀묵, 고사리 등을 재료로 사용한다. 고사리돼지고기찜이나 두부스테이크, 바싹불고기 등은 오너셰프가 자주 내는 음식 중 하나다. 베지그랑은 제줏말로 '기름지다'는 뜻인데 만족감이 클 때 쓰는 표현이기도 하다. 주인이 푸드스타일리스트이기도 해 음식의 장식이 남다르다.

- **가는 길** 서귀포 중앙로터리에서 걸매생태공원 방면으로 경사를 따라 약 500m
- **주소** 서귀포시 일주동로 8726
- **문의** 064-732-1379
- **영업시간** 11:30~21:00
- **휴일** 매주 수요일

오는정김밥

제주에서 가장 유명한 김밥집이다. 오로지 포장만 가능한 데다 한 줄을 주문하더라도 전화로 예약을 하지 않으면 무한정 기다릴 수 있다. 얼마나 대단한 김밥 맛일까 궁금하지만 김밥의 인기비결은 단순하다. 김밥이 매우 기름지다. 햄과 맛살 같은 일부 속재료를 기름에 튀겨 넣었고 밥 또한 튀긴 유부를 잘게 부숴 함께 버무렸다. 한 개만 손에 쥐어도 기름이 묻어나는데 느끼하면서도 묘한 중독성으로 자꾸 손이 간다. 기본 김밥인 오는정김밥과 멸치김밥을 같이 먹으면 궁합이 맞는다.

- **가는 길** 동문로터리에서 북쪽으로 약 100m
- **주소** 서귀포시 동문동로 2
- **문의** 064-762-8927
- **영업시간** 10:00~19:30
- **휴일** 비정기 휴무

어진이네횟집

예로부터 보목항은 자리물회로 유명했다. 여름이면 보목항 일대는 자리물회를 먹으러 온 사람들로 만원을 이룬다. 사실 외지인에게는 뼈째 먹어야 하는 자리돔회가 입에 맞지 않을 수도 있다. 살도 별로 없는데 까칠하기까지 해서 여행자는 부드러운 한치물회를 선호하기도 한다. 그러나 정성스레 손질된 제철 자리돔회에 아삭한 채소를 더해 양념된 물에 말아낸 자리물회는 고소하고 시원한 맛이 일품이다. 어진이네횟집은 자리물회 하나로 사람들을 불러모아온 오랜 맛집이다. 된장으로 양념을 하는 제주 향토물회와는 달리 초고추장 맛이 좀더 강한 육지식 물회다.

- **가는 길** 보목포구에서 제지기오름 방면으로 약 370m
- **주소** 서귀포시 보목포로 84
- **문의** 064-732-7442
- **영업시간** 11:00~20:00
- **휴일** 매월 첫째주, 셋째주 화요일

대우정

마가린에 비벼 먹는 전복돌솥밥으로 유명한 집이다. 얇게 저민 전복이 뜨끈한 돌솥밥 위에 고명처럼 올라가 있고 여기에 마가린과 간장양념을 더해 비벼 먹는다. 맛이 없을 수 없는 조합이다. 밥 위에 전복내장까지 섞여 있어 매우 고소하다. 6가지 정도의 반찬은 무난한 편이고 전복뚝배기와 전복죽, 성게미역국 등의 메뉴도 있다. 물론 이곳을 방문하는 사람들은 대부분 전복돌솥밥을 먹는다.

- **가는 길** 이중섭거리 마지막 블록에서 오른쪽 골목 안쪽
- **주소** 서귀포시 명동로 28-1
- **문의** 064-733-0137
- **영업시간** 8:30~21:30
- **휴일** 매월 셋째주 일요일

우정횟집

횟집이지만 꽁치김밥 하나로 일약 스타덤에 오른 집이다. 갓 구운 꽁치 한 마리를 머리부터 꼬리까지 통째로 넣은 김밥이다. 꽁치 외에는 아무것도 들어가지 않아도 꽁치에 간이 되어 있기 때문에 싱겁지 않다. 모양새가 평범치 않아서 과연 어떤 맛일까 궁금하지만 꽁치구이를 밥에 얹은 후 김을 싸먹는, 어쩌면 쉽게 예상 가능한 맛이다. 만들어진 직후 먹기를 추천하며 간혹 잔가시가 있으니 꼭꼭 씹어 먹는 게 좋다. 우정횟집은 꽁치김밥 외에 일반 활어회를 먹기에도 괜찮은 집이다.

- **가는 길** 서귀포매일올레시장에서 약 100m, 새마을금고 안쪽 골목
- **주소** 서귀포시 중앙로54번길 32
- **문의** 064-733-8522
- **영업시간** 11:00~24:00
- **휴일** 연중무휴

메이비

이중섭거리에서 가장 눈에 띄는 카페다. 꽃집과 나란히 붙어 있는 하늘색의 예쁘장한 외관으로 야외 테이블은 늘 만석이다. 특히나 외국인 손님들이 자주 드나들어 카페만 떼놓고 보면 파리 한복판에 있는 카페 같기도 하다. 아늑한 내부에는 손님이 많아 조용한 날은 별로 없지만 여행의 설렘이라든가 들뜬 기분을 배가하는 분위기를 가졌다. 커피와 허브티, 아이스티 같은 음료가 준비되어 있고 빙수와 아이스크림, 와플 등 디저트도 있다.

- **가는 길** 이중섭거리 중심
- **주소** 서귀포시 이중섭로 7
- **문의** 070-4143-0639
- **영업시간** 10:30~1:00
- **휴일** 비정기 무휴

제스토리

법환포구 근처에 위치해 올레7코스를 걷다 쉬어가기 괜찮은 카페다. 2층까지 있는 내부는 꽤나 넓고 쾌적한 편이다. 카페의 차별화를 위해 손님들이 제주에서 찍은 사진을 원목에 인화해주는 유료 서비스를 하고 있다. 제주의 다양한 풍경을 담은 원목 액자도 판매한다. 또 카페 내부 곳곳을 위트 있는 벽화와 소품으로 꾸며 자연스럽게 휴대전화 카메라를 작동하게 된다. 커피와 스무디, 허브티 등의 음료와 아이스크림, 빙수, 티라미수 등의 디저트가 준비되어 있다.

- **가는 길** 올레7코스 법환포구 못 미처 해녀상 앞
- **주소** 서귀포시 막숙포로 60
- **문의** 064-738-1134
- **영업시간** 10:00~21:30
- **휴일** 연중무휴

바농

이중섭거리 언덕 초입에 위치한 카페로 간세인형을 만들어볼 수 있는 곳이다. 제주 올레의 마스코트인 간세는 느릿느릿 걷는 조랑말을 상징한다. 체험비 1만원을 내면 원하는 색과 소재의 천으로 전문가의 지도에 따라 어렵지 않게 만들 수 있다. 한 땀 한 땀 바느질을 하며 손수 인형을 만드는 재미가 쏠쏠하다. 1시간 정도 시간이 소요되는데, 완성한 간세인형은 열쇠고리나 장식품으로 활용하면 된다. 카페에는 커피와 주스, 라씨, 허브티 등 음료와 치즈케이크, 당근케이크 등 디저트가 준비되어 있다.

- **가는 길** 이중섭거리 언덕 중심
- **주소** 서귀포시 이중섭로 19 동원미용실
- **문의** 064-763-7703
- **영업시간** 9:30~19:30
- **휴일** 매주 화요일

구피풋

외관도 내부도 '서핑'을 소재 삼아 꾸민 펍으로 주인장이 서퍼임을 쉽게 알 수 있다. 저녁에 문을 열어 새벽 2시까지 영업하는, 서귀포의 '나이트라이프'를 책임지는 몇 되지 않는 곳 중 한 곳이기도 하다. 다양한 주류를 판매하는데 그중 인기가 많은 메뉴는 돌하르방 모히토다. 모히토 맛은 평범하지만 돌하르방 유리병에 담아줘 이색적이다. 잠이 오지 않는 제주의 밤, 이곳에서 포켓볼도 치고 감자튀김에 맥주 한잔 곁들이면 좋을 듯 하다.

- **가는 길** 이중섭거리 마지막 블록에서 오른쪽 골목 안쪽. 갈매기식당 옆
- **주소** 서귀포시 명동로 24
- **문의** 070-4177-4173
- **영업시간** 19:30~2:00
- **휴일** 비정기 휴무

건축카페유토피아

이중섭거리에서 아트마켓이 이어져 있는 길을 따라가다보면, 얼기설기한 목재 구조물에 알록달록 색을 입힌 정체불명의 건물 하나가 나온다. 세 동의 건물로 이루어져 있는 나름 큰 규모라 어린이 놀이터인가 싶은데 실은 갤러리를 겸하는 카페다. 사진과 조형물이 전시된 공간과 나무 위에 설치된 휴식공간 등이 묘하게 어우러져 있다. 다소 어수선한 느낌인데도 어린 시절 '아지트' 삼아 놀던 공간처럼 친숙하다. 커피와 허브티, 맥주 등의 음료를 판매한다.

- **가는 길** 이중섭거리 첫번째 블록에서 왼쪽 아트마켓부스길 따라 약 50m
- **주소** 서귀포시 이중섭로 26
- **문의** 064-762-2597
- **영업시간** 10:00~22:00
- **휴일** 비정기 휴무

카페7373

서건도와 법환포구 사이, 올레7코스의 중간 지점에 자리한 카페다. 카페에서 서귀포 앞바다와 범섬을 바라볼 수 있다. 세 동의 돌집으로 이루어진 카페의 내부는 빈티지한 분위기다. 통유리창이라 바깥 풍경이 잘 보이고 야외석도 있어 날씨 좋은 날에는 파라솔 아래에서 커피를 마시는 낙이 있다. 커피와 차, 생과일주스와 칵테일 등을 판매한다.

- **가는 길** 월드컵로 해안 끝, 올레7코스 제주락 펜션 근처
- **주소** 서귀포시 막숙포로 166
- **문의** 064-738-8331
- **영업시간** 8:00~22:30
- **휴일** 연중무휴

솔빛바다

올레6코스의 종점이자 올레7코스의 시작점인 외돌개 근처 한적한 자리에 위치한 카페다. 정확한 위치는 외돌개보다는 황우지에 좀더 가깝다. 자그마한 나무집 카페인 이곳은 올레꾼들의 쉼터로 자리매김했다. 제주올레와 관련한 상품도 함께 판매하고 있으며 올레 6코스와 7코스 안내도 해준다. 주변이 나무로 둘러싸여 있어 조용하게 머물다 갈 수 있다.

- **가는 길** 외돌개에서 황우지로 향하는 해안산책로에 위치
- **주소** 서귀포시 서홍동 795-1번지
- **문의** 064-739-6200
- **영업시간** 10:00~일몰
- **휴일** 비정기 휴무

롯데호텔제주

롯데호텔은 호텔 안에도 즐길 거리가 많다. 매일 밤 8시 30분이면 분수와 불, 조명을 활용해 화산쇼가 펼쳐지는데 중문관광단지의 볼거리로 입지를 굳혔다. 수영장은 사계절 이용이 가능하고 아이들을 대상으로 한 체험 패키지가 많아 가족 숙박객에게 인기가 많다. 와이너리 코스가 있는 풍차라운지와 캠핑존 등의 부대시설도 있다. 중문관광단지 내 특급호텔 중 가장 나중에 지어져 시설 면에서 최상을 자랑하고 웅장한 외관 또한 눈길을 끈다.

- **가는 길** 중문관광단지 중심
- **주소** 서귀포시 중문관광로72번길 35
- **예약 및 문의** 064-731-1000, www.lottehotel.com/jeju/ko

하얏트리젠시제주

전망만큼은 중문색달해변을 앞뜰로 둔 하얏트리젠시가 으뜸이다. 원통 모양의 독특한 건물은 어느 층에서든 천장 위로 하늘을 볼 수 있으며 전 객실에 발코니가 있다는 장점이 있다. 전 층이 탁 트여 보이는 로비와 로비 중앙의 연못, 투명한 엘리베이터는 거대 테마파크에 들어온 듯한 분위기를 연출한다. 온돌 객실이 인기가 많은데 전통적인 느낌을 살리면서도 현대적 감각을 더했다. 바다를 바라보며 즐길 수 있는 야외수영장과 사우나는 인기 부대시설이다.

- **가는 길** 중문관광단지 중심
- **주소** 서귀포시 중문관광로72번길 114
- **예약 및 문의** 064-733-1234, www.hyattjeju.com

제주신라호텔

차분하고 안정적인 느낌을 주는 호텔이다. 아름답게 가꾸어진 산책로와 정원은 단연 중문관광단지에서 최고다. 숨비정원이라 이름 붙여진 정원은 그 유명한 영화 〈쉬리〉 마지막 장면에 나왔던 언덕과 벤치가 있는 곳이다. 사계절 이용 가능한 수영장은 실내와 실외가 연결되어 있어 편리하다. 글램핑&캠핑 빌리지도 운영한다. 게임존과 키즈클럽은 아이들에게 인기가 많다. 조식이 맛있기로 소문난 호텔이기도 하다.

- **가는 길** 중문관광단지 중심
- **주소** 서귀포시 중문관광로72번길 75
- **예약 및 문의** 064-735-5114, www.shilla.net/jeju

베니키아중문호텔

얼마 전 새로 지어 쾌적하고 깔끔한 분위기와 최신의 시설을 자랑하는 48개 객실의 중급호텔이다. 부대시설로 카페와 미팅룸 정도를 갖춘 소규모호텔이지만 객실만큼은 특급호텔 부럽지 않은 컨디션을 자랑한다. 침구류와 어메니티가 고급스럽고 한라산이나 바다를 전망할 수 있다. 중문 시내에 있다보니 주변 식당이나 편의시설을 이용하기에 수월하다.

- **가는 길** 중문119센터 건너편. 천제연폭포 주차장에서 언덕길을 따라 약 100m
- **주소** 서귀포시 천제연로 166
- **예약 및 문의** 064-802-8888, www.benikeajungmun.com

섬 게스트하우스

모르긴 몰라도 서귀포 일대 게스트하우스 중에서 가장 멋진 경관을 볼 수 있는 곳이다. 서귀포항 인근 상가 건물에 자리한 게스트하우스로 외관만 봐서는 숙박업소인 것조차 알기 어렵다. 그러나 객실로 들어서는 순간 새섬과 새연교, 멀리 문섬까지 내다보이는 탁 트인 전망에 감탄하게 된다. 2인실부터 8인실까지 객실 종류가 다양하고 공용욕실, 화장실, 휴게공간 등이 깔끔하게 갖춰져 있다. 전망 하나만으로도 하룻밤 머물고 갈 만한 곳이다.

- **가는 길** 서귀포항 교차로에서 칠십리로 해안길을 따라 약 50m
- **주소** 서귀포시 칠십리로 61-1
- **예약 및 문의** 064-732-1313, pension24.co.kr/h/seomguest

제니스홈 게스트하우스

이중섭거리 초입에 위치한 여성스럽고 깔끔한 분위기의 게스트하우스다. 건물 전체를 게스트하우스로 쓰고 있으며 여성전용 객실과 2인실, 4인실, 6인실의 객실을 갖추고 있다. 혼숙은 허용되지 않는다. 각 층마다 욕실과 화장실이 있으며 1층 라운지는 카페로 운영된다. 토스트, 치즈, 잼, 두유 등의 간단한 조식을 제공하며 수건과 비누, 치약, 샴푸 등 욕실용품 역시 갖춰져 있어 편하다.

- **가는 길** 이중섭거리 입구 오른쪽
- **주소** 서귀포시 이중섭로 31
- **예약 및 문의** 064-726-4201, www.jejuguesthouse.net

맑음 게스트하우스

보목포구 근처 한적한 바닷가 게스트하우스다. 1~2인 손님이 많은 조용한 분위기다. 퀸베드룸 2개와 싱글베드 2개가 마련 되어 있는 2인실, 그리고 이층침대가 있는 2인실이 하나씩 있다. 사랑방 분위기의 좌식으로 된 공용 거실과 주방이 있고 토스트와 게맛살샐러드, 계란이 조식으로 제공된다.

- **가는 길** 보목교회에서 해안 방면으로 약 275m
- **주소** 서귀포시 보목로70번길 4
- **예약 및 문의** 010-2402-9125, onefinedayjj.blog.me

백패커스홈 게스트하우스

내국인, 외국인 모두에게 인기가 많은 서귀포 시내에 있는 게스트하우스다. 1인실부터 2인실, 3인실, 가족룸까지 객실 종류가 매우 다양하다. 편백나무로 덧댄 벽면과 천장, 자작나무로 만든 침대 등 친환경적인 시설이 눈에 들어온다. 아침과 점심에 운영되는 카페와 저녁에 운영되는 펍이 있다. 음식도 다양하고 맛도 수준급이다. 자체 투어 프로그램이 있다.

- **가는 길** 서문로터리에서 중정로를 따라 약 340m, 삼보식당 맞은편
- **주소** 서귀포시 중정로 24
- **예약 및 문의** 064-763-4000, www.backhomejeju.com

04
서남권

낯설어서
더 아름다운
제주

서남권 코스

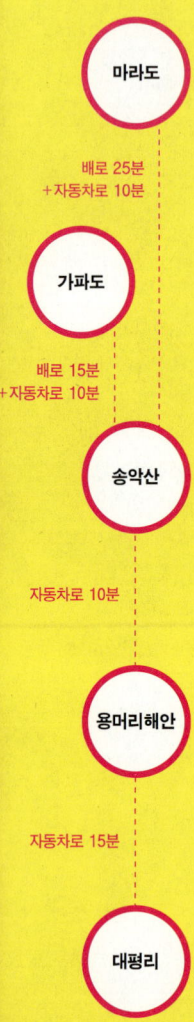

마라도
↓ 배로 25분 +자동차로 10분
가파도
↓ 배로 15분 +자동차로 10분
송악산
↓ 자동차로 10분
용머리해안
↓ 자동차로 15분
대평리

걷기 난이도 ★★☆☆☆
전반적으로 많이 걸어야 하는 코스다. 섬 둘레 한 바퀴, 산 둘레 한 바퀴 정도는 기본으로 걸어야 제대로 보고 느낄 수 있다. 특별히 가파른 경사나 걷기 까다로운 구간이 있는 것은 아니다. 단 용머리해안을 걸을 때는 미끄러운 바위와 낙석에 주의하자.

언제 가면 좋을까
봄. 제주에서 가장 이른 시기에 유채꽃을 볼 수 있는 곳이 산방산 앞이다. 4~5월은 가파도의 청보리밭이 아름다울 때라 4월 말~5월 초에는 청보리축제가 열린다. 하지만 크게 계절을 타는 지역은 아니니 언제든 방문해도 상관없다.

본격적인 여행에 앞서
1. 서남권의 주요 장소는 버스를 이용해서 다니기가 까다롭다. 버스 정류장까지의 거리가 멀고 버스 또한 드물게 오가기 때문이다. 그렇다고 걸어서 이동하기에는 주요 장소들 간 거리가 평균 5km로 멀다. 뚜벅이 여행자라면 돈이 조금 아깝더라도 카카오택시와 같은 애플리케이션을 적극적으로 활용해(도심이 아니기 때문에 오는 택시가 많지 않다) 택시를 이용하는 편이 낫다. 대부분 5000~7000원 사이의 요금이 나온다.

2. 숙박과 식사를 하기 적당한 곳은 모슬포항과 대평리다. 특히 대평리에는 게스트하우스가 많이 몰려 있는 편이다. 제시한 코스대로 여행을 한 후 마지막으로 대평리에 도착해 일몰을 감상하고 예약한 숙소에 들어가는 것도 괜찮은 일정이다.

3. 제시한 코스대로 움직이려면 첫 배 시간에 맞춰 모슬포항 여객터미널에 도착하도록 하자. 마라도나 가파도로 가는 첫 배는 성수기에는 9시, 비성수기에는 10시에 있다. 배 타기 전 모슬포항에서 아침식사를 하자. 항구에는 아침 일찍 문 여는 식당이 많다.

국토최남단에서 제주도 바라보기

제주 서남부까지 와서 마라도와 가파도를 들르지 않는 건 너무 아쉽다. 우리나라 가장 남쪽에 이웃처럼 나란히 위치한 마라도와 가파도는 반나절 여행 코스로 안성맞춤인 작은 섬이다. 국토최남단기념비 앞에서 인증샷을 찍고 싶다면 마라도를, 청보리가 푸르게 물결치는 5월에 왔다면 가파도를 가보자. 두 곳에서 바라보는 한라산과 송악산, 산방산 등의 제주 남쪽 풍경이 잔잔한 감동을 전해준다.

모슬포항에서 방어회 먹기

모슬포는 곧 '방어'다. 우리나라 최대 방어 산지이자 가장 맛있는 방어가 잡히는 곳으로 유명하기 때문이다. 겨울철 모슬포항에서는 저렴한 가격에 싱싱한 방어회를 맛볼 수 있다. 적당히 기름져서 고소한 방어회를 신김치, 초장, 소금에 한 번씩 곁들여 먹어보자. 겨울철이 아니라도 너무 실망하지는 말 것. 방어와 비슷한 부시리(히라스)가 방어가 없는 봄, 여름을 책임진다.

용머리해안에서 안전모 쓰고 암벽층 탐험하기

어릴 적 한 번쯤은 미지의 세계를 개척하는 탐험가를 꿈꾸던 때가 있었을 것이다. 그 꿈을 소박하게나마 실현해볼 수 있는 기회가 바로 용머리해안을 구경하는 것이다. 탐험이라고 하면 과장이겠지만 안전모를 쓰고 협곡 같은 해안암벽층 사이를 걷는 일은 이상적인 모험가의 모습과 닮아 있다. 사실 용머리해안에 입장한다면 입구에 있는 안전모는 꼭 써야 한다. 낙석 위험이 있는 곳이기 때문이다.

대평리 구석구석 마을 산책

대평리는 산책하기 참 좋은 마을이다. 제주 어떤 해안마을이 산책하기 별로겠냐 마는 대평리는 특히 더 '어슬렁거리기' 좋은 동네다. 오감을 열고 느긋한 마음으로 마을 이곳저곳을 누벼보자. 해녀들의 숨비소리도 귀에 담고 대평포구와 박수기정이 함께 빚어내는 그림 같은 풍경도 눈에 담자. 마음에 드는 카페에 들어가 커피도 마시고 소박한 밥집에 들어가 식사도 하자. 여유가 좀더 있다면 가까운 안덕계곡과 카멜리아힐도 방문해볼 것.

박수기정 해넘이 감상하기

서남권에서 일몰을 본다면 단연코 박수기정이다. 대평포구에 앉아 직각의 해안절벽인 박수기정 너머로 지는 태양을 바라보자. 대평리 해안 쪽에 위치한 카페에서 바라봐도 좋다. 혹시 일몰 시간이 다 되어 박수기정에 닿지 못했다면 대안으로 송악산 또는 화순금모래해변으로 가자.

송악산 둘레길 걷기

송악산 둘레길 한 바퀴만 돌아도 제주가 어떤 곳인지 온몸으로 느낄 수 있다. 제주의 명소를 두루 전망할 수 있고 섬의 특징이 고스란히 드러나는 바다와 땅, 바람, 역사를 몸소 체험할 수 있기 때문이다. 2.8km의 나무데크길을 가볍게 산책해보자.

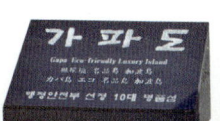

마라도

바람 부는 국토최남단에서 짜장면 한 그릇

이 섬을 여행하는 방법은 매우 간단하다. 비스듬한 대지의 평탄한 산책로를 따라 걷기만 하면 된다. 마라도는 '국토최남단'이라는 수식 하나로 범상한 것을 범상치 않은 것으로 만들 수 있는 힘을 가졌다. 짜장면도 마라도에서 먹으면 '이색 체험'이 된다. 1997년 문을 연 국토최남단 중식당의 성업은 잇따른 중국집의 개업으로 급기야 짜장면거리를 형성케 했다.

국토최남단이라는 타이틀은 대한민국 3대 종교도 놓칠 수 없었는지 기독교(개신교) 교회, 천주교 성당, 불교 사찰 또한 둘레 4.2km의 섬 안에 자리 잡고 있다. 여행자들은 손바닥만 한 섬에 없는 게 없다며 재미있어한다. 100여 명의 주민이 살고 있는 동네니 당연히 학교(비록 평균 전교생 수가 3~4명이지만)도 있고 경찰서도 있지만 그 모든 시설은 국토최남단이라는 이유로 볼거리가 된다.

건물들이 여행자의 시선을 강탈할 수밖에 없는 까닭이 또 있다. 숲이 없어서다. 마라도는 바람이 많고 파도가 세서 나무 한 그루 자라기 어려운 땅이다. 여행자는 그늘 없는 하늘 아래 온몸으로 바람을 맞으며 걸어야 한다. 그래도 한라산, 산방산, 용머리해안, 수월봉 등이 어우러진 바다 건너 풍경과 발아래 귀여운 선인장들이 눈을 즐겁게 하니 힘들진 않다.

1 마라도 가는 배는 모슬포항 여객터미널에서 하루 7~8편이 운행된다. 성수기에는 오전 9시부터 오후 4시까지 매시 정각에 출발하고 비성수기에는 오전 10시에 첫 배가 출항한다. 해상 날씨에 따라 배의 출항 여부가 결정되니 사전에 운항시간을 확인하고 배를 예약하는 편이 좋다. 모슬포항에서 마라도까지는 25분가량 소요된다.

2 송악산 입구 선착장에서 출발하는 마라도행 유람선을 탈 수도 있다. 하루 4편의 배가 있고 성수기에는 하루 10편이 운항한다. 마라도에 체류하는 시간은 약 1시간 30분이다.

3 마라도는 우리나라 최남단 섬으로 형태는 고구마 모양이고 해안은 해풍의 영향을 받아 해식동굴과 기암절벽으로 이루어져 있다. 섬 남쪽에 국토최남단기념비가 세워져 있으며 가장 지대가 높은 곳에 1915년 설치된 마라도등대가 있다. 다양한 어종이 서식하고 있어 낚시꾼들의 각광을 받는 곳이기도 하다.

4 다소 뻔하지만 10여 곳의 중식당 중 마음에 드는 곳을 골라 짜장면을 먹는 것은 마라도 여행의 쏠쏠한 재미다. 섬 곳곳에 자리한 벤치에 앉아 망중한을 즐겨도 좋고 여기저기 보이는 '국토최남단'이라는 팻말을 찾아 기념사진을 찍어보자.

5 마라도에서 여객선을 타고 내리는 곳은 마라도선착장이다. 서쪽으로 돌면 식당가와 마라분교, 기원정사 등을 지나 국토최남단기념비에 도착한다. 동쪽으로 돌면 드넓은 초원을 지나 해안절벽길을 따라 걷게 되며 마라도등대와 선인장 자생지, 마라도성당을 지나 국토최남단기념비에 도착한다. 어느 쪽으로 돌든 한 바퀴를 다 돌아보길 추천한다. 천천히 둘러본다면 약 2~3시간 정도 걸린다. 화장실은 자리덕선착장 근처와 국토최남단기념비 근처에 있다. 보통 왕복편으로 배표를 끊기 때문에 돌아가는 배 시간을 유념하고 걷도록 하자. 마라도에서는 오직 걸어서만 이동할 수 있다.

6 마라도는 전체면적 85%가 천연기념물로 지정되어 보호받는 지역이다. 함부로 자연을 훼손하거나 식물이나 돌을 반출해서도 안 된다.

★★★★☆ 제주도민 추천

"짜장면이 아니어도 들를 만한 섬이죠. 해녀들이 잡은 신선한 회도 맛있고요. 일출과 일몰도 멋있습니다. 2시간이면 다 돌아보는 섬이지만 1박 2일 정도 머물면서 쉬다 가도 좋아요. 너댓 곳의 민박집이 있습니다."

- **주소** 서귀포시 대정읍 마라로 40
- **이용시간** 모슬포항에서 첫 배 9:50, 마지막 배 16:30
  마라도선착장에서 첫 배 10:25, 마지막 배 17:05
- **입장료** 해상공원 1000원, 여객선(왕복) 어른 1만6000원
- **소요시간** 2시간
- **문의** 대정읍사무소 064-760-4014
  마라도여객선 064-794-5490
  마라도유람선 064-794-6661

가파도

유채꽃 다음은 청보리밭

유채꽃이 조금씩 자취를 감출 무렵 제주 남쪽 끝 작은 섬은 연초록 빛깔로 물이 든다. 봄의 끝자락이지만 섬의 색은 마치 나무의 새순처럼 여리고 투명하다. 제주의 봄이 산방산 유채꽃으로부터 시작된다면 여름은 가파도 청보리에서 시작되는 듯하다. 이웃한 마라도의 유명세에 살짝 밀려난 듯하지만 청보리 넘실대는 늦봄의 가파도는 감히 마라도보다 아름답고 우도보다 찬란하다고 표현할 수 있다.

4월 말부터 5월 초까지, 약 한 달간 가파도는 초록빛의 청보리밭 그 자체다. 평평한 대지 위로는 무릎 높이로 자란 청보리가 수평선에 맞닿아 있다. 하얀 풍력발전기 2기와 주황색 지붕의 집들, 푸른 바다와 바다 건너 산방산, 낮게 쌓은 돌담, 좁다란 오솔길과 보리밭 사이사이의 보랏빛 갯무꽃... 가파초등학교가 있는 섬의 중간지점은 지대가 살짝 높아서 사방의 전경을 한눈에 볼 수 있다. 근처 정자에 앉아 바람에 흔들리는 보리밭을 가만히 바라보는 것만으로도 그저 좋기만 하다. 정자 옆 건물 2층에 있는 주민쉼터 문패에는 '세상에서 가장 경치 좋은 당구회관'이라 써 붙여 있다. 인정하지 않을 수 없다. 늦은 봄의 가파도라면 더욱이.

1 가파도로 들어가는 배는 모슬포항 여객터미널에서 탈 수 있다. 하루 5편의 정기여객선이 있으며 오전 9시와 11시, 오후 2시, 3시, 4시에 출항한다. 청보리밭 축제기간에는 증편 운항하며 기상 사정에 따라 배 시간과 출항 여부가 변경될 수 있으니 미리 문의해보는 것이 좋다(064-794-5490~3).

2 가파도 상동항선착장 앞에는 자전거 대여소가 있다. 한 번 빌리는 데 5천원이고 특별히 시간 제한은 없다. 가파도는 걸어도 좋지만 길이 평탄해 자전거 타기에도 괜찮은 섬이다.

3 가파도는 해안길만 따라 돌면 보리밭을 제대로 볼 수 없으니 섬을 가로지르며 마을과 보리밭을 지나는 올레10-1코스를 걷자. 총 거리는 5km이며 1~2시간 걸린다.

4 가파도는 고인돌 군락지로도 유명하다. 제주 내 180개 고인돌 중 130여 개가 가파도에 몰려 있다. 교회와 보건소가 있는 섬 남쪽으로 가면 고인돌을 볼 수 있다.

5 식당은 섬 남쪽 가파포구 근처에 모여 있으며 섬 곳곳에 민박과 펜션이 있어 숙박도 가능하다. 청보리밭 축제기간에는 상동항 근처에서 파는 청보리호떡을 맛볼 수 있다.

★★★★☆ 제주도민 추천

"청보리밭이 아니어도 구경거리가 많은 섬이에요. 야자수가 줄지어 선 가파초등학교의 전경이나 오밀조밀 모여 있는 마을 풍경, 커다란 고인돌 무리까지 한 번쯤 들러볼 만하지요."

- **주소** 서귀포시 대정읍 가파리
- **이용시간** 모슬포항에서 첫 배 9:00, 마지막 배 16:00
  가파도선착장에서 첫 배 9:20, 마지막 배 16:20
- **입장료** 해상공원 1000원, 여객선(왕복) 어른 1만1400원
- **소요시간** 2시간
- **문의** 가파리사무소 064-794-7130
  마라여객선 064-794-5490

송악산

그곳에 서면 제주가 보이네

땀을 흘리는 수고를 감내해야 하지만 산에 오르면 그에 대한 보상은 언제나 훌륭하다. 송악산은 제주의 산과 오름 중에서도 가장 '기대 이상'의 풍경을 선사하는 제주의 히든카드다. 관광객이 덜 몰리는 제주 서남부에 위치한 데다 얼핏 보기에는 바다로 뻗은 해안절벽 정도만 드러나 있어서 의외로 많은 이들이 진가를 알지 못하는 곳이다. 송악산에서라면 단기 속성으로 제주도라는 섬을 배우고 느낄 수 있다. 물론 직접 걸었을 때에 한해서다. 송악산은 하나의 오름이자, 코지(곶)이며 세계적으로 유례가 드문 독특한 화산지형인 동시에 마라도와 가파도, 형제섬, 산방산, 박수기정, 한라산 등의 제주 명소를 한꺼번에 조망할 수 있는 전망대다. 더불어 일제강점기의 잔재가 남아 있는 역사의 현장이기도 하다. 제주에 처음 온 사람에게 제주도라는 섬을 소개하기에 가장 적절한 장소가 아닐 수 없다. 송악산 안에는 말이 살고 흑염소도 산다. 검은모래해안이 있고 해송군락지도 있다. 곳곳에 돌담을 쌓은 무덤도 보인다. 2.8km의 송악산 둘레를 도는 데는 2시간이면 충분하다. '2시간에 끝장내는 제주 총정리'라는데 어찌 안 가볼 수 있을까.

1 송악산은 바다 쪽으로 삼면이 나와 있고, 수중분화와 육상분화를 거친 이중분화구의 소형화산체이다. 높이 104m의 분화구 정상을 오르면 수직에 가깝게 가파른 경사의 분화구 내부를 볼 수 있는데 검붉은 화산층이 그대로 드러나 있다. 화산이 폭발하고 생긴 화산토 '송이'도 많이 보인다.

2 송악산을 감싸듯 바다 쪽으로 튀어나온 지형은 부남코지다. 송악산 둘레길은 유람선 선착장이 보이는 바닷가 절벽에서 부남코지를 거쳐 총 3개의 전망대를 지난다. 총 2.8km의 길로 거의 모든 구간이 나무데크길로 단장되어 걷기 편하다.

3 화순금모래해변에서 모슬포항까지 이어지는 올레10코스가 송악산을 지난다. 최근 부쩍 인기가 많아진 코스인데 자연보존을 위해 2016년 6월까지는 휴식년제에 들어가 출입이 통제된다. 송악산은 통제가 되지 않으므로 정상을 제외하고 자유롭게 둘러볼 수 있으며 이 부근의 올레길을 걷는다면 대평포구에서 화순금모래해변을 잇는 올레9코스가 가깝다.

4 바다를 향해 확 트인 전망과 기암절벽을 자랑하는 부남코지는 송악산 둘레길의 포토존이라고 할 수 있다.

5 송악산 해안절벽에는 제2차 세계대전 당시 일본군이 뚫어 놓은 인공 동굴 15개가 있다. '일오동굴'로 불리는 이 굴들은 일본군이 소형 잠수정을 숨겨두었다가 연합군 함정이 접근해오면 어뢰를 싣고 돌진해 자폭하려는 의도로 만들어진 것들이다. 일본군은 굴을 파기 위해 제주 사람들을 강제노역시켰다. 무성했던 송악산의 산림 역시 일제가 군사기지를 만드느라 불태워 사라지게 됐다. 송악산과 가까운 곳에 일본군의 탄약고와 비행기 격납고, 훈련소가 있었던 알뜨르비행장이 있다. 또한 알뜨르비행장 맞은편에는 4·3사건 당시 민간인들이 학살된 섯알오름이 있다.

6 송악산 입구에는 하루 4회 운행하는 마라도유람선 선착장이 있다. 선착장 일대에는 스타벅스를 비롯한 프랜차이즈 카페들과 식당, 편의점 등이 모여 있어 쉬어가기 좋다.

★★★★★ 제주도민 추천

"송악산에서 형제섬을 바라보며 맞이하는 일출이 아주 근사해요. 형제섬 사이로 해가 솟는 광경은 아주 장관이죠. 마라도 부근으로 넘어가는 해를 바라보는 일몰도 멋지답니다."

- **주소** 서귀포시 대정읍 송악관광로 421-1
- **이용시간** 일출~일몰
- **입장료** 없음
- **소요시간** 2시간
- **문의** 서귀포시 녹색환경과 064-760-2912

용머리해안

바다로 향한 용암협곡

아무래도 이곳은 이름 때문에 손해를 보는 감이 없지 않다. 이름을 보고 가장 먼저 떠오르는 것은 아무래도 제주공항 근처의 용두암일 터. 소리는 다르나 뜻이 같으니 용머리해안도 그 비슷한 곳이려니 할 수 있겠다. 해안이 용의 머리를 닮았다고 그리 이름 붙여졌다는데 막상 해안으로 들어서면 용의 머리는 조금도 떠오르지 않고 가본 적 없는 미국의 그랜드캐니언이 이런 절경일까 싶다.

용머리해안으로 가는 길의 시작점은 좁은 암벽 사이를 내려가는 길이다. 층층이 쌓인 사암층의 암벽은 점토를 빗으로 긁은 듯, 나무를 대패질한 듯 예리한 오목새김으로 물결처럼 바다로 뻗어나가 있다. 낙석에 대비해 안전모를 쓰고 암벽 아래로 한발씩 발걸음을 내딛다보면 미지의 협곡에 들어선 모험가가 된 듯하다. 암벽 사이로 보이는 푸른 망망대해는 모험가의 마음을 한층 더 설레게 한다. 이윽고 그늘진 암벽을 벗어나면 거대한 사암 절벽과 산방산, 바다가 이루어내는 풍경이 장쾌하게 눈앞에 펼쳐진다. 기암절벽이라는 단어는 '아무 데나' 가져다 붙이는 게 아니라는 것을 용머리해안을 바라보며 깨닫는다. 진짜 기암절벽, 해안절경은 바로 이곳이다. '한라산 뚜껑' 산방산과 '네덜란드 선원' 하멜은 수려한 밥상에 양념을 칠 뿐이다.

1 용머리해안은 산방산에서 걸어서 5분 거리에 위치한다. 산방산 아래 도로 하나를 두고 바다 쪽으로 길게 뻗은 해안절벽이 용머리해안이다. 해안절벽은 600m 정도 이어져 있고 높이는 20m에 달한다.

2 용머리해안과 산방산 사이 비탈에 넓게 드리운 대지는 유채밭이다. 2월 말부터 4월 말까지 유채꽃이 만발한다. 유채꽃 씨를 파종한 땅 주인들은 유채꽃밭 안에서 사진을 찍는 값으로 1000원씩 돈을 받기도 한다.

3 용머리해안으로 들어서는 입구는 두 곳이다. 원래 입구는 암벽 사이로 들어가는 한 곳이었는데, 2014년 낙석사고가 나는 바람에 중간지점의 출입이 통제되면서 입구가 나뉘게 됐다. 따라서 용머리해안을 모두 다 돌아보려면 첫번째 구역을 본 후 돌아 나와 하멜상선전시관을 지나서 있는 두번째 입구로 들어가야 한다. 매표 또한 각각의 입구에서 따로 해야 한다. 여전히 낙석 위험이 있는 곳이니 입구에 있는 안전모를 꼭 착용하고 지정된 탐방로로만 다니도록 하자.

용머리해안 전경

4 용머리해안과 유채밭 사이에 있는 커다란 범선은 하멜상선 전시관이다. 하멜은 1653년 8월 15일 제주에 표착해 약 13년간 조선에 억류되었던 네덜란드 상인이다. 당시 하멜이 타고 온 난파선 스페르웨르 호를 재현해 만든 전시관은 하멜과 네덜란드 선원들의 표류 및 조선 생활, 탈출에 이르기까지의 이야기와 당시 동서양의 교류상에 대해 소개하고 있다. 하멜이 조선에서의 억류생활을 기록한 《하멜 표류기》는 유럽 대륙에 조선을 알리는 큰 역할을 했다.

5 산방산 앞에는 서너 곳의 식당을 비롯해 카페, 편의점, 화장실 등이 있다. 하멜상선전시관 옆쪽에는 바이킹과 회전목마가 있는 작은 놀이공원 산방산랜드가 있다.

6 산방산에는 본래 정상으로 향하는 등산로가 있었으나 현재는 입산할 수 없다. 자연보존을 위해 2021년까지 입산이 통제되었다.

7 산방산 입구 주차장 맞은편 언덕 위에 산방연대가 있다. 횃불과 연기를 피우던 조선시대 통신수단으로 이곳에 서면 용머리해안과 그 일대 전경이 한눈에 들어온다.

가장 먼저 봄을 만나는 곳 산방산

용머리해안을 지나다 뒤를 돌아보면 어느 순간 커다란 돌산 하나가 등장해 묵직한 존재감을 과시한다. 돔 형태로 병풍처럼 주상절리를 두르고 단단하게 선 돌산의 이름은 산방산이다. 해발 392m 높이의 산방산은 제주 서남쪽 어디에서나 눈에 잘 띌 만큼의 위용을 자랑한다. 화산이지만 분화구가 없고 딱 봐도 오르기 쉽지 않아 보이는 산이다.

갑옷 입은 무사 마냥 무뚝뚝해 보이는 외형의 산방산은 사실 꽤 로맨틱한 분위기의 산이다. 제주에서 제일 먼저 유채꽃의 꽃망울이 터지는 곳으로 봄철 내내 너른 유채꽃밭을 거느리고 봄의 전령사

노릇을 톡톡히 해낸다. 산자락에 있는 산방굴사는 자연석굴에 불상을 안치한 작은 암자다. 굴 천장에서 물방울이 떨어지는데 이는 산방산의 수호여신 산방덕이 흘리는 사랑의 눈물이라는 전설이 있다. 굴 밖에 서면 소나무 사이로 용머리해안과 형제섬 일대의 남쪽 바다가 산수화처럼 펼쳐진다. 겉만 봐선 우람한 산이지만 안을 들여다보면 다분히 우아한 산이 아닐 수 없다.

산방산의 탄생에 대한 전설도 재미있다. 오랜 옛날, 제주도를 빚은 설문대할망이 한라산의 꼭대기 부분을 한 줌 떼어 던진 것이 산방산이 되었다는 전설인데 왠지 산방산을 백록담에 끼우면 맞아들것만 같은 느낌도 든다. 사실 산방산은 점성이 강한 마그마가 현재의 산방산 자리에 천천히 분출되어 만들어진 반구형의 화산체다.

★★★★★ 제주도민 추천

"제주의 최고 비경이라 해도 과언이 아니지요. 사암층에 뚫린 커다란 구멍으로 바다를 바라보거나 절벽 아래서 멀리 한라산을 바라보노라면 문득 '여기가 어디지?' 하고 재차 확인할 만큼 황홀한 곳입니다."

- **주소** 서귀포시 안덕면 사계남로216번길 28
- **이용시간** 동절기 9:00~17:30, 하절기 9:00~18:00(만조 및 기상악화 시 통제)
- **입장료** 어른 1코스 1000원, 2코스 1000원(총 2000원)
- **소요시간** 1시간
- **문의** 산방산 관리사무소 064-760-6321

대평리

제주 안의 제주

탁 트인 바다를 끼고도 이토록 아늑한 마을이 또 있을까. 2차선 도로를 따라 한참을 들어가서야 모습을 드러내는 대평리는 월라봉과 군산에 둘러싸인 포구마을이다. 산골마을처럼 세상과 떨어져 숨은 듯 포근한 분위기면서도 마을이 형성된 땅 자체는 너르고 평탄해서 작지만은 않은 느낌이다. 최근 몇 년 사이 예쁜 마을로 알음알음 소문이 나면서 게스트하우스와 카페, 펜션 등이 부쩍 늘었는데, 아직까진 이전의 분위기를 해칠 만큼 번잡하거나 요란하지 않다. 띄엄띄엄 자리한 집들 사이로 고르게 일군 마늘밭이 있고 밭에는 '마농(마늘)' 뽑는 '삼촌(제주에서는 남녀 구분 없이 손윗사람을 삼촌이라 부른다)'들의 잰 손놀림이 보인다. 마을의 시간은 고요하고도 부지런히 흘러간다.

해안가와 포구 근처에는 풍경에 자연스럽게 녹아든 조형 작품들이 있다. 해 질 녘이 되면 대평포구로 모여든 해녀들이 그날 잡은 싱싱한 해산물을 손질하고 포구를 감싼 박수기정 뒤로 감귤빛 해가 기웃기웃 넘어간다. 박수기정은 군산과 함께 대평리를 '요새화'하는 각진 모양의 커다란 해안절벽이다. 그 너머에는 대평리와 전혀 다른 세상이 있을 것만 같다. 대평리 밖에서 대평리를 상상하지 못했던 것처럼 말이다.

1 대평리(大坪里) 혹은 용왕난드르로 불리는 마을 이름의 공통된 의미는 '넓은 들'이다. 용왕난드르는 용왕과 난드르(넓은 들)가 합쳐져 만들어진 이름으로 '용왕이 난 넓은 들'이라는 뜻이다. 마을을 감싸고 있는 군산오름은 용왕 아들이 스승의 은혜에 보답하기 위해 만들었다는 전설이 있다.

2 마을로 들어가는 방법은 크게 2가지다. 한 가지는 중문동과 가까운 예래동에서 들어가는 방법, 다른 하나는 안덕계곡에서 군산을 지나 언덕길을 따라 내려가는 방법이다. 안덕계곡 방면에서 내려올 때 대평리의 전경을 굽어볼 수 있다.

3 대평포구는 당포나 당캐로도 불렸던 곳으로 과거 당나라, 원나라의 교역선이 드나들던 국제적인 포구의 역할을 했다. 일제강점기까지도 일본인들이 어획을 하고 고기를 저장하는 곳으로 이용됐다. 현재는 근처에 방파제가 신설돼 어선들이 드나들지 않는 조용한 항구로 남아 있다.

4 박수기정의 박수는 샘물, 기정은 절벽이라는 뜻으로 샘물이 솟는 절벽이라는 의미를 가진다. 올레9코스를 따라 박수기정 위로 오를 수 있다. 그 위에서 바라보는 대평포구와 대평리 마을 전경이 아름답다.

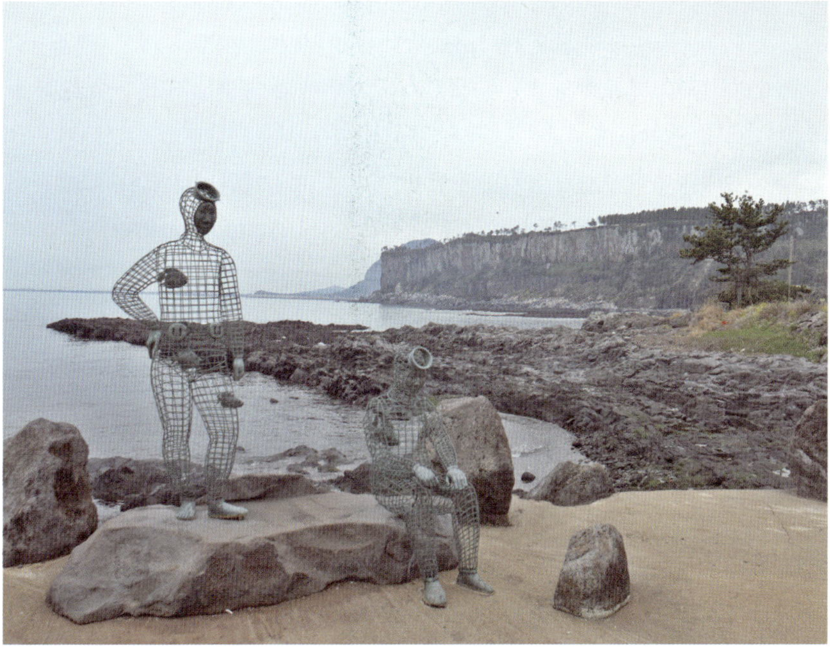

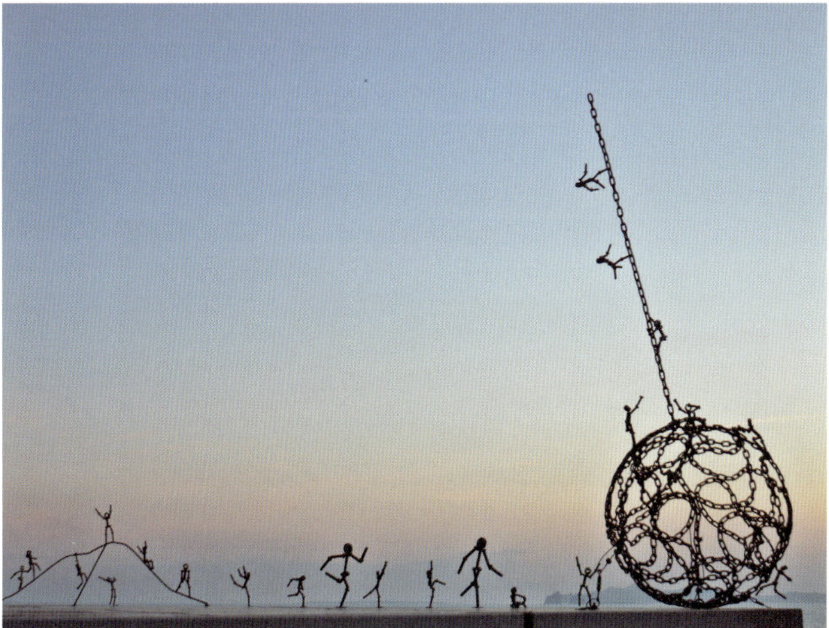

나만 알고 싶은 비밀의 길 열리해안도로

지도에는 분명 도로라 표시되어 있지만 차 한 대가 겨우 지나갈 만큼 좁다. 걷거나 자전거를 타기에 딱 좋다. 아는 사람만이 그 비경을 알고 걸었다는 비밀의 길, 열리해안도로는 올레길 덕분에 세상에 알려졌다.

길은 대평리에서 시작되어 해안로를 따라 가면 등대와 하예포구가 보인다. 포구에서 길이 끊긴 듯 하지만 카페가 있는 언덕길로 곧장 올라가면 해안절벽을 따라 포장된 길을 만날 수 있다. 봄이면 유채꽃, 가을이면 억새가 우거지고 절벽 아래로는 시종 파도소리와 숨비소리가 들려온다. 어떤 방해도 없이 바람을 느끼며 걸을 수 있는 길 위에선 한라산 백록담도 눈에 담을 수 있다.

대평리에 들어올 때 안덕계곡이나 예래동에서 들어왔다면 나갈 때는 열리해안도로를 거쳐 중문으로 나가보자. 언덕이 있어 자전거 타기는 조금 힘들 수도 있다. 걷거나 스쿠터로 달리기에는 최적의 길이다.

★★★★☆ 제주도민 추천

"대평포구에 앉아 박수기정을 바라보며 감상하는 해넘이가 정말 아름답습니다. 성산일출봉의 일출 풍경에 버금갈 일몰 풍경이지요."

- **주소** 서귀포시 안덕면 대평감산로 43
- **이용시간** 언제든
- **입장료** 없음
- **소요시간** 머무르는 만큼
- **문의** 서귀포시 관광진흥과 064-760-2663

 여기도 한 번

스쳐가기엔
아쉬운 항구

모슬포항

마라도나 가파도를 간다면 반드시 거치는 곳이 모슬포항이다. 항구 풍경이라는 게 대부분 엇비슷하지만 모슬포항은 유독 다소곳하고 깔끔한 분위기의 항구다. 제주에서 모슬포항을 관광어항으로 발전시키기 위해 길과 노점 부스 등을 새로이 정돈했기 때문이기도 하고 섬과 섬 사이의 허브 역할을 하는 곳이라 여행자들을 위한 카페와 식당, 게스트하우스 등이 속속 들어선 이유도 크다. 보통 항구로 접어드는 길목에는 횟집과 어판장이 들어서 있고 수족관에서 흘러나오는 물로 바닥은 척척하기 마련인데 모슬포항에서 항구로 가는 길은 보송한 '여행자의 거리'다.

어선들이 정박해 있는 항구 깊숙이 들어서면 수산물위판장과 횟집들이 모습을 드러내지만 흔히 떠오르는 항구의 왁자함은 없다. 누군가는 아쉬울 수도 있겠지만

대개의 여행자는 한적한 항구를 바라보며 커피 한잔하는 여유로움을 즐긴다. 물론 항구가 시끌벅적한 기간도 있다. 11월 중순 항구 일대에서 '최남단 방어 축제'가 열릴 때다. 축제를 기점으로 겨울 내내 항구는 방어회를 맛보러 오는 이들로 꽤 북적이는 편이다. 모슬포항이 국내 최대 방어 산지이기 때문이다. 제주의 겨울 하면 곧바로 모슬포 방어가 등호로 성립될 만큼 이곳 방어의 명성은 자자하다. 사실 모슬포항 앞바다는 방어뿐 아니라 도미, 옥돔, 감성돔, 삼치, 우럭 등 다양한 어류가 서식해 황금어장으로 유명하다. 그러니 모슬포항에 왔다면 어슬렁어슬렁 항구를 둘러볼 일이다. 신선한 생선회도 먹고 따뜻한 커피도 마시면서…

- **위치** 서귀포시 대정읍 하모항구로
  702번, 755번 버스 타고 모슬포항 정류장 하차
- **문의** 서귀포시 관광진흥과 064-760-2663

여기도 한 번

첫사랑처럼
아련한
안덕계곡

동백꽃이 꽃송이째 뚝뚝 떨어져 느린 유속의 계곡물을 타고 점점이 흘러간다. 눈앞에서 사라지면 또 한 송이가 뚝 떨어져 다시금 멀어진다. 겨우내 시린 날씨에도 만발했던 붉은 꽃들이 물이 녹고 수풀이 자라니 제 소임을 다했다는 듯 낙화한다. 겨울과 봄 사이의 안덕계곡은 처연하다. 그래서 더 아름답다. 실연하고 마음이 쓸쓸한 날 찾으면 좋겠다. 졸졸졸 흐르는 물소리에 울음도 감출 수 있겠다. 어지러운 마음을 동백꽃과 함께 씻겨 내려보낼 수 있을 것 같다. 계곡 전체를 덮다시피한 울창한 고목림이 부끄럽게 우는 얼굴을 숨겨줄 수 있을 것 같다.

그러니까 안덕계곡은 나만의 아지트로 삼기에 적당한 장소다. 계곡의 양쪽은 곧게 선 암벽이 병풍처럼 둘러서 있고 물은 판판한 암반 위로 노래처럼 흘러가며 주변은 사철 푸른 나무로 우거져 실내처럼 아늑하다. 그 모습은 쉽사리 찾기 어려운 깊은 산중처럼 느껴지지만 실은 대로변에서 15분만 걸으면 닿을 수 있는 곳이다. 이곳이 집 근처면 좋겠지만 그나마도 제주이기에 이렇듯 특별한 계곡을 만날 수 있어 다행이라 여겨진다. 여행 중 상념이 많아지는 날에 방문하면 되겠다. 유배 중이었던 추사 김정희가 안덕계곡을 자주 찾았듯 말이다. 안덕계곡에는 동백나무 외에도 후박나무, 조록나무, 가시나무, 구실잣밤나무 등 난대성 식물들이 다양하게 분포되어 있으며 보기 드문 상록수림지대로 인정받아 천연기념물로 지정되었다.

- **위치** 서귀포시 안덕면 일주서로 1524
  702번 버스 타고 안덕계곡 정류장 하차
- **문의** 서귀포시 관광진흥과 064-760-3942

 여기도 한 번

소똥길이어도 괜찮아

화순곶자왈

'적당히' 그리고 '가볍게' 곶자왈을 둘러보고 싶다면 화순곶자왈이 좋다. 물론 대개의 곶자왈이 그렇듯 가볍게 둘러볼 수 있는 숲은 결코 아니다. 화순곶자왈은 안덕면 상창리 일대 병악오름에서 산방산 인근 해안까지 총 9km에 걸쳐 분포한 크고 울창한 숲이다. 이 가운데 1.5km 구간에 탐방로 '생태탐방숲길'이 조성되어 누구나에게 개방되어 있다. 나무데크길과 평탄하게 다져진 길이 걷기 좋게 이어져 있어 노약자도 무리 없이 드나들 수 있는 열린 숲이다. 다소 공원처럼 된 듯해 야생의 거친 느낌이 풍기는 곶자왈을 기대한다면 아쉬울 수도 있겠지만 곶자왈의 특유의 분위기와 생태를 경험하기에는 모자람이 없다.

길은 숲을 한 바퀴 돌아 출발점으로 되돌아오도록 이어져 있다. 중간중간 화산송

이길, 자연곶자왈길, 순환로 등이 있어 곶자왈 그대로의 속살을 느껴볼 수도 있다. 무릎 밑으론 고사리과의 양치식물이 무성하고 머리 위로는 소나무, 단풍나무, 때죽나무, 개서나무, 종가시나무, 식나무 등이 얽히고설키어 숲의 지붕을 만들고 있는 맹아림이다. 인상적인 점은 곶자왈이 소 방목지로 이용되고 있어 곳곳에서 소를 마주칠 수 있다는 것이다. 덩치는 커도 성격이 순해서 위험하지 않으니 조심히 피해가되 무엇보다 길을 잘 살피며 걸어야 한다. 소똥을 밟기 일쑤이기 때문이다. 울울한 숲에서 벗어난 곶자왈 출구 부분 언덕에는 전망대가 있으니 꼭 올라보자. 곶자왈과 산방산 일대를 내려다볼 수 있다.

- **위치** 서귀포시 안덕면 화순곶자왈 생태탐방숲길.
  750-1번 버스 타고 화순리생태탐방로 정류장 하차
- **문의** 서귀포시 관광진흥과 064-760-2663

 여기도 한 번

세상 모든
동백꽃 잔치
카멜리아힐

제주의 겨울은 무채색의 삭막함이 없다. 야자수도 있고 감귤도 있지만 일등공신은 역시 동백꽃이다. 유채꽃만큼 만발하진 않아도 올레길 곳곳에, 마을 안길 돌담 뒤에 사철 풍성한 자태로 푸르고 붉은 기운을 뿜어낸다. 푸른 것은 짙은 초록의 활엽이고 붉은 것은 짙은 빨강의 꽃송이다. 향기도 없는 꽃이 오래도록 시선을 잡아끈다. 어쩌다 눈이 내린 날이라면 색의 대비로 인해 꽃나무가 뿜는 기운은 몹시 형형하다. 동백나무 군락지는 한라산을 기준으로 남쪽에 많이 분포해 있는 편이다. 그중 가장 많은 종류의 동백을 가장 오랫동안 볼 수 있는 곳이 안덕면 중산간지대에 있는 카멜리아힐이다. 가을부터 봄까지 시기를 달리해 피는 80개국 500여 품종 6000여 그루의 동백나무가 빽빽하게 숲을 이루고 있으니 동백나무 구경하기로는 이곳을 대적할

데가 없을 듯하다. 카멜리아힐은 자연적으로 형성된 숲이 아니라 약 30년간 식재가 이루어지고 사람 손으로 가꿔진 대형 수목원이다. 아시아에서 가장 큰 동백수목원으로 다채로운 동백나무 사이사이에 감성적인 문구를 새긴 나무팻말이 꽂혀 있고 파스텔톤 갈런드가 걸려 있다. '사랑해' 'Marry me!' '오늘만은 느리게 천천히' '느려도 괜찮아요' 같은 문구가 담겨 있다. 곳곳에 놓인 벤치와 꽃송이를 물에 띄운 돌절구 역시 눈길이 가는 소품이다. 광고촬영 장소로 자주 이용되는 곳이기도 해 셀프 웨딩촬영을 하는 커플도 심심치 않게 눈에 띈다.

- **주소** 서귀포시 안덕면 병악로 166.
  940번 버스 타고 동백동산 정류장에서 하차
- **이용시간** 동절기 8:30~17:00, 춘추절기 8:30~17:30, 하절기 8:30~18:00
  (입장마감 폐장 1시간 전)
- **입장료** 어른 7000원
- **문의** 064-792-0088

여기도 한 번

건축가의 마지막 명상
방주교회

건축에 관심이 있는 사람들이라면 제주 건축 답사를 한 번쯤 생각하게 된다. 안도 다다오, 이타미 준, 마리오 보타, 리카르도 레고레타, 승효상, 정기용, 조민석 등 세계적 명성의 건축가가 설계한 건축물이 제주 곳곳에 자리한다. 갤러리, 박물관, 사옥, 호텔, 레스토랑, 교회 등 그 용도도 다양하다. 카멜리아힐에서 한라산 기슭으로 좀더 깊숙이 올라가면 방주교회를 만날 수 있다. 대한민국에서라면 어디서든 교회 건물을 쉽게 볼 수 있으니(특히 십자가에 불이 켜지는 밤에는 더욱더) 신자가 아닌 다음에야 대수롭지 않을 수도 있다. 그러나 지붕 위에 십자가가 없는 방주교회는 신자보다 관람자가 더 많다.

교회는 물에 떠 있다. 정확히는 건물의 모습을 그대로 반영하는 거울못 위에 세워져 있다. 교회는 곧 '노아의 방주'이며, 그 '방주'로 가기 위해선 반드시 물 위를 건너야 한다. 건물의 진입로는 물에 놓인 돌다리와 나무데크다. 모자이크 형태로 빛을 반사하는 은빛 지붕과 나무 빗살이 일정한 간격으로 들어간 유리벽은 비늘이 반짝이는 물고기를 닮았다. 물고기는 그리스도인들의 상징이기도 하다.

예배당 내부로 들어가면 그 어떤 교회보다 환한 빛이 들어온다. 양 옆의 통창으로 밖이 훤히 내다보이기 때문이다. 종교가 없음에도 마음이 차분해지고 경건해지는 까닭은 온전히 건물의 힘이다. 방주교회는 자연과 사람, 공간의 조화를 중시했던 재일동포 건축가 이타미 준, 아니 유동룡이 생애 마지막으로 설계한 건물이다. 방주교회에서 자동차로 각각 5분 거리에 있는 포도호텔과 핀크스 비오토피아 역시 그의 작품이다.

- **위치** 서귀포시 안덕면 산록남로762번길 113,
  940번 버스 타고 상천리 정류장 하차
- **이용시간** 10:00~12:00, 13:00~16:00(입장제한 토요일 오후, 월요일과 일요일)
- **문의** 064-794-0611

 여기도 한 번

초록빛 녹차밭에
두발을 담그면

서광다원과
오설록티뮤지엄

제주에는 수만 개의 파란색과 수만 개의 초록색이 있다. 세화 바다와 표선 바다의 파란색이 다르고 다랑쉬오름과 비자림의 초록색이 다르다. 제주 녹차밭은 제주의 초록색 중 가장 싱그럽다. 여린 찻잎이 올라오는 봄의 녹차밭은 더욱 그렇다. 제주는 차나무가 자라기에 알맞은 토양과 기후 조건을 갖춰 한라산 남쪽 여러 곳에 다원이 있다. 제주의 대표적 녹차밭인 서광다원은 돌밭이었던 중산간지대를 20년간 개간해 일군 광활한 유기농다원이다. 우리나라의 대표 녹차 브랜드 '설록차'는 이곳에서 생산된 녹차잎으로 만들어진다. 다원에는 국내 최대 규모의 차문화 박물관인 오설록티뮤지엄과 차문화 체험공간인 오설록티스톤이 있어 연일 관광객으로 북적인다. 사람들

사이에선 오설록티뮤지엄 카페에서 녹차아이스크림을 맛보는 것이 미션처럼 굳어졌지만 다원에서의 즐거움은 뭐니 뭐니 해도 차밭을 걷는 일이니 지정된 산책로로 차밭을 걸어보자. 허벅지까지 올라오는 차나무의 잎사귀들이 반드르르 윤을 낸다. 초록빛 융단을 펼친 듯 일렬로 곧게 늘어선 이랑은 그저 바라보기만 해도 마음이 산뜻하다. 좁은 고랑 사이는 찻잎을 수확하기 위해 농부들이 들어가는 길이니 들어가지 말 것. 차나무를 만지거나 찻잎을 따는 일도 금지다. 광활한 차밭 너머로는 아름다운 한라산이 펼쳐진다.

- **위치** 서귀포시 안덕면 신화역사로36
  755번 버스 타고 오설록 정류장 하차
- **이용시간** 동절기 10:00~17:00, 하절기 10:00~18:00
- **문의** 064-794-5312

여기도
한 번

늦은 오후의
바다

화순
금모래해변

화순금모래해변은 용머리해안과 산방산, 화순항 사이에 아늑하게 위치했다. 백사장 길이가 500m, 폭은 100m로 크지도 작지도 않은 규모의 해변이고 서남권의 몇 안 되는 귀한 해수욕장이지만 찾는 이가 많지는 않다. 수심이 약 1.8m로 그리 얕지 않고 바다 빛깔도 동쪽 바다의 에메랄드빛은 아니어서 해변 인기도로 치면 아쉽게도 하위권에 있다. 그러나 화순금모래해변의 진가는 해 질 녘에 비로소 드러난다. 박수기정 너머로 뉘엿뉘엿 해가 넘어가기 시작하면 석양빛에 먼저 물드는 건 바다가 아니라 모래다. 저무는 볕 아래 반짝반짝 금빛으로 변하는 백사장의 모래에 실제로 금 성분이 함유돼 금 채광 허가가 나기도 했었다. 이제는 금 성분이 많이 줄었다지만 햇볕이 비스듬히 드리우는 오후 나절에는 모래밭에 콕콕 박힌 금가루가 빛을 발하는 듯하

다. 두 손을 모아 모래를 한 움큼 쥐어보지만 거를 수 없는 금가루가 모래와 함께 스르륵 손아귀를 빠져나간다. 철가루처럼 자석에 붙으면 좋겠다는 상상은 허황된 욕심일 따름이다. 하지만 아무렴 어떨까. 산방산과 가파도, 마라도와 형제섬, 박수기정 등을 두루 바라보며 앉아 있는 이 시간이 평온하고 행복한 것을. 앉은 자리가 '금방석'이면 그것으로 됐다.

화순금모래해변 한쪽에는 자연 용천수로 수조를 채운 야외수영장이 있다. 여름 한철 운영되는 수영장에는 제주에 사는 가족 단위의 나들이객이 많이 찾는다. 용천수가 어찌나 차가운지 더위를 식히러 해변을 찾은 많은 이들이 바닷물이 아닌 용천수에 몸을 맡긴다.

- **위치** 서귀포시 안덕면 화순해안로 69
  702번 버스 타고 화순리 정류장 하차
- **이용시간** 일출~일몰(해수욕장 개장 7월 초~8월 말)
- **문의** 서귀포시 해양수산과 064-760-2772

사소한골목

하루 30인분의 식사를 준비해 판매하고 재료가 소진되면 일찌감치 문을 닫는다. 2주에 한 번씩 메뉴가 바뀐다. 주로 내는 식사는 돼지고기덮밥, 두부데리야키덮밥 같은 덮밥류다. 1인용 쟁반에 몇 가지 반찬과 함께 소담스럽게 나온다. 고정메뉴는 빵과 함께 나오는 리코타치즈샐러드와 야채카레밥. 돌집을 감각적으로 개조했으며 특유의 느리고 한적한 분위기 덕분에 인기가 많다.

- **가는 길** 대평리 버스정류장에서 대평감산로 따라 50m 직진 후 대평교회 골목 안쪽
- **주소** 서귀포시 안덕면 대평감산로 14-6
- **문의** 064-739-3669
- **영업시간** 11:00~20:00
  (쉬는시간 15:00~17:00)
- **휴일** 매주 화요일, 수요일

화순정낭갈비

이른바 '이불갈비'라 불리는 이 집의 돼지갈비는 1인분만 시켜도 한 대의 돼지갈비가 불판을 다 덮어버릴 만큼 크고 양이 많다. 제주산 청정 돼지갈비만을 고집하고 1인분의 중량이 다른 고깃집의 2배가 넘는다. 생갈비가 1인분에 1만8000원(2015년 기준)인데 중량은 450g이 넘는다. 흑돼지오겹살과 양념갈비도 판매하지만 이곳을 찾는 손님의 대부분은 생갈비를 주문한다.

- **가는 길** 화순사거리에서 안덕중학교 쪽으로 약 100m, 안덕중학교 맞은편
- **주소** 서귀포시 안덕면 화순로 71
- **문의** 064-794-8954
- **영업시간** 12:00~22:00
- **휴일** 매주 월요일

용왕난드르 향토음식체험장

대평리의 터줏대감 같은 향토음식 맛집이다. 보말을 주재료로 한 음식과 강된장비빔밥, 고등어구이정식, 돌솥밥 등의 메뉴가 있다. 대표메뉴는 뭐니 뭐니 해도 보말수제비다. 한 그릇 먹고 나면 속이 따뜻해지면서 든든하다.

- **가는 길** 대평리 버스정류장 옆
- **주소** 서귀포시 안덕면 대평감산로 8
- **문의** 064-738-0915
- **영업시간** 9:30~18:30
- **휴일** 비정기 휴무

원조마라도해물짜장면집

1997년 처음 문을 연 원조집이다. 짜장면에는 톳과 한치와 새우 등이 올라간다. 방풍나물이 많이 날 때는 방풍나물도 올라온다. 면은 그때그때 생면을 뽑아 쓰지만, 달고 짠맛을 좋아하는 사람에게는 만족스럽지 않을 수도 있다.

- **가는 길** 마라도 자리덕선착장에서 마라분교 쪽으로 약 370m
- **주소** 서귀포시 대정읍 마라로101번길 48
- **문의** 064-792-8506
- **영업시간** 10:00~16:30
- **휴일** 연중무휴

춘심이네

토막 내지 않고 구워서 내는 통갈치구이로 관광객에게 큰 인기를 끌고 있는 집이다. 함께 나오는 갈치회와 푸짐한 반찬들, 직접 갈치구이의 가시를 제거해주는 서비스까지 꽤 만족스럽다.

- **가는 길** 창천삼거리에서 안덕계곡 쪽 왼쪽 골목 안
- **주소** 서귀포시 안덕면 창천중앙로24번길 16
- **문의** 064-794-4010
- **영업시간** 10:00~21:00(쉬는시간 15:30~17:30)
- **휴일** 연중무휴

포도호텔레스토랑

건축가 이타미 준이 설계한 중산간지대의 고급호텔인 포도호텔은 건물 외관을 '구경'하러 가는 이들도 많지만 호텔 레스토랑의 왕새우 우동을 먹으러 가는 이들도 만만치 않게 많다. 오름과 초가지붕, 혹은 포도송이를 닮은 호텔 내부 1층 왼쪽에 위치한 포도호텔 레스토랑 우동은 제주에서 손꼽히는 우동이다. 가쓰오국물에 탱탱한 면발과 바삭한 새우튀김이 담긴 깔끔한 맛이다. 거의 모든 재료를 일본에서 공수해 일본풍의 우동을 그대로 재현해냈다. 흑돼지불고기정식, 전복돌솥비빔밥 등의 메뉴도 준비되어 있으며 호텔이다보니 가격이 높은 편이다.

- **가는 길** 핀크스골프클럽
- **주소** 서귀포시 안덕면 산록남로 863
- **문의** 064-793-7090
- **영업시간** 12:00~22:00
- **휴일** 연중무휴

덕승식당

매일 덕승호에서 잡은 싱싱한 활어로 회부터 조림까지 맛깔나게 음식을 내는 집이다. 재료가 신선하니 일단 평균 이상의 맛은 보장한다. 해산물 요리는 대체적으로 다 맛있는 편이지만 특히 조림 잘하기로 유명한 집이다. 가장 잘나가는 메뉴는 갈치조림이다. 부드럽고 오동통한 갈칫살에 자작하니 매콤한 국물을 곁들여 밥 한술 뜨면 없던 입맛도 돌아온다. 푹 무른 무 역시 갈치조림의 감초다. 짜지 않고 담백해서 밥을 다 먹고도 남은 생선 해치우는 데 부담이 없다. 겨울철이라면 모슬포항의 별미 방어회도 한 접시 먹어보자.

- **가는 길** 모슬포항구 내 위치
- **주소** 서귀포시 대정읍 하모항구로 66
- **문의** 064-794-0177
- **영업시간** 8:00~22:00
- **휴일** 매월 첫째주 화요일

산방식당

제주식 밀면으로 유명한 맛집이다. 밀면 하면 부산이지만 부산의 밀면과는 미묘하게 다른 느낌이 있다. 면발은 비슷하지만 양념과 육수는 좀더 깔끔하다. 1971년부터 2대째 밀면으로만 승부해 여름이고 겨울이고 늘 붐비는 집이라 줄서기를 각오해야 하지만 시원한 육수의 밀면을 먹고 나면 오랜 기다림에 대한 보상을 받은 듯하다. 비빔밀면을 주문했다면 수육도 잊지 말고 함께 맛볼 것.

- **가는 길** 대정초등학교 앞 삼거리에서 하모이삼로 쪽 대로변
- **주소** 서귀포시 대정읍 하모이삼로 62
- **문의** 064-794-2165
- **영업시간** 11:00~20:00
- **휴일** 매월 둘째주, 넷째주 화요일, 명절연휴

부두식당

방어의 방은 기름 방(肪)자다. 지방 함량이 많아 부드럽고 고소하다. 겨울철이면 방어의 주산지 모슬포항에는 방어회를 맛보려는 이들로 붐비는데 그중 인기 많은 횟집이 부두식당이다. 옆집 덕승식당과 함께 모슬포항의 쌍두마차로 불리는 부두식당은 주인장이 배를 타고 직접 잡아온 신선한 방어를 식탁에 올린다. 신김치에 곁들여 먹어야 제맛이다. 방어회를 주문하면 맑은 지리나 매운탕이 함께 나온다. 저렴한 가격에 배부르게 먹을 수 있다는 점도 이 집의 장점. 혼자 가거나 둘이 간다면 회와 식사를 함께 할 수 있는 방어회정식을 시켜도 괜찮다. 갈치조림 맛도 빠지지 않는 집이다.

- **가는 길** 모슬포항구 내 위치
- **주소** 서귀포시 대정읍 하모항구로 64
- **문의** 064-794-1223
- **영업시간** 8:30~21:00
- **휴일** 매월 둘째주, 넷째주 수요일

감귤창고카페

커피와 감귤이 만나면 어떤 맛일까? 의외로 그 궁합이 훌륭하다. 둘 모두 산미를 지녀서 그런지는 몰라도 커피의 깊은 향과 감귤의 새콤달콤한 맛이 잘 어우러진다. 이곳의 대표메뉴 감귤크런치노는 카푸치노와 말린 감귤, 감귤시럽이 어우러진 음료. 감귤창고는 이름 그대로 감귤창고를 개조해 문을 연 카페다. 주변이 온통 감귤밭인 조용한 마을 서광동리에 자리한 감귤창고는 마을공동체사업으로 개점했다. 영귤차, 한라봉차, 댕유자차 등 주민들이 직접 담근 차가 준비되어 있고 귤꿀팬케이크, 귤꿀가래떡구이 등 신선한 디저트를 선보이고 있다.

- **가는 길** 서광동보건소사거리에서 서광동리 새마을회관 쪽 언덕길로 약 200m 직진 후 오른쪽
- **주소** 서귀포시 안덕면 서광로 25번길 13
- **문의** 064-792-9004
- **영업시간** 10:00~21:00
- **휴일** 매주 수요일

레드브라운

대평포구 가까이에 있는 작은 로스터리 카페. 핸드드립커피를 잘하기로 소문난 곳으로 포구와 박수기정을 바라보며 쉬어갈 만하다. 이름처럼 빨간색의 목조주택인 카페 안으로 들어서면 보기보다 넓은 규모로 테이블이 여러 개 놓여 있다. 실내장식이 아기자기하고 대평리 지도와 여러 권의 여행책, 소설책 등이 한쪽 서재에 꽂혀 있다. 커피 외에도 허브차와 모과차, 제주댕유자차, 녹차음료 등이 있고 허니브레드와 치즈케이크, 티라미수 등의 디저트가 준비되어 있다.

- **가는 길** 대평포구 앞
- **주소** 서귀포시 안덕면 난드르로 48
- **문의** 064-738-8288
- **영업시간** 11:00~21:00
- **휴일** 매주 수요일

카페멘도롱

모슬포항구에 자리해 시원하게 바다를 바라보며 쉬어갈 수 있는 카페다. 파란색으로 단장한 외관과 블랙과 화이트 톤으로 통일한 내부도 쾌적하고 모던한 분위기다. 매월 원두의 종류를 달리해 핸드드립커피를 낸다. 생과일을 듬뿍 넣어 만든 생과일주스나 에이드, 스무디도 괜찮다. 특히 매일 아침 직접 굽는 생과일타르트와 머핀, 쿠키 등 베이커리 메뉴가 훌륭하다. 항구의 풍경을 가만히 바라보며 티타임을 즐기기에 괜찮다. 멘도롱은 제줏말로 '적당히 따뜻한'이란 뜻이다.

- **가는 길** 모슬포항구 내 방파제길
- **주소** 서귀포시 대정읍 하모항구로 70
- **문의** 064-792-3727
- **영업시간** 11:00~20:00
- **휴일** 연중무휴

레이지박스

한때 게스트하우스로 유명했던 레이지박스는 현재 렌탈하우스와 카페로 운영되고 있다. 산방산 바로 아래 위치한 카페 레이지박스는 당근케이크가 맛있기로 유명하다. 당근 함량이 높고 많이 달지 않으면서 촉촉하고 부드러운 질감을 자랑하는 케이크다. 케이크에 꽂아주는 '제주에서 만들어쪄'라고 적힌 작은 깃발이 깜찍하다. 당근주스와 함께 먹으면 건강한 한 끼 식사로 충분하다. 투명한 창을 통해 용머리해안의 아름다운 풍경을 바라보며 휴식을 취할 수 있다.

- **가는 길** 산방산 주차장
- **주소** 서귀포시 안덕면 산방로 208
- **문의** 064-792-1254
- **영업시간** 동절기 10:00~18:30, 하절기 10:00~19:00
- **휴일** 연중무휴

이니스프리 제주하우스

오설록티뮤지엄 바로 옆에 자리한 화장품숍 겸 오가닉 카페다. 카페에서는 제주의 신선한 식재료를 이용한 오가닉 푸드와 음료를 맛볼 수 있다. 제주 당근, 제주 콩가루, 오메기떡, 우도 땅콩, 제주 한라봉, 제주 오미자 등 제주산 재료를 이용한 메뉴가 대부분이다. 인기 메뉴는 청아한 빛깔의 제주바다레모네이드와 말린 감귤과 감귤시럽을 뿌린 제주감귤오름 빙수다. 핫도그와 빵, 수프와 주먹밥 등의 식사대용 메뉴와 '해녀바구니 브런치' '제주 자연담은 브런치' 등 브런치 메뉴도 있다.

- **가는 길** 오설록티뮤지엄(서광다원) 옆
- **주소** 서귀포시 안덕면 신화역사로 425
- **문의** 064-794-5351
- **영업시간** 9:00~18:00
- **휴일** 연중무휴

앙카페

앙카페라는 상호보다는 해성이용원이라는 이름과 측면의 해녀벽화가 눈에 먼저 들어오는 예쁜 카페다. 아버지가 운영하던 이발소 건물을 물려받은 아들이 운영하고 있다. 작지만 따뜻하고 포근한 감성이 느껴지는 곳이다. 여행자들의 쉼터 역할을 지향하는 카페에는 론리플래닛 시리즈와 같은 여행안내서가 자리 한편을 차지하고 있다. 커피콩을 붙여 만든 세계지도도 눈에 띈다. 겨울이면 난로 앞에서 여행책을 보며 쉬어가는 낭만이 있는 곳이다. 커피와 생과일주스, 병맥주 등을 판매한다.

- **가는 길** 모슬포항구 내 진입로 초입
- **주소** 서귀포시 대정읍 하모항구로 75-1
- **문의** 064-794-5871
- **영업시간** 9:00~22:00
  (일요일은 9:00~20:00)
- **휴일** 연중무휴

물고기카페

- **가는 길** 올레8코스에서 제주바당뜰펜션을 지나 우측 난드르로 쪽으로 약 100m
- **주소** 서귀포시 안덕면 난드르로 25-7
- **문의** 070-8147-0804
- **영업시간** 12:00~21:00
- **휴일** 매주 월요일

대평리 이주민 1세대인 영화감독 장선우 부부가 운영하는 카페다. 옛집을 개조해 만들어 낡은 연통과 빗살 있는 창문, 벽장과 살짝 금이 가 있는 작은 방에서 오래된 정취가 물씬 풍긴다. 신발을 벗고 카페로 들어서면 마룻바닥도 테이블도 온통 나무라 전통찻집에 온 듯하다. 예스러운 내부에서 차를 한잔 마시는 것도 좋지만 저물 녘 마당에 있는 테이블에 앉아 바다와 박수기정을 바라보며 커피를 즐기는 여유를 가져보자. 커피 같은 음료와 파스타, 샐러드 등 간단한 식사를 판매한다.

그녀이야기 게스트하우스

1인실과 2인실, 4인실 독채로 이루어진 게스트하우스다. 모르는 사람과 함께 쓰는 방은 없다. 방마다 놓인 커다란 콘솔에는 보송한 타월과 함께 클렌징오일, 화장솜, 로션, 드라이어와 헤어세팅기가 비치되어 있다. 객실 건물이 따로 있고 무인 카페동이 객실 건물 앞에 있다. 아침에는 주인이 직접 만든 수제요구르트와 토스트, 치즈와 과일 등이 조식으로 제공된다.

- **가는 길** 올레9코스에 위치.
  화순항에서 마을 안쪽 길로 약 1km
- **주소** 서귀포시 안덕면 화순해안로130번길 21
- **예약 및 문의** 010-9038-6811,
herstoryroom.blog.me

산방산탄산온천 게스트하우스

산방산 아래 제주 유일의 온천이 있다. 그것도 국내에서는 보기 드문 탄산온천이다. 지하 600m에서 기포를 뿜으며 나오는 탄산수는 피로회복과 피부미용, 혈압조절에 효과가 좋은 것으로 알려져 있다. 여행자들에게는 여행의 피로를 풀기에 그만이다. 반갑게도 탄산온천 옆에는 비교적 큰 규모의 게스트하우스가 자리하고 있다. 4인용 객실이 여러 개 갖춰져 있는데 숙박만 하면 기본 1만5000원, 숙박과 온천을 모두 이용할 경우 2만원의 금액을 지불하면 된다(2015년 기준). 수건이 무료로 제공되고 세탁기 사용도 무료여서 피로가 많이 쌓인 장기 여행자들에게는 안성맞춤인 숙소다.

- **가는 길** 덕수초등학교 교차로에서 대정읍 방면으로 약 800m
- **주소** 서귀포시 안덕면 사계북로41번길 192
- **예약 및 문의** 064-792-2533, www.sanbangsanhouse.com

이응 게스트하우스

'조용히 쉬는 사람들을 위한 공간'을 지향한다. 조그마한 카페공간이 있지만 게스트들이 파티를 하거나 술을 마시는 일은 일절 없다. 나 홀로 손님이 많고 주인 또한 '아무것도 하지 않아도 좋다'고 말하는 게스트하우스다. 객실은 독채와 1인실, 2인실, 4인실을 갖추고 있으며 5000원을 내면 토스트와 스크램블에그, 샐러드와 베이컨 등이 한 접시에 담겨 나오는 조식을 제공한다. 게스트하우스를 나서면 바로 대평리 앞바다가 보인다.

- **가는 길** 대평리 버스정류장에서 포구 방향 난드르로를 따라 약 100m
- **주소** 서귀포시 안덕면 난드르로21번길 7-1
- **예약 및 문의** 010-6212-6375, blog.naver.com/teafight

루시드봉봉 게스트하우스

모슬포와 산방산 중간에 있어 대중교통을 이용해 가기에는 제법 까다로운데도 만실일 때가 많다. 400여 곳에 가까운 제주 게스트하우스들 중에 제법 유명한 곳으로 옛 가정집을 수리해 게스트하우스로 꾸몄다. 외관은 평범한 일반주택 같은데 안으로 들어서면 카페에 들어온 듯 아기자기한 분위기다. 4인실과 2인실로 구성되어 있으며 객실 건물과 카페 건물이 따로 있다. 카페에선 아침마다 토스트와 커피를 제공한다. 게스트하우스로 들어가는 돌담 진입로가 참 예쁘다. 친절한 주인 덕분에 단골이 많은 집이다.

- **가는 길** 이교동 버스정류장에서 마을 안길 따라 1분 거리
- **주소** 서귀포시 대정읍 상모로 200-8
- **예약 및 문의** 010-3580-3089, lucidbonbon.co.kr

구름정원 게스트하우스

대평리에 위치한 신축 게스트하우스다. 처음부터 게스트하우스 용도로 지어 객실과 내부 시설이 편리하고 깔끔하다. 객실은 6인실, 2인실, 4인이 이용 가능한 프렌드룸으로 구성되어 있다. 공용공간으로 1층과 2층 2곳의 거실이 있고 2층 계단에 오르면 구름다리 위에 서재가 있어 책을 볼 수도 있다. 별도의 건물인 카페동에 주방과 테이블이 있고 조식으로 식빵과 계란 등이 제공된다. 화장실과 욕실도 깔끔하고 쾌적하다. 1000원을 내면 세탁기 사용이 가능하다. 자신이 덮은 이불커버와 베개커버는 직접 벗겨 세탁 바구니에 넣고 퇴실하기 때문에 침구는 언제나 청결하다.

- **가는 길** 대평리 버스정류장에서 마을공용주차장 지나 오른쪽 골목 안쪽
- **주소** 서귀포시 안덕면 난드르로36번길 5
- **예약 및 문의** 070-8823-8287, www.guroomgarden.com

레몬트리 게스트하우스

모슬포항에 위치한 빈티지하면서도 아기자기한 분위기의 게스트하우스로 네덜란드인 남편과 한국인 아내가 함께 운영한다. 객실은 4인실과 2인실로 구성되어 있다. 2층 철제침대에 레이스천이 달려 있고 벽과 천장은 온통 하얗다. 개인용 짐보관함도 비치되어 있다. 룸마다 자동잠금장치가 있을 정도로 보안이 확실하다. 조식이 푸짐하게 잘 나오는 편이다. 밥과 함께 고기 반찬, 채소 반찬, 국이 뷔페식으로 제공된다.

- **가는 길** 모슬포항 방어축제거리에 위치
- **주소** 서귀포시 대정읍 하모항구로 70
- **예약 및 문의** 064-794-2525, www.lemon3.co.kr

05
서북권

에메랄드빛 바다와
야자수를 벗한
제주

서북권 코스

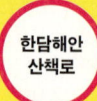
한담해안 산책로

버스로 35분

협재해변과 금능으뜸원 해변

걸어서 5분

한림공원

버스로 30분
+걸어서 20분

생이기정 바당길과 수월봉

걷기 난이도 ★★★☆☆
해변을 제외하고는 많이 걸을수록 아름다운 풍경을 만날 수 있는 코스다. 오르막이 있는 생이기정 바당길과 수월봉 일대를 제외하면 크게 힘든 구간은 없으나 평소 많이 걷는 편이 아니라면 쉽게 지칠 수 있다. 중간중간 휴식을 갖고 수분 섭취도 자주 하자.

언제 가면 좋을까
초여름. 길섶과 크고 작은 오름의 푸름이 막 짙어질 무렵 제주 바다는 더욱 고운 색을 발한다. 사람들이 본격적으로 붐비는 피서철 직전의 바다에서는 한가롭게 바닷물에 발을 담그거나 일광욕을 하기에 좋다. 곳곳에 수국과 능소화가 피어 아름다운 풍경을 만날 수 있다.

본격적인 여행에 앞서
1. 20분 간격으로 운행하는 702번 서일주버스를 이용해 돌 수 있는 코스다. 오전부터 돌아본다면 무난하게 소화할 수 있지만 생이기정 바당길과 수월봉을 걸어서 돌아보는 데는 최소 2시간 정도로 꽤 긴 시간이 걸린다. 일몰 시간에 맞춰 수월봉에 도착한다면 더없이 좋겠지만 시간이 여유롭지 않다면 한두 코스 정도는 생략하는 편이 낫다.

2. 숙박업소가 많이 몰려 있는 곳은 협재해변과 고내포구 주변, 편의시설이나 상점이 모여 있는 번화가는 한림읍 시내다. 게스트하우스는 해안부터 중산간 일대까지 지역 전반에 걸쳐 퍼져 있다. 제주의 다른 곳과 마찬가지로 일주도로를 벗어난 지역은 대중교통으로 이동이 까다로운 편이니 가고 싶은 곳 또는 숙소에 따라 동선을 효율적으로 짜는 게 중요하다.

3. 제시한 코스의 마지막 지점인 수월봉까지 갔다면 해안로를 따라 남쪽의 모슬포항으로 이동 후 숙박을 하거나 서남부쪽 여행을 하자. 모슬포항에는 게스트하우스와 카페, 식당이 다수 모여 있다.

바당 혹은 왓을 바라보며 따뜻한 커피 한잔

제주 서쪽 여행의 주요 코스인 협재바다 일대는 바다 빛깔이 아름답기로 둘째가라면 서운하다. 서쪽은 또한 제주에서 가장 비옥한 땅으로 예부터 다양한 작물의 농사를 많이 지어 기름진 '왓(밭)'이 눈에 많이 띈다. 카페는 협재 바닷가에도 많고 다소 뜬금없는 위치지만 마을 안 왓 사이에도 자리한다. 가정집이었던 제주 돌집을, 공장이나 창고로 쓰이던 옛 건물을 카페로 개조한 곳이 많으니 커피 한잔씩 하고 가자.

해안선 따라 1km의 산책

제주 바닷길은 길마다 특징도 매력도 다 달라 예쁘지 않은 곳을 꼽기가 어렵다. 서쪽 바다에는 그 많고 많은 길 중에서도 '하이라이트'로 꼽을 수 있는, 다 걷고 또 걸어도 그리 힘들지 않은 산책 코스들이 있다. 대표적으로 한담해안산책로와 생이기정 바당길이다. 두 길 모두 1km 전후의 거리니 가볍게 걸어보자.

애월한담공원이나 수월봉에서 일몰 감상하기

동쪽에선 일출을 보고 서쪽에선 일몰을 봐야 한다. 제주 서쪽 바다에서 바라보는 낙조는 오랫동안 머릿속에 각인될 만큼 아름답다. 특히 애월한담공원에 서서 바라보는 바다 해넘이와 수월봉에서 차귀도를 배경으로 지는 태양이 근사하다. 꼭 두 곳이 아니어도 좋다. 서쪽 여행 중 날씨가 흐리지 않다면 일몰 시간에 맞추어 바닷가로 나가보자.

야자수 혹은 선인장 앞에서 남국의 정취 느끼며 사진 찍기

제주국제공항을 나오자마자 "이곳이 제주구나" 실감하는 풍경이 바로 야자수다. 처음부터 제주에 야자수가 나고 자랐던 것은 아니다. 1970년대 초반 한림공원을 시작으로 제주 전역에 퍼졌다. 한림공원에 가면 제주에서 가장 키 크고 멋진 야자수길을 걸을 수 있다. 이곳에서 멋진 기념사진을 남겨보자. 월령리 선인장군락지나 한림공원 열대식물원의 선인장 앞에서도 남국의 정취를 느낄 수 있으니 참고할 것.

배 타고 섬과 섬 사이 오가기

섬에서 또 다른 섬에 들어가는 여행의 묘미를 즐겨보자. 서쪽에는 15분 정도 작은 배를 타고 들어갈 수 있는 비양도와 차귀도가 있다. 두 섬 모두 걷기 좋은 둘레길이 나 있는 데다 1~2시간 정도면 충분히 둘러볼 수 있다. 제주도의 부속섬이지만 또 다른 환경과 분위기를 만끽해보자. 마치 제주도가 육지처럼 느껴질 것이다.

한담해안산책로

걸어도 걸어도 자꾸 걷고 싶은 바닷길

내 눈에 예뻐 보이면 대개 다른 이들의 눈에도 예뻐 보이기 마련이다. 드라마와 영화촬영지로 등장하더니 이제 주말이면 사람들이 몰려드는 제주 서북권의 필수관광지가 됐다. 1.2km의 짧지만 수려한 바닷길은 한담마을에서 곽지과물해변까지 이어진다. 좁다란 오솔길은 돌로 판판하게 포장되어 휠체어도 어렵지 않게 다닐 수 있다.

검디검은 현무암들과 초록의 풀숲 사이로 난 길은 걷는 내내 바다를 벗한다. 걸음을 옮길 때마다 바다는 햇볕에 반사된 프리즘을 보듯 다채로운 빛깔로 시선에 닿는다. 검푸른빛, 하늘빛, 에메랄드빛 그 모든 바다색의 채도가 한 바다에 펼쳐져 있다. 한참 물질에 몰두하는 해녀들의 숨비소리가 간간이 들려오고 아담한 백사장이 형성된 바다에선 아이 몇몇이 물놀이를 한다. 느린 걸음으로 사방을 둘러보며 천천히 걸어도 산책로를 다 걷는 데 30분도 걸리지 않는다. 마을길은 종착점인 곽지과물해변의 하얀 모래밭에 닿아 탁 트이며 끊긴 듯 이어진다. 곽지과물해변도 충분히 아름답지만 괜한 아쉬움에 다시 돌아 걷는 길이 바로 한담해안산책로다.

1 한담해안산책로의 공식 시작점 애월한담공원에 서면 발아래로 산책로가 보인다. 길을 온전히 다 걸어보고 싶다면 한담마을 안 바닷가에 자리한 봄날카페를 출발점으로 잡는 것을 추천한다. 봄날카페에서 바라보는 바다도 매우 근사하다.

2 애월한담공원에서 바라보는 바다 일몰이 매우 아름답다. 공원에는 쉬어갈 수 있는 벤치와 카페, 편의점 등이 있다.

3 한담해안산책로는 오직 도보만 가능한 길이다. 오토바이나 자전거는 출입할 수 없다.

4 곽지'괴물' 해변으로 읽기 십상인 곽지과물해변의 '곽지'는 마을 이름이고, '과물'은 용천수가 솟아나는 곳을 뜻한다. 바위 틈에서 솟는 물은 수도가 보급되기 전 식수원으로 사용된 귀한 물이어서 중산간마을 사람들까지도 곽지마을까지 와 물을 담아 갔다고 한다. 지금도 마르지 않은 샘은 과물노천탕으로 쓰이고 있다. 해변 근처에도 식당과 카페, 편의점 등이 모여 있다.

5 좀더 걷고 싶다면 걸어온 길을 다시 돌아가도 좋지만 곽지과물해변에서 한림해안산책로를 따라 금성포구 쪽으로 걸어도 좋다. 한적하고 여유로운 어촌 풍경을 만끽할 수 있다.

★★★★☆ 제주도민 추천

"사람들이 협재해변을 가느라 쉽게 지나치는 서쪽 바다가 한담해변과 곽지과물 해변이에요. 두 곳을 잇는 한담해안산책로는 오밀조밀한 풍경과 시원스레 탁 트인 풍경이 조화롭게 어우러져 걷는 즐거움이 있어요."

- **주소** 제주시 애월읍 애월로 11
- **이용시간** 일출~일몰(해수욕장 개장 7월 초~8월 말)
- **입장료** 없음
- **소요시간** 머무르는 만큼
- **문의** 제주시 관광진흥과 064-728-2751

협재해변과 금능으뜸원해변

제주 바다의 여왕

시선을 바다로 두는 순간 '육지인'들은 육성으로 감탄한다. 동쪽에 함덕서우봉해변이 있다면 서쪽에는 협재해변이 있다는 말처럼 두 해변은 압도적인 풍경으로 제주 바다의 상징과도 같은 존재나 다름없다. 협재해변은 가만히 오래도록 바라보게 만드는 정적인 힘이 있다.

바다와 하늘의 경계에 오뚝 솟은 비양도는 협재해변의 풍경을 완성하는 화룡점정이다. 백사장에 닿은 발끝의 바다는 거울못처럼 투명한데 비양도로 향해갈수록 오로라처럼 영롱한 초록빛이 번져간다. 썰물일 때 비양도는 헤엄쳐갈 수 있을 만큼 눈앞에 가깝고 채 빠지지 못한 바닷물은 개울처럼 백사장 위를 흘러간다. 바다가 밀물일 때 비양도는 다시는 닿지 못할 땅처럼 멀어져 그 사이는 사파이어처럼 짙은 청색의 바닷물이 채워진다. 해수면에 따라, 날씨에 따라 끊임없이 빛깔을 달리하는 협재 바다는 바라만 봐도 좋은 오랫동안 짝사랑하고 싶은 바다다. 해변길을 따라 조금만 걸어가면 또 하나의 해변이 얌전한 모습을 드러낸다. 담 없는 바다이기에 협재해변과 한 몸인 듯 아닌 듯 자리한 금능으뜸원해변이다. 협재해변이 어느 순간 북적일 때 발걸음은 살며시 금능으뜸원해변으로 향한다.

1 대부분의 바다가 그렇지만 특히 협재해변은 물때에 따라 풍경이 다르니 간조와 만조 시간을 미리 알아보고 둘러보자. 물때는 인터넷 사이트(www.badatime.com)에서 확인할 수 있다.

2 협재해변은 해수욕장 개장시기에 맞춰 오후 10시까지 조명을 켜놓는다. 밤바다 산책도 낭만적이다.

3 협재해변과 금능으뜸원해변은 해변 오솔길로 이어진다. 쉽게 오갈 수 있는 거리라 두 해변을 한 번에 둘러볼 수 있다.

4 협재해변 일대부터 금능포구 일대 금능리마을에 거쳐 이름난 식당과 카페, 게스트하우스들이 자리하고 있다. 서북권에서 숙박을 하기에는 협재해변 일대가 가장 무난하다.

5 금능으뜸원해변에서 남쪽으로 약 2km 떨어진 월령리에는 제주에서 가장 많은 선인장을 볼 수 있는 월령선인장군락지가 있다. 협재해변에서 북쪽으로 3km 정도 떨어진 한림읍 시내는 서북권에서 가장 번화한 곳이다.

★★★★★ 제주도민 추천

"협재 바다를 두고 이국적이라는 표현은 어울리지 않아요. 제주 사람들에게는 늘 마주해온 바다이기 때문에 그 자체로 협재해변이고 제주 바당(바다)인 것이지요. 제주의 상징이라 해도 부족함이 없는 곳입니다."

- **주소** 제주시 한림읍 한림로 329-10
- **이용시간** 일출~일몰(해수욕장 개장 7월 초~8월 말)
- **입장료** 없음
- **소요시간** 머무르는 만큼
- **문의** 협재리사무소 064-796-2404

한림공원

열대 제주

인위적이며 비싼 입장료까지 내야 하는 곳은 웬만하면 가지 말자는 다짐. 적어도 제주에서라면 그래야 할 것만 같다. 그러나 이러한 다짐은 한림공원에서 여지없이 무너진다. 총천연색 야자수와 앵무새가 그려진 다소 촌스러운 입간판은 향수를 자극하고 40여 년 전으로 거슬러 올라가는 공원의 역사는 인공의 것도 자연으로 바꿔놓았을 것만 같은 느낌을 풍긴다. 제주 곳곳에 보이는 야자수처럼 말이다.

유료의 관광지를 향한 최고의 찬사가 '입장료가 아깝지 않다'라면 한림공원은 충분히 그 찬사를 들을 만한 훌륭한 공원이다. 10만 평의 대규모 공원은 부지런히 돌아도 2시간이 훌쩍 흘러간다. 기기묘묘한 수천 종의 열대식물과 야생화에 눈길을 뺏겼다 싶으면 용암동굴과 석회동굴의 특징을 두루 가진 협재·쌍용동굴이 나타나 호기심을 자극하고 동굴을 벗어나면 기암괴석과 멋들어진 분재가, 제주 전통초가가 모인 민속마을이 등장한다. 그저 산책하듯 가볍게 걸을 뿐인데도 시종 새로운 풍경들이 펼쳐지니 지루할 틈이 없다. 처음 다짐은 한림공원으로 인해 부질없어진 지 오래다.

1 한림공원은 1971년 황무지였던 모래밭을 일궈 야자수와 관상수를 파종해 공원의 형태를 갖춰나갔다. 1981년 쌍용동굴과 협재동굴 발굴하고 이어 아열대식물원과 재암민속마을, 사파리조류원 등을 순차적으로 개장하며 제주의 대표적인 자연테마공원으로 입지를 굳혔다.

2 한림공원에서 가장 인기가 좋은 곳은 남국의 정취가 물씬 풍기는 야자수길이다. 하늘을 향해 쭉쭉 뻗은 야자수가 나란히 늘어선 야자수길은 관람객들의 단골 포토존이다. 제주 최초로 한림공원이 야자수를 식재하고 번창한 이후 제주국제공항 및 중문관광단지 등 곳곳에 야자수가 뿌리내리게 되었다.

3 사파리조류원의 공작새는 앵무새의 인기를 능가하는 스타다. 특히 백공작이 날개를 펼쳤을 때의 화려한 자태는 큰 볼거리. 공작이 날개를 펼칠 때까지 기다리는 이들도 많다.

4 한림공원에서는 사계절 화려한 꽃을 볼 수 있다. 튤립과 벚꽃, 유채꽃이 만발한 봄, 연꽃과 수국이 아름다운 여름, 국화 향이 가득한 가을, 수선화와 매화가 꽃망울을 틔우는 겨울까지 1년 내내 무지개 빛깔이다.

★★★☆☆ 제주도민 추천

"여행객이 바다 구경 다했는데 어디 볼 만한 데 없냐고 하면 한림공원 추천합니다. 사진 찍으며 놀기 좋고 쉬엄쉬엄 걸으며 구경하기 좋고. 들어가서 후회하는 사람은 없어요."

- **주소** 제주시 한림읍 한림로 300
- **이용시간** 8:30~19:00(입장마감 폐장 1시간 30분 전, 폐장시간 계절에 따라 변동)
- **입장료** 어른 1만원
- **소요시간** 2시간
- **문의** 064-796-0001

생이기정 바당길과 수월봉

제주 올레의 클라이맥스

21개 올레길을 모두 걸을 수 있다면 좋겠지만 단기 여행자에게는 1개 코스도 온전히 걷기 어렵다. 얌체 같지만 이럴 땐 올레길의 '하이라이트'만 골라 걷는 편이 더 효율적이다. 생이기정 바당길은 올레12코스의 최고 절경으로, 올레길 전체를 통틀어 가장 아름다운 길로 꼽는 올레꾼도 적지 않다. 총 17.5km의 올레12코스 중 생이기정 바당길은 그중 1.2km 남짓이니 부담스러운 거리는 아니다.

제줏말로 '생이'는 '새'를, '기정'은 '절벽'을 뜻한다. 풀이하면 '새가 지저귀는 바다 절벽길'이다. 길은 올레12코스의 종점인 용수포구에 자리한 성김대건신부제주표착기념관에서 시작된다. 해안도로를 걷다 차귀도와 누운섬이 닿을 듯 보이는 지점에서 수풀 사이 오솔길로 새면 곧바로 절벽길로 진입한다. 오른편에는 짙은 푸른빛의 바다와 자그마한 무인도가, 왼편에는 야트막한 언덕이 자리한다. 파도가 발아래 절벽에 부딪히는 소리가 장쾌하고 시야는 탁 트여 새삼 걷는다는 것의 행복이 온몸으로 느껴진다. 약간의 경사를 바람과 함께 얼마간 걸어 올라가면 이윽고 높은 절벽에 다다르고 용수포구와 차귀도 일대 바다가 한눈에 펼쳐진다. 숨을 죽이고 잠시 눈을 감는다. 예쁜 길만 걸으려 했던 게으른 발은 어느덧 당산봉을 넘어 저 멀리 수월봉까지 향한다.

1 생이기정 바당길로 향하는 길은 성김대건신부제주표착기념관을 시작점으로 하자. 성당과 기념관이 있는 이곳은 김대건 신부가 1845년 중국에서 사제서품을 받고 귀국해 첫발을 디딘 장소다. 천주교 신자에게는 꼭 들러볼 순례지이기도 하다. 대중교통을 이용한다면 702번 서일주버스를 타고 용수리충혼묘지에서 내려 해안 쪽으로 1.3km가량 걸어가야 한다. 이 기념관에서 올레12코스를 주황색 화살표를 따라 거꾸로 걸어가면 된다.

2 생이기정 바당길이 끝나는 지점이 곧 당산봉의 봉수대길이다. 내리막길이 시작되기 전까지 차귀도 일대 바다와 포구를 바라보며 걸을 수 있다. 당산봉을 모두 내려가면 섬풍경리조트가 나온다. 이곳에서 수월봉 엉앙길을 가려면 차귀도선착장 방면으로 조금 돌아가야 한다. 대신 선착장 부근에는 식당과 카페 등이 있어 쉬었다 가기 좋다. 한치 등을 구워 파는 노천 포장마차도 줄지어 있다.

3 차귀도는 차귀도선착장에서 유람선을 타고 돌아볼 수 있다. 죽도로 불리는 본섬과 매바위, 누운섬의 두 부속섬으로 이루어진 무인도로 기암괴석이 멋진 풍경을 이루는 곳이다. 차귀도 앞바다는 남방돌고래가 자주 출몰하기로도 유명하다.

4 수월봉 엉앙길은 해적잠수함 매표소와 해양경찰서 방면에서 시작된다. 해적잠수함 매표소 뒤편에 공용화장실이 있다. 수월봉 뒤편으로는 검은모래해변이 있다.

5 일행이 4명 이상일 경우 수월봉 탐방안내소의 해설사에게 요청하면 무료로 안내해준다(9:00~18:00).

6 특히 생이기정 바당길과 수월봉, 차귀도포구에서 차귀도를 배경으로 바라보는 일몰은 아름답기로 유명하다.

바람의 언덕 수월봉

제주에서 '바람의 언덕'이라고 하면 열에 아홉은 섭지코지를 얘기한다. 그러나 서쪽에도 섭지코지 못지않은, 그 땅마저 바람에 춤을 추는 듯한 아름다운 곳이 존재한다. 수월봉은 제주에서 일몰을 보는 명소로 익히 이름을 알려왔다. 그러나 이곳의 진가는 수월봉에서 바라보는 해넘이가 아니라 수월봉 그 자체를 바라보았을 때 느낄 수 있다.

수월봉으로 향하는 좁다란 바닷길은 엉앙길이라 불리운다. 자동차는 진입할 수 없는 길로 차귀도선착장에서 수월봉까지 약 1.5km가량 해안절벽을 따라 걷는다. 걷다보면 절벽으로 물이 흐르는 '녹고의 눈물'과 과거 일본군이 파놓은 갱도 진지, 고무처럼 휘어진 화산재 지층을 만날 수 있다. 수월봉 정상까지 차로 올라갈 수 있는 도로가 따로 있지만 뚜벅이 여행자라면 엉앙길을 걷길 추천한다.

수월봉에 다다르게 되면 화산재 지층은 더욱 장대한 모습으로 눈앞에 드러난다. 수월봉이 화산 활동을 할 당시 분화구에서 뿜어져 나온 화산분출물이 켜켜이 쌓인 화산재지층이다. 물결치듯, 춤을 추듯 당장에라도 출렁출렁 움직일 것만 같은 화산재지층은 기왓장처럼 쌓여 수월봉을 이루고 있다. 정상에 오르면 바람은 좀더 거세진다. 그러나 제주 서쪽바다 일대를 한눈에 담을 수 있다. 정상에는 고산기상대, 정자와 전망대, 아담한 카페 등이 자리하고 있다.

★★★★☆ 제주도민 추천

"알려주기 아까운, 나만 알고 싶은 길이에요. 물론 알려줘도 워낙 인기 있는 길들이 많아서 사람이 몰리지 않지만요. 그렇지만 새소리를 벗하고 파도소리를 음악 삼아 걸을 수 있는 길은 그리 많지 않아요."

생이기정길
- **주소** 제주시 한경면 용수1길 108
- **이용시간** 일출~일몰
- **입장료** 없음
- **소요시간** 1시간
- **문의** 제주올레 064-762-2190

수월봉
- **주소** 제주시 한경면 고산리 3763번지
- **이용시간** 일출~일몰
- **입장료** 없음
- **소요시간** 1시간
- **문의** 제주시 녹색환경과 064-728-3123

 여기도 한 번

닿을 듯 말듯
애틋한 섬
비양도

어느 날 갑자기 바다로 날아온 섬, 《어린 왕자》 속 코끼리를 삼킨 보아뱀을 닮은 섬, 가장 젊은 제주의 부속 섬... 비양도를 설명하는 수식을 들으면 그 섬에는 왠지 요정이라도 살 것 같은 느낌이다. 그러나 기어이 비양도로 향하는 도항선에 몸을 싣도록 하는 결정적인 힘은 협재해변으로부터 비롯한다. 협재해변에 섰을 때 눈앞에 선 비양도는 헤엄쳐서도 충분히 갈 수 있을 만큼 가깝게 느껴진다. 그러나 비양도는 배로도 약 15분 가야 닿을 수 있다. 섬으로 가는 배는 한림항에서 멀지 않은 비양도 도항선 승선장에서 하루 3~4번 출발한다. 첫 배는 오전 9시이며 마지막 배는 오후 3시에 있다. 돌아오는 마지막 배는 오후 3시 16분이다. 3km 둘레의 작은 섬에 80여 명의 주민이 산다. 몇 채 되지 않는 집 앞마당에는 해녀의 잠수복이 걸려 있고 고냉이

(고양이)들과 강생이(강아지)들은 한가롭게 동네 마실을 다닌다. 포구 근처 식당에서 진한 보말죽 한 그릇으로 배를 채운 후 비양도를 돌아보는 방법은 크게 2가지다. 첫째는 섬 둘레를 2시간가량 걷는 것, 둘째는 해발 114m의 비양봉에 올라 섬 전체와 바다 건너 협재해변을 내려다보는 것이다. 둘 다 해도 3시간이면 충분하다. 비양도 둘레길을 걷다보면 독특한 형태의 바위를 많이 볼 수 있는데, 특히 애기 업은 바위라 불리는 '호니토'는 비양도에만 분포해 천연기념물로 지정되었다. 팔랑못이라 하는 드넓은 호수는 해일 피해를 방지하기 위해 만든 인공호수로 수변 산책로가 조성되어 있다.

- **위치** 제주시 한림읍 한림해안로 196 한림도항선대합실. 702번이나 966번 버스 타고 한수리 정류장 하차 후 여객선 이용
- **뱃삯** 어른 왕복 6000원
- **문의** 한림도항선대합실 064-796-7522

 여기도 한 번

숲과 오름의
완벽한 조화
저지오름

오름은 분화구까지 올라야 제맛이다. 분화구 길을 한 바퀴 돌아줘야 비로소 이 작은 동산이 아주 오래전 용암을 뿜어내던 소형화산체였음을 실감할 수 있다. 물론 분화구 형태에 따라 화산이었음이 드러나지 않는 오름들도 많다. 저지오름은 정상의 깔때기 모양 분화구를 만나기까지는 굉장히 울울한 산림 덕분에 오름처럼 느껴지지 않는다. 해발은 239m로 그리 높지 않음에도 누운 듯 옆으로 퍼진 모양새와 빽빽한 수목은 장엄하기까지 하다. 사실 저지오름은 제주의 많은 오름들이 그러하듯 나무 없이 수풀만 돋은 민둥한 오름이었다고 한다. 그런 오름을 숲으로 만든 건 나무 한 그루 한 그루를 옮겨 심은 저지마을 사람들이었다. 오름이 울창해지고 나니 마을이 부강해지고 사람이 모여들기 시작했다는 이야기는 전설 같지만 '2007년 제8회 아름다

운 숲 전국대회'에서 대상을 수상한 것은 설문대할망도 뿌듯해하실 일이다.

저지오름의 등반로와 둘레길은 걷기 좋도록 다져져 있다. 데크길 주변으로는 합다리나무, 가막살나무, 좀작살나무 등 쉽게 볼 수 없는 나무들이 낯선 가지를 내밀고 있다. 오름에는 220여 종 2만여 그루의 나무가 무리를 이루고 있다. 그들이 만든 그늘 아래를 20분 정도 오르면 어느덧 분화구 둘레길이 등장하고 조금 더 오르면 전망대가 보인다. 그토록 푸르고 우거졌던 숲은 마치 뚜껑을 연 듯 하늘과 맞닿아 있다. 저지오름의 머리 위에서 제주의 풍광은 꽃망울이 벌어진 듯 화사하다. 남쪽으로는 멀리 가파도와 마라도가, 서쪽으로는 차귀도와 비양도가 보이고 등 뒤로는 한라산이 그 든든한 자태로 서 있다.

- **위치** 제주시 한경면 저지14길 35
  967번 버스 타고 저지리 정류장 하차
- **문의** 제주시 녹색환경과 064-728-3123

 여기도 한 번

곶자왈이 처음인 당신에게

환상숲

곶자왈은 눈에 비치는 그 모습만으로도 육지의 숲들과는 분명히 다르지만 제대로 알고 가야 그 존재가 더욱 소중해지고 아름다워 보이는 곳이다. '곶자왈 입문자'라면 숲지기와 동행하며 나무 한 그루, 풀 한 포기의 목소리를 들어보길 추천한다. 환상숲은 언제나 숲지기가 함께 걷는 한경면 저지리의 작은 곶자왈이다. 본래 사유지였던 곶자왈 환상숲은 땅주인 이형철 씨가 20년 넘게 숲을 가꾸고 최소한의 길을 닦아 사람들을 맞이하게 된 곳이다. 지금은 그의 아내와 딸까지 곶자왈 해설사가 되어 단 1명의 방문객일지라도 곶자왈을 제대로 알고 갈 수 있도록 1시간가량 해설과 안내를 도맡아 한다. 인간의 무분별한 벌채와 지표를 뒤덮은 암석들 사이에서 어떻게 그토록 짙은 녹음을 만들었는지, 열대북방한계식물과 한대남방한계식물이 공존할 수

있는 이유는 무엇인지 식물계의 치열한 생존 방식과 제주 숲의 진정한 힘을 오감으로 느끼고 알아갈 수 있다. 한자리에서는 좀처럼 만날 수 없는 떼죽나무, 종가시나무, 상동나무, 소나무가 모여 살아가는 신비한 곶자왈 환상숲은 나무 한 그루 한 그루에 사연도 많다. 제주의 탄생부터 곶자왈의 오늘에 이르기까지 숲지기의 설명을 듣다보면 시간이 어찌 가는지도 모르고 걷게 된다. 환상숲의 산책 코스는 왕복거리 1km 정도로 그리 긴 편은 아니지만 친절한 설명과 함께 얻어가는 지식과 감동은 기대 이상으로 크다.

- **위치** 제주시 한경면 녹차분재로 594-1, 967번 버스 타고 각시물 정류장 하차
- **이용시간** 9:00~17:00(해설 정오를 제외한 매시 정각에 시작, 휴원 일요일 오전)
- **입장료** 어른 5000원
- **문의** 환상숲곶자왈공원 064-772-2488

여기도
한 번

알록달록 동심으로
돌아가는 시간
더럭분교

제주의 초등학교는 한 번쯤 교문 안으로 들어가고 싶을 만큼 예쁜 풍경을 자랑한다. 바람이 많이 부는 땅이다보니 파릇파릇한 잔디가 깔려 있는 단층의 아담한 분교도 자주 보인다. 마라분교, 동복분교, 비양분교, 선흘분교... 학교는 아이들을 닮은 듯 조그맣지만 오랫동안 교육의 장으로서 그 역할을 충실히 하고 있다. 그러니 옛 추억에 잠겨 함부로 교문 안으로 들어서선 안 된다. 아이들의 수업에 지장을 줄 수 있기 때문이다.

더럭분교는 제주에서 외지인들에게 가장 인기가 좋은 초등학교다. 학교가 일반인에게 개방되는 오후 6시면 카메라를 든 이들이 운동장으로 삼삼오오 몰려든다. 알록달록 무지개빛을 입은 학교 외관 때문이다. 창문 한 개의 벽마다 빨주노초파남보, 서로 다른 원색의 페인트가 칠해져 있는 학교는 멀리

서도 눈에 띈다. 자칫 유치원 건물로 오해를 살 수도 있을 만큼 학교답지 않게 화려한 색깔의 조합임에도 불구하고 더럭분교는 그저 예쁘기만 하다. 아이들이 크레파스로 그린 그림 같기도 하고 띵동띵동 청아한 소리를 내는 어린이용 실로폰 같기도 하다. 학교는 봄이면 화사하게 벚꽃을 흩날리는 벚나무와 초록의 운동장 잔디가 어우러져 한 장의 엽서 같은 풍경을 뽐내 너도나도 사진을 찍는다. 웨딩촬영과 같은 특별한 사진을 찍는 이들도 많다. 건물 입구에는 "멀리서 이곳까지 찾아주신 분들께 감사하다"는 인사와 함께 "아이들이 배우고 자라는 곳이니 쓰레기를 버리거나 화장실을 이용하는 일은 삼가달라"는 부탁이 공손하게 붙어 있다. 아이들이 주인인 공간을 잠시 훔치듯 즐기고 가니 아니 온 듯 다녀가야 할 것이다.

- **위치** 제주시 애월읍 하가로 195
  970번 버스 타고 더럭초등학교 정류장 하차, 960번 버스 타고 하가삼거리 정류장 하차
- **이용시간** 평일 18:00 이후, 토요일 13:00 이후, 공휴일 9:00 이후
- **문의** 애월초등학교 더럭분교장 064-799-0515

 여기도 한 번

살고 싶은
부러운 동네
저지문화
예술인마을

저지문화예술인마을은 제주앓이를 하는 이들에게는 욕심 나는 마을이 될 가능성이 높다. 마을은 그 이름처럼 예술인들이 모여 사는 곳으로 제주시에서 도내 문화예술 발전을 위해 세운 예술특화 지구다. 1999년 착공해 현재까지도 건물이 들어서고 있으며 단순히 예술인들의 거주지 내지는 작업실의 역할을 넘어 파주 헤이리와 같은 문화관광지로서 입지를 다지고 있다. 이곳에 터를 잡은 이들은 화가부터 조각가, 건축가, 사진가, 음악가, 만화가, 작가, 석공예가, 도예가까지 굉장히 다양하다. 그만큼 그들의 공간은 저마다 특색이 넘친다. 제주 전통가옥을 닮은 돌집이 있는가 하면 조선시대 양식의 한옥이 있고 르코르뷔지에의 건축 양식을 따른 듯한 모던한 주택도 있다. 많은 집들이 작은 갤러리로 공간을 개방해 작품과 작업실의 모습을 볼 수 있도록 했다. 곳곳에 이정표와 지도가 있어 어떤 예술가의 공간인지 쉽게 알 수 있다.

- **위치** 제주시 한경면 저지14길 28-2
  967번 버스 타고 방림원 제주현대미술관 정류장 하차
- **문의** 제주시 관광진흥과 064-728-2751

저지문화예술인마을에서 꼭 가봐야 할 곳 제주현대미술관

저지문화예술인마을에서 구심점이 되는 곳이다. 본관은 마을 서쪽에, 분관은 마을 초입에 있다. 본관은 특별전시실과 상설전시실, 2개의 기획전시실, 아트숍으로 이루어져 제법 규모가 큰 편에 속한다. 현무암으로 외벽을 마감해 제주의 특성을 살렸다. 상설전시로는 하모니즘의 창시자이자 제주 해녀를 주제로 많은 작품을 남긴 한국 현대미술의 거장 김흥수 화백의 전시가 있다.

- **위치** 제주시 한경면 저지14길 35
  967번 버스 타고 방림원제주현대미술관 정류장 하차
- **이용시간** 9:00~18:00, 7~9월은 9:00~19:00(휴관 매주 수요일, 1월 1일과 명절)
- **입장료** 어른 1000원
- **문의** 064-710-7801

여기도 한 번

제주에 평화를,
내 마음에 평안을
성이시돌목장

중산간의 드넓은 목야는 이미 수백 년 전부터 다져져왔으나 4·3사건 이후 마을공동체가 조금씩 와해되면서 그 수가 줄었다. 최근에는 골프장과 상품작물재배장 등의 난개발로 홍역까지 겪는 중이다. 하지만 여전히 한라산 목초지는 말 한 마리가 풀을 뜯는 모습만으로도 '그림'이 되는 곳이다. 그중 한라산 서쪽에는 성이시돌목장, 동쪽에는 삼다수목장이 유명하다. '사진촬영 명소' '광고촬영 장소' 등으로 소문이 나면서 관광지도 아닌 곳에 사람이 몰리는 것이다.

성이시돌목장은 테시폰이라 불리는 독특한 형태의 건축물이, 삼다수목장은 들판 위의 서 있는 한 그루의 나무(일명 왕따나무)가 빚어내는 이국적 풍광이 눈길을 끈다. 이 가운데 좀더 개방적이고 볼거리가 많은 목장은 성이시돌목장이다. 목장에

는 홍보관 역할을 겸하는 성이시돌센터와 은총의동산, 피정의집, 십자가의길 등의 종교시설이 있다. 목장은 1961년 아일랜드 출신의 맥그린치 신부가 만든 곳으로 목장 이름은 스페인의 농부 출신으로 성인의 반열에 오른 이시돌의 이름에서 따왔다. 이라크 테시폰 지역의 건축양식으로 세웠다고 해서 '테시폰'이라 불리는 건물은 목장 설립 당시에는 숙소로 썼고, 이후 축사와 성당으로 활용됐다. 현재 목장에서는 경주마와 젖소, 한우를 사육하고 있다.

- **위치** 제주시 한림읍 금악동길 35
  961번 버스 타고 이시돌하단지 정류장 하차
- **문의** 064-796-0396

보영반점

50년 가까이 한자리에서 음식을 내온 유명 중식점이다. 제주가 아닌, 더 많은 중국음식점과 경쟁해야 하는 서울이나 인천에 있었더라도 충분히 맛집 대열에 올랐을 집이다. 잔꾀 없는 정통 레시피를 고수해 한결같은 맛을 낸다. 제주 사람들이 주로 시키는 메뉴는 간짜장과 짬뽕 그리고 사천탕수육이다. 재료가 신선하고 뒷맛이 깔끔하다. 여행자들 사이에서는 간짬뽕이 유명하다. 국물이 자작한 볶음짬뽕으로 불 향을 풍기는 매콤한 돼지고기와 해물이 넉넉하게 들어 있다.

- **가는 길** 한림항입구사거리에서 남쪽 한림천 방향으로 약 60m
- **주소** 제주시 한림읍 한림로 692-1
- **문의** 064-796-2042
- **영업시간** 11:00~20:30
- **휴일** 매월 둘째주, 넷째주 목요일

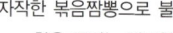

성아시

전복, 꽃게, 오징어, 홍합, 딱새우, 가리비 등 해물이 가득 들어간 해물라면이 괜찮은 집이다. 라면 한 그릇에 9000원이니 라면치고는 비싼 가격이지만 막상 나온 음식을 보면 라면 안에 해물이 들어간 게 아니라 해물탕 안에 라면이 들어간 격이라 제값 한다는 생각이 든다. 해물은 싱싱하고 라면은 꼬들꼬들하며 국물은 시원하다. 해물뚝배기나 해물파전도 괜찮다.

- **가는 길** 금능으뜸원해변에서 금능길 따라 마을 안쪽으로 약 400m
- **주소** 제주시 한림읍 금능길 68
- **문의** 064-796-7607
- **영업시간** 9:00~15:00(주문마감 14:30) 17:00~22:00(주문마감 21:30)
- **휴일** 매월 첫째주, 셋째주 월요일

제주슬로비

애월리 마을복지회관 1층에 자리한 레스토랑이다. 제주에서 난 재료로 특색 있는 창작요리를 즐길 수 있다는 점이 이 집의 매력이다. 자극적이지 않은 양념으로 재료 고유의 맛을 내고 건강까지 챙긴다는 점 또한 후한 점수를 주고 싶은 곳이다. 대표 메뉴는 제주산 채소와 나물이 듬뿍 들어간 애월비빔밥이다. 고추장이 아닌 담백한 된장소스에 비벼 먹는다. 홍대커리&닭튀김과 현무암을 닮은 돌빵도 인기 있다.

- **가는 길** 애월로11길에서 제주시수협애월지점 맞은편 언덕길 위치
- **주소** 제주시 애월읍 애월로 4 애월리사무소 1층
- **문의** 064-799-5535
- **영업시간** 11:00~21:00 (쉬는시간 15:00~17:00)
- **휴일** 매주 화요일

숙이네보리빵

제주를 대표하는 떡이 오메기떡이라면 제주를 대표하는 빵은 보리빵이다. 숙이네보리빵은 제주에서 유명한 보리빵집 중 하나다. 매일 아침 쪄내는 보리빵은 오후가 되면 모두 동이 난다. 보리빵은 총 4가지 종류다. 쑥보리빵, 쑥보리팥빵, 보리빵, 보리팥빵으로 팥이 붙은 이름은 빵 안에 팥앙금이 들었다. 보리빵은 그 자체로도 굉장히 쫄깃쫄깃하고 담백해서 식어도 맛이 좋다.

- **가는 길** 애월로사거리 못 미쳐 애월리 버스정류장 앞
- **주소** 제주시 애월읍 애월로 118
- **문의** 064-799-1777
- **영업시간** 5:00~재료 소진 시까지
- **휴일** 매월 첫째주, 셋째주 화요일

호돌이식당

비양도 구경을 온 대부분의 사람들이 제일 먼저 들르는 곳이 항구 앞 호돌이식당이다. 보말죽 맛있기로 바다 건너까지 소문이 퍼졌기 때문이다. 할머니가 끓여주는 보말죽은 그렇게 고소하고 진할 수가 없다. 많은 이들이 '전복죽보다 맛있다'는 호평을 내놓는다. 내장째 으깨 넣은 보말이 무척 진하고 고소한 맛을 내기 때문. 함께 내온 반찬도 정성스럽다. 매일 잡아 요리한다는 참게볶음과 삼삼하게 절인 무장아찌 등이 입맛을 돋운다.

- **가는 길** 비양도선착장 초입
- **주소** 제주시 한림읍 비양도길 284
- **문의** 064-796-8475
- **영업시간** 8:00~18:00
- **휴일** 비정기 휴무

금능포구횟집

점심시간이면 마을 주민들로 북적이는 해산물 식당이다. 손님의 대부분이 물회를 시켜먹는다. 이 집 물회의 특징은 톡 쏘는 듯 시원하면서 새콤달콤한 양념맛이다. '2인분 같은 1인분'이라 표현할 만한 푸짐한 양도 인기 요인이다. 오이와 양파, 무 등 신선한 채소와 활어회의 조합도 훌륭하다. 횟감은 철에 따라 달라지지만 주로 한치물회와 쥐치물회가 잘나간다. 물회 외 메뉴로는 쥐치조림이 맛있다.

- **가는 길** 금능9길 따라 들어가 금능포구에 위치
- **주소** 제주시 한림읍 금능9길 27
- **문의** 064-796-9006
- **영업시간** 9:00~18:00
- **휴일** 연중무휴

영림흑돼지가든

한림읍 주민의 단골 고깃집이다. 흑돼지보다는 돼지생갈비가 이 집의 주력 메뉴. 이 집에서 흑돼지를 시켜먹으면 관광객, 돼지생갈비를 시켜 먹으면 동네주민일 가능성이 높다. 흑돼지도 나쁘지는 않지만 다른 고깃집보다 두께가 얇은 점이 아쉽다. 반면 돼지생갈비는 두툼하고 양이 푸짐한 데다 쫄깃하며 고소한 제주 돼지의 참맛을 느낄 수 있다.

- **가는 길** 한림항입구사거리에서 한수풀로 따라 동쪽으로 약 70m
- **주소** 제주시 한림읍 한수풀로 30
- **문의** 064-796-6956
- **영업시간** 11:00~22:00
- **휴일** 비정기 휴무

만나와메추라기

강된장에 비벼먹는 보리밥이 맛있는 집이다. 양념돼지고기와 채소, 강된장과 참기름을 보리밥에 넣어 비빈 후 상추에 싸서 먹는 게 주인이 추천하는 '보리밥 맛있게 먹는 방법'이다. 감자가 듬뿍 든 강된장은 간이 심심해서 많이 넣어 비벼도 짜지 않다. 특별한 맛은 아닌데 할머니가 차려준 시골밥상처럼 구수하고 건강한 맛이 좋다. 근처에 저지오름이 있어 올라갔다 내려오는 길에 한 그릇 먹으면 새참을 먹은 듯 배가 든든하다.

- **가는 길** 저지리 지청초등학교 교문 맞은편
- **주소** 제주시 한경면 중산간서로 3591
- **문의** 064-772-3255
- **영업시간** 9:00~20:00
- **휴일** 매주 일요일

르씨엘비

현지 오일장에서 직접 사오는 제철 식재료로 서양식 창작 요리를 선보인다. 파스타와 스테이크, 오리콩피 등이 주메뉴이고 철에 따라 조금씩 달라진다. 상시 고정된 대표메뉴는 보말파스타다. 보말칼국수나 보말미역국은 제주 향토음식으로 익숙하지만 보말과 파스타의 조합은 새롭다. 쫄깃하게 씹히는 보말도 넉넉하게 들어 있고 맛 또한 일반적인 오일파스타보다 고소하다. 파스타 위에 살짝 얹은 것은 제주산 말린 감태다. 해조류의 일종으로 찢어서 파스타와 함께 먹으면 바다향이 느껴진다.

- **가는 길** 고내포구에서 동쪽 애월해안로를 따라 약 100m 이동 후 오른쪽 골목 안길
- **주소** 제주시 애월읍 고내로11길 30
- **문의** 064-712-1427
- **영업시간** 12:00~21:00
  (쉬는시간 15:00~17:00)
- **휴일** 매주 월요일

오크라

한적한 귀덕리 마을에 자리한 돈가스집이다. 동네 주민들에게 먼저 입소문을 타다가 이제는 줄을 서야 할 정도로 유명한 집이 됐다. 매일 새 기름으로 튀겨 튀김옷이 깨끗하고 맛 또한 깔끔하고 바삭하다. 제주산 돼지로 튀긴 두툼하고 큰 돈가스는 성인 남자에게도 양이 많을 정도다. 돈가스와 함께 나오는 상큼한 블루베리소스를 곁들인 샐러드는 매우 신선하고 양도 푸짐하다.

- **가는 길** 일주서로에서 귀덕1리 마을 안길로 약 500m 들어가 귀덕1리 노인정 맞은편
- **주소** 제주시 한림읍 귀덕14길 57-2
- **문의** 064-747-0624
- **영업시간** 12:00~22:00
- **휴일** 매주 월요일

이춘옥원조고등어쌈밥

애월해안도로변에 위치한, 관광객에게 인기가 좋은 식당이다. 고등어쌈밥을 주문하면 큼직한 고등어토막이 든 고등어묵은지찜이 나온다. 사실 고등어보다 맛있는 건 묵은지다. 푹 무른 묵은지 한 포기를 줄기째 쭉 찢어 따뜻한 흰쌀밥에 얹어먹는 맛이 으뜸이다. 자작한 국물 아래 깔린 두툼한 무 역시 별미다. 그밖에 갈치조림과 해물뚝배기도 괜찮다.

- **가는 길** 공항 쪽에서 일주서로 따라 하귀1길, 2길 삼거리 못 미처 위치
- **주소** 제주시 애월읍 일주서로 7213
- **문의** 064-799-9914
- **영업시간** 8:00~21:00
- **휴일** 연중무휴

살롱드라방

막걸리공장을 고쳐 만든 시골마을의 소박한 카페다. 천장이 높은 내부에는 오래된 재봉틀과 드라이플라워, 빈티지한 가구가 조화롭게 배치돼 주인의 인테리어 감각을 짐작케 한다. 커피 한잔도 멋스럽게 내어주는 덕분에 이곳을 찾는 손님들이 SNS에 사진을 찍어올리면서 더욱 유명세를 탔다. 커피는 핸드드립을 하고 사이드 메뉴가 다채로운 편이다.

- **가는 길** 더럭분교에서 하가로를 따라 연화못 지나 약 600m 직진 후 왼쪽 고하성로를 따라 마을 안쪽으로 70m
- **주소** 제주시 애월읍 하가로 146-9
- **문의** 070-7797-3708
- **영업시간** 11:00~20:00
- **휴일** 매주 토요일, 일요일

카페그곶

금능리에 있는 빈티지한 느낌의 카페다. 커피를 마시면서 조용히 쉬어가기 좋다. 직접 로스팅한 커피는 신선하고 그날그날 굽는 치아바타와 포카치아는 식사대용으로 먹기에 알맞다. 가끔씩 라이브나 문화행사가 열리기도 한다. 주인이 선곡한 음악은 무던히도 '제주스러워서' 가만히 감상하다보면 시간이 훌쩍 가버린다.

- **가는 길** 금능으뜸원해변에서 금능길을 따라 마을 안쪽으로 약 400m
- **주소** 제주시 한림읍 금능길 65
- **문의** 070-4128-1414
- **영업시간** 11:00~19:30
- **휴일** 매주 수요일

까미노

스페인어로 '길'을 뜻하는 까미노(camino)를 상호로 내건 카페로 지나가다 즉흥적으로 들르는 이들이 많을 만큼 외관이 돋보인다. 사방이 통유리로 된 직선 구조에 옥상테라스와 텃밭, 건물을 감싸고 흐르는 좁은 수로까지 건물 설계에 상당히 신경을 많이 썼다. 내부에서는 주변 풍경을 온전히 감상할 수 있다. 커피와 음료 메뉴도 괜찮지만 무엇보다 디저트 메뉴가 맛있다. 생크림케이크는 늦은 오후에는 다 팔려 맛보기 어렵다.

- **가는 길** 더럭분교에서 하가로를 따라 연화못을 지나 하가삼거리 왼쪽 고하상로 300m 직진 후 오른쪽 골목 안
- **주소** 제주시 애월읍 고하상로 91-12
- **문의** 064-799-9789
- **영업시간** 10:30~21:00
- **휴일** 매주 수요일

앤트러사이트 한림점

서울과 양주에 지점을 둔 앤트러사이트의 제주한림점이다. 앤트러사이트 서울점이 신발공장을 개조해 만든 카페로 주목을 받았다면 앤트러사이트 제주는 고구마전분공장을 카페로 재탄생시켰다. 공장의 모습을 거의 그대로 살려 외관을 봤을 때는 도저히 카페라고 생각되지 않는다. 내부 역시 공장의 흔적을 살려 일부 철제 장비를 인테리어소품으로 활용했으며 바닥에는 현무암과 화산송이를 깔고 이끼와 양치식물을 심어 독특한 분위기를 연출했다. 커피는 서울점에서 볶은 원두를 받아 쓰고 한라봉은 농장과 직거래해 주스를 낸다.

- **가는 길** 한라산소주공장에서 다리 건너 30m 오른쪽
- **주소** 제주시 한림읍 한림로 564
- **문의** 064-796-7991
- **영업시간** 11:00~19:00
- **휴일** 비정기 휴무

쉼표카페

통창 너머로 아름다운 협재 바다를 한눈에 담을 수 있는 곳이다. 워낙 자리가 좋은 까닭에 전망만으로 사람을 모으는 카페지만 오메기 감저빙수나 수제흑돼지핫도그는 제주산 재료의 맛을 잘 살린 간식으로 먹고 갈 만하다. 쫄깃한 오메기떡과 달콤한 고구마, 시원한 우유얼음은 맛이 없을 수 없는 조합이다. 까만 먹물빵 사이에 제주 흑돼지로 만든 소시지를 끼운 핫도그 역시 괜찮다. 창가 자리는 만석일 때가 많다.

- **가는 길** 협재해변 입구
- **주소** 제주시 한림읍 한림로 359
- **문의** 064-796-7790
- **영업시간** 9:30~22:00
- **휴일** 연중무휴

최마담네빵다방

제주 돌집을 손질해 문을 연 아담한 베이커리 카페. 시나몬롤과 레몬스콘, 브라우니 등 종류는 많지 않지만 정성스레 만든 달콤한 빵이 시각과 후각을 자극한다. 젊고 야무진 주인장이 빵을 만들어내는 모습은 일본 영화 〈카모메 식당〉을 떠올리게 한다. 음료를 시키면 후추쿠키가 서비스로 제공되는데 후추의 알싸한 맛과 버터향이 은은하게 더해져 기대 이상으로 맛이 좋다.

- **가는 길** 한림로에서 협재포구 방면 올레14코스 진입로 초입
- **주소** 제주시 한림읍 한림로 417
- **문의** 064-796-6872
- **영업시간** 11:00~20:00
- **휴일** 매주 목요일

지니의뜰에커피나리다

가지런히 쌓은 돌담과 아담한 정원이 아름다운 작은 카페. 난로 연통이 비죽 나와 있는 정겨운 돌집으로 내부 역시 서까래와 대들보를 그대로 두어 예스런 분위기를 살렸다. 부지런한 주인은 손님이 없을 땐 정원을 손질하느라 여념이 없다. 여유를 부리며 오랫동안 앉아 있고 싶은 카페. 핸드드립커피를 추천한다.

- **가는 길** 일주서로에서 귀덕1리 마을 안길로 약 500m 들어가 귀덕1리 노인정 맞은편
- **주소** 제주시 한림읍 귀덕14길 59
- **문의** 070-8831-0022
- **영업시간** 12:00~18:00
- **휴일** 매주 월요일

하루스토리 게스트하우스

제법 번화한 한림읍내에 위치했지만 골목 안에 자리해 조용한 게스트하우스다. 손재주가 좋은 주인은 깔끔하면서도 아기자기하게 객실을 꾸몄다. 다인실 없이 2인실과 1인실로만 이루어져 있어 차분하게 쉬어가고 싶은 여행자에게 추천할 만하다. 직접 만들어 판매하는 핸드메이드 비누와 향초, 언제든 무료로 마실 수 있는 다양한 종류의 차, 작지만 실속 있게 꾸민 파우더룸 등 여성스러운 분위기가 물씬 풍기는 곳이다. 조식으로 직접 만든 와플과 수제요구르트, 제철 과일을 예쁜 쟁반에 담아준다.

- **가는 길** 한림우체국 맞은편 편의점CU 안쪽 골목으로 50m 직진 후 왼쪽 내동길 따라 50m
- **주소** 제주시 한림읍 내동길 24
- **예약 및 문의** 010-6637-2104, blog.naver.com/daxuan22

페이지유

저지문화예술인마을에 자리한 유일한 게스트하우스로 외관은 전원주택이나 다름없다. 주인은 제주에서 받은 영감으로 시를 쓰는 작가다. 제주로 거주지를 옮기며 몸과 마음을 치유받았다고 하는 그는 모든 투숙객에게 직접 담근 발효차를 건네고 정성스레 조식을 차려준다. 매일 투숙객과 함께 저지문화예술인마을을 한 바퀴 돌며 마을에 얽힌 이야기와 예술가들과의 에피소드도 들려준다. 하룻밤을 머물고 가도 마음이 충만해지는 게스트하우스다. 6인실과 2인실 2개가 있다.

- **가는 길** 제주현대미술관 왼쪽에 끼고 중앙로를 따라 직진
- **주소** 제주시 한경면 저지14길 47-2
- **예약 및 문의** 010-2607-1322, cafe.naver.com/pageu

금능마린 게스트하우스

금능으뜸원해변이 바로 앞에 위치해 멋진 바다 전망을 자랑하는 게스트하우스다. 야외수영장을 갖추고 있으며 8인실, 10인실은 전면이 유리로 되어 바다를 볼 수 있다. 이곳의 특장점은 스쿠버다이빙과 스노클링 체험을 할 수 있다는 것. 상주하는 스쿠버다이빙 전문강사에게 안전교육을 받은 후 금능포구에서 스쿠버다이빙 체험을 즐길 수 있다. 조식으로 토스트와 커피를 제공한다.

- **가는 길** 금능으뜸원해변 초입
- **주소** 제주시 한림읍 한림로 247
- **예약 및 문의** 064-796-0800, cafe.naver.com/jejuilmare

그해제주

2인실과 독채로 구성된 예쁜 민박집이다. 모든 객실에서 비양도를 중심에 둔 협재해변을 바라볼 수 있다. 방별로 욕실이 있고 호텔 부럽지 않은 쾌적함을 자랑한다. 호텔식 침구부터 보송한 타월과 빠짐없이 갖춰진 욕실용품 등이 매우 만족스럽다. 공용공간으로 500여 권의 책이 비치된 서재 겸 거실과 오픈주방이 있다. 협재리에 가장 아름다운 오션뷰를 가진 숙박업소로 꼽힐 뿐 아니라 제주시로부터 건축상까지 받아 실용성과 아름다움 모두를 인정받은 곳이다.

- **가는 길** 협재포구에서 협재해변 방향으로 약 100m, 협재1길(올레14코스) 바다변에 위치
- **주소** 제주시 한림읍 협재1길 19-5
- **예약 및 문의** 010-2955-1700, blog.naver.com/theseajeju

플래닛 게스트하우스

에메랄드빛 협재 바다를 바로 코앞에서 마주할 수 있는 '오션뷰'로 인기가 많은 게스트하우스다. 돌집을 개조한 외관을 보면 일반 살림집 같지만 내부는 깔끔하고 모던한 카페처럼 꾸며져 있다. 객실 중에서도 가장 아름다운 전망을 자랑하는 1인실 다락방은 몇 개월 전에 예약하려 해도 방을 잡기가 어려울 정도다. 1인실 외에 4인실과 2인실로 이루어진 여성전용 방과 독채가 있다. 조식으로 샐러드와 토스트, 커피와 주스를 내준다.

- **가는 길** 협재포구에서 협재해변 방향으로 약 100m, 협재1길(올레14코스) 해변에 위치
- **주소** 제주시 한림읍 협재1길 17-1
- **예약 및 문의** 070-7672-2478, www.planet1702.com

빌라드애월

바다와 한라산을 두루 전망할 수 있는 부티크 호텔이다. 단독 수영장이 있는 풀빌라 두 동과 5가지 타입의 객실을 갖추고 있다. 객실은 컬러풀한 가구와 최신식의 욕실, 간단한 취사가 가능한 주방을 갖췄다. 바비큐파티를 할 수 있는 별도의 바비큐장도 있다. 뷔페식 조식을 제공한다. 야외수영장과 스파를 두고 있어 고급스러운 분위기를 물씬 풍긴다.

- **가는 길** 일주서로 신엄교차로에서 신엄리 마을 안길을 따라 약 1.4km
- **주소** 제주시 애월읍 애월해안로 516-7
- **예약 및 문의** 064-720-9000, www.villadeaewol.co.kr

베니키아호텔제주

까만 현무암 돌담길을 진입로로 한 조용한 애월 바닷가의 호텔이다. 최근에 지어 시설이 깔끔하고 편안하게 쉬었다 가기 좋다. 객실의 조명은 밝기를 조절할 수 있고 침구도 가볍고 따뜻하다. 호텔 안에 편의점과 카페가 있고 식사 가능한 뷔페가 있다. 야외 수영장도 있어 물놀이를 즐길 수 있다. 뷔페식으로 다채로운 메뉴가 제공되는 조식이 먹을 만하다.

- **가는 길** 일주서로 신엄교차로에서 신엄리 마을 안길을 따라 약 1km
- **주소** 제주시 애월읍 애월해안로 554-10
- **예약 및 문의** 064-799-9977, www.jejubenikea.com

06
한라산권

푸르고 깊은
원시림의
제주

한라산권 코스

- 한라산
- 거문오름
  - 자동차로 10분 또는 버스로 1시간 30분
- 제주 돌문화공원
  - 자동차로 10분 또는 버스로 30분
- 사려니숲길
  - 자동차로 7분 또는 걸어서 1시간
- 제주절물 자연휴양림
  - 자동차로 5분 또는 걸어서 40분
- 제주4·3 평화공원

걷기 난이도 ★★★☆☆
제시한 코스에서 경사가 가파르거나 길이 험한 곳은 없어 그리 힘들지 않다. 다만 각 장소 구석구석 둘러본다고 전제하면 장소마다 걸어야 하는 길이 평균 4km 이상이다. 10시간에 이르는 한라산 등반은 체력과 인내를 요한다.

언제 가면 좋을까
여름과 겨울. 한라산 자락은 역시 신록이 우거진 여름에 가야 다채로운 식물들과 마주할 수 있다. 숲속 곳곳에 핀 보랏빛 산수국이 특히 아름다운 철이다. 겨울에는 근사한 설경으로 제주에서 가장 멋진 풍경을 선사한다.

본격적인 여행에 앞서
1. 뚜벅이 여행자에게는 이동이 퍽 까다롭다. 자동차로 달리면 금방이지만 걷기에는 멀고 드물게 다니는 버스는 환승까지 해야 한다. 자동차로 움직이고 한라산을 오르지 않으면 제시한 코스를 하루 안에 다 돌아보는 일이 어렵지 않다. 하지만 버스를 이용해야 한다면 두세 곳만 갈 수 있다. 택시가 잘 다니지 않는 구간이라 택시 이용도 어렵다. 운전은 못 하겠고 시간도 없는데 모두 둘러보고 싶은 욕심이 크다면 아예 택시를 하루 종일 빌리는 편이 낫다. 택시 기사와 협상을 하면 되고 보통은 하루(오전 9시~오후 6시) 10만원선이다.

2. 한라산 일대에서 식사하기 적당한 곳은 거문오름과 가까운 선흘2리 블랙푸드촌과 산굼부리와 가까운 교래리 토종닭 특구다. 블랙푸드촌에서는 검은콩국수, 흑돼지제육볶음, 검은깨죽 등을 내는 식당이 모여 있다. 교래리에는 닭요리를 전문으로 하는 식당이 많다. 백숙, 닭샤부샤부, 닭칼국수 등이 주메뉴다. 편의점은 거문오름 세계자연유산탐방센터에 한 곳이 있고 선흘2리와 교래리에 작은 슈퍼가 있다. 화장실은 각 장소의 탐방센터 및 안내소마다 위치한다.

3. 끝까지 걷는 것을 목표로 했을 때 거문오름은 최장 3시간 30분, 사려니숲길은 5시간, 제주절물자연휴양림(장생의숲길)은 3시간이 걸린다. 한 장소당 할애하는 시간이 길어지면 다른 장소를 돌아볼 수 없으니 '다 걷고 말겠다'는 욕심은 살짝 접어두자. 적당히 1~2시간가량의 산책만으로도 충분히 분위기를 만끽할 수 있다.

지도 1

- 선흘방주할머니식당
- 거문오름호스텔
- 커피공방무무
- **거문오름**
- ■ **제주4·3평화공원**
- ■ **제주돌문화공원**
- **교래자연휴양림** ●
- 성미가든
- 교래손칼국수
- ■ **제주절물자연휴양림**
- 제주절물자연휴양림 숙박동
- 교래자연휴양림 숙박동
- ● **산굼부리**
- 한라산 게스트하우스
- ■ **사려니숲길**

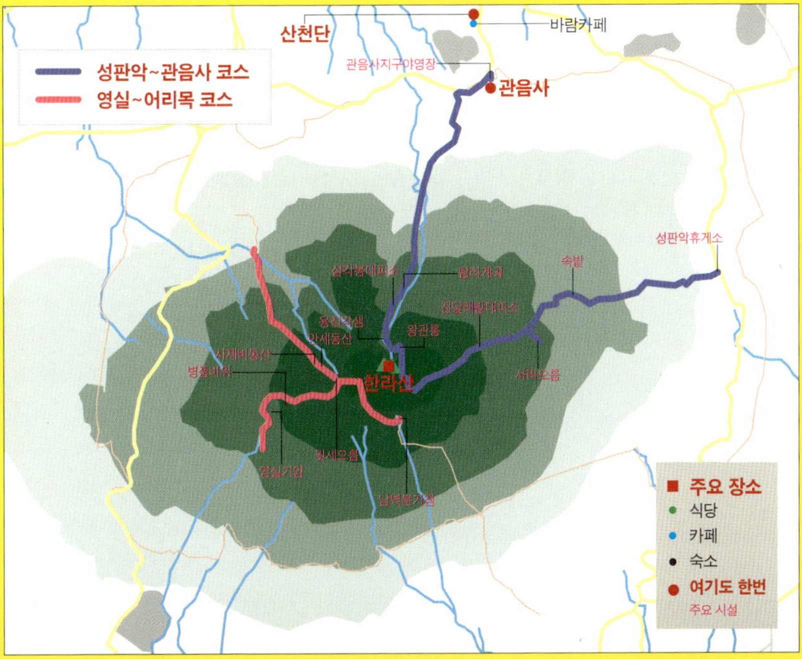

지도 2

- **산천단**
- 바람카페
- 관음사지구야영장
- ● **관음사**

범례:
- ━━ 성판악~관음사 코스
- ━━ 영실~어리목 코스

- 성판악휴게소
- 삼각봉대피소
- 삼림계곡
- 속밭
- 용진각샘
- 왕관릉
- 만세동산
- 사라오름
- 서재비코지
- 윗세오름
- 볼레오름
- **한라산**
- 윗세족은오름
- 영실기암
- 남벽분기점

범례:
- ■ 주요 장소
- ● 식당
- ● 카페
- ● 숙소
- ● **여기도 한번**
- 주요 시설

삼나무길 사이 걸으며 피톤치드 힘껏 들이마시기

한라산 일대에서는 어떤 장소를 가든 온통 나무 사이를 걷는 여행이다. 키가 크고 날씬한 삼나무 군락은 숲에서 가장 많이 눈에 띈다. 사려니숲길과 절물자연휴양림에서는 제주에서 가장 아름다운 삼나무숲을 만날 수 있다. 그 안에서 숨을 깊이 들이마시고 내쉬자. 도시에서는 돈 주고도 마시지 못할 청정 피톤치드가 몸과 마음을 치유할 테니.

시원하게 한라산 약수 한 모금

공기 좋은 곳은 물도 좋은 법. 한라산은 약이 되는 물을 품고 있다. 약수가 있어 이름에도 '물'이 들어가는 절물자연휴양림에서, 한라산 영실 코스 1500m 고지에 흐르는 노루샘에서, 어리목 코스의 사제비샘에서 달고 시원한 용천수를 마실 수 있다. 훌륭한 필터 역할을 하는 화산층을 거친 건강한 물이다. 또한 매년 수질검사를 하고 있으니 안심해도 좋다.

노루와 반갑게 인사를

제주에서 가장 많이 마주치는 동물을 꼽자면 첫째로 말, 둘째로 소, 셋째로 노루일 것이다. 말이나 소는 사람이 기르는 동물이지만 노루는 야생동물이라 어쩌다 마주치면 반갑고도 신기하다. 한때는 마구잡이로 포획되어 멸종위기에 놓이기도 했지만 이후 보호에 신경 쓰면서 1990년대 이후 개체수가 크게 늘었다. 특히 곶자왈이나 한라산 등을 걷다보면 적어도 한두 번은 보게 된다. 뿔이 있으면 수컷, 없으면 암컷이다. 노루 우는 소리도 자주 들린다. 컹컹 우는 소리가 개 짖는 소리와 비슷한데 불쾌하게 들린다는 이들도 적지 않다. 인기척을 느끼면 재빠르게 도망치기 일쑤지만 어떤 녀석들은 호기심 어린 눈으로 사람을 관찰한다.

제주4·3사건 바로 알기

제주 곳곳에는 '4·3 유적지'가 남아 있다. 문화재나 사적이 있는 곳이 아니다. 대개는 무고한 민간인들이 죽임을 당한 터나 우리나라 사람들끼리 총을 겨누고 격전을 벌였던 곳이다. 4·3사건으로 3만 명의 제주 사람들이 죽었다. 4·3사건은 제주만의 역사가 아니라 대한민국의 역사. 43번 버스를 타고 제주4·3평화공원으로 가보자. 알고 보는 제주와 모르고 보는 제주는 다르다.

살면서 한 번쯤, 한라산 등반

무조건 가야 한다고 강요할 수는 없다. 한라산 등반은 긴 시간과 체력을 요구한다. 대한민국에서 제일 높은 산이니까 당연히 그럴 수밖에 없다. 그렇다고 해서 전문산악인만 오르는 대단히 험한 산도 아니다. 확실하게 말할 수 있는 것은 한라산을 등반해서 후회할 일은 없다는 것이다. 기왕이면 다리가 성할 때, 인생에 한 번쯤 백록담에 올라보는 경험도 꽤 멋지지 않은가.

거문오름

신비하고도 순결한 오름

1일 450명 입장제한, 유네스코 세계자연유산. 거문오름을 올라야 하는, 오르고 싶을 수밖에 없는 이유다. 그러므로 감수해야 할 것을 나열하면 다음과 같다. 첫째, 평균 50명에 이르는 사람들과 함께 단체 이동해야 한다. 당연히 호젓한 등반은 어렵다. 둘째, 앞이 트인 신발을 신거나 양산과 우산, 스틱과 아이젠 등의 사용 및 음식물 반입은 금지다. 그러니 소풍 나온 듯 가볍게 오를 수 있는 오름도 아니다.

그럼에도 불구하고 이곳을 가야 하는 이유는 다음과 같다. 첫째, 자연유산해설사가 장장 2시간 30분을 동행하며 거문오름을 설명한다. 둘째, 360개가 넘는 제주 오름 중에 가장 지질학적 가치가 뛰어난 곳이다. 거문오름에서 흘러나온 용암이 해안선까지 흘러가면서 20여 개의 용암동굴을 만들었는데, 김녕굴과 만장굴도 거문오름의 작품이다. 용암협곡과 수직동굴 등을 통해 용암의 흔적을 확인할 수 있으며 오름 중 유일하게 분화구 안으로 들어갈 수 있으니 이만한 오름 탐방은 또 없다.

하나 더 알아두자. 거문오름은 겉도 속도 오르기 전에는 절대 알 수 없는 오름이다. 숲이 너무 우거져 검게 보인다 해서 그 이름도 '거문오름(검은오름)'이 된 곳이니 말이다.

1 거문오름 탐방로 앞에는 제주세계자연유산센터가 있다. 탐방 전후로 센터 안 전시실을 둘러보도록 하자. 상설전시실에서는 한라산과 제주 바다의 생태계, 거문오름과 곶자왈에 대해 모형과 영상, 시각자료 등을 활용해 소개하고 있다. 용암계 동굴인 만장굴, 용천동굴, 김녕굴 등은 실제와 유사한 비율로 재현해 굴 안을 걷는 느낌을 준다. 꽤 볼 만하니 꼭 둘러보자.

2 제주세계자연유산센터에는 4D영상관도 있다. 제주 신화를 각색한 영화 〈신들의 섬, 제주〉를 상영한다. 입체안경을 쓰고 진동의자에 앉아 인공바람을 맞으며 감상하는 영상이 의외로 큰 재미를 준다.

3 거문오름 등반은 사전예약이 필요하며 제주세계자연유산센터 홈페이지를 통해 할 수 있다. 예약은 전날 오후 5시까지 가능하고 매주 화요일과 설날, 추석에는 탐방할 수 없다.

4 거문오름 탐방 코스는 총 3가지다. 1시간이 소요되는 정상 코스(약 1.8km), 2시간 30분이 소요되는 분화구 코스(약 5.5km), 3시간 30분이 소요되는 전체 코스(약 10km)다. 코스 선택은 현장에서 직접 한다. 각 코스가 서로 다른 길이 아니라 전체 코스를 거리별로 나눈 것이다. 개별적으로 움직일 수 없기

때문에 본인이 예약한 시간에 해설사와 함께 올라야 하며 해설사는 분화구 코스까지 동행한다. 이후에는 다시 출발점으로 돌아오거나 분화구 코스 종점에서 이어지는 길은 개별적으로 걸어 내려온다.

5 코스 곳곳에 희귀한 식물이 많다. 붓순나무와 식나무 등이 대표적이다. 분화구 안을 걷다보면 숯가마터, 풍혈(지층의 변화로 생긴 구멍으로 시원한 바람이 느껴진다), 일본군 갱도진지 등을 볼 수 있다. 주요 볼거리와 정보는 해설사가 상세히 설명해주니 귀를 쫑긋하자.

6 제주시내와 성산읍을 오가는 710번 버스, 제주시내와 표선면을 오가는 720번 버스가 거문오름입구 정류장을 지난다. 배차간격은 약 30분이고 거문오름입구 정류장에 내려서 10분 정도 걸으면 제주세계자연유산센터가 나온다.

7 제주세계자연유산센터에는 편의점과 화장실이 있다. 센터와 이웃한 별도의 방문자센터에서는 샌들이나 슬리퍼를 신고 온 방문자를 위해 사이즈별로 등산화 대여 서비스를 하고 있다. 비가 오는 날에는 우비를 입고 등반하는데 우비 역시 방문자센터나 편의점에서 구입할 수 있다.

★★★☆☆ 제주도민 추천

"생태와 지질에 관심 많은 사람뿐만 아니라 제주의 자연을 사랑하는 이라면 누구든 한 번쯤은 걸어볼 만한 오름이지요."

- **주소** 제주시 조천읍 선교로 569-36
- **이용시간** 오름 탐방시간 9:00~13:00(30분 간격 출발)
  센터 관람시간 9:00~18:00
- **휴일** 매월 첫째주 화요일, 설날, 추석
- **입장료** 오름 탐방료 어른 2000원
  센터 관람료 어른 3000원
- **소요시간** 3시간
- **문의** 제주세계자연유산센터 1800-2002, 064-710-8980, wnhcenter.jeju.go.kr

제주돌문화공원

돌멩이 하나도 보석처럼

제주에는 수많은 공원과 박물관, 갤러리가 있다. 어떤 곳은 너무 인위적이고 또 어떤 곳은 빤한 장삿속이 들여다보인다. 그래서 이름이 좀 생소하다 싶은 곳은 들어가기에 망설여진다. 제주돌문화공원 역시 낯선 이름의 공원이지만 제주에서도 꽤 갈 만한, 입장료가 아깝지 않은 몇 안 되는 공원 중 한 곳이다. 한라산 기슭에 있어 위치도 외진 편이고, '잡' '개'와 더불어 하찮고 어리석은 것의 접두사로 쓰이곤 하는 돌이 테마인 곳이다. 그러나 이곳에서만큼 돌은 예술이고 역사다.

제주돌문화공원은 '설문대할망과 오백장군' 설화를 주제로 꾸며져 있다. 먼저 돌박물관에서 돌 공부를 한 다음 대형연못을 지나 숲길로 들어서면 각 시대별로 돌이 실생활에서 어떻게 쓰였는지 볼 수 있다. 클라이맥스는 제주의 동자석이 무리 지어 등장하는 곶자왈길이다. 울창한 나무 사이로 동자석이 여러 개 서 있는데 마치 당장이라도 합창을 들려줄 것 같은 얼굴이다. 돌이 그토록 유연한 표정을 지을 수 있다니 놀랍다. 이후 오백장군을 형상화한 거대 석상과 오백장군갤러리를 만날 수 있다. 한낱 돌탱이(돌덩이의 제줏말)에서 역사와 문화를 읽어가는 과정은 새삼 경이롭다.

1 공원은 총 3개 코스로 나뉘어 있다. 모두 돌면 약 3시간이 걸릴 정도로 대규모다. 제1코스에 있는 돌박물관에서는 제주 형성 과정과 화산 활동에 대해 소개하며 제주의 다양한 화산석을 감상할 수 있다. 제2코스는 제주돌문화전시관과 숲을 무대로 한 야외전시장이다. 제일 볼 만한 코스다. 제3코스는 제주전통초가마을을 재현한 돌한마을이다. 제2코스의 숲을 거쳐 들어설 수 있다. 곳곳이 경작지라 실제로 사람이 거주하는 마을처럼 느껴진다.

2 공원에서 가장 시선을 끄는 야외전시는 자연석으로 만든 오백장군 군상이다. 거대한 석상들이 흡사 이스터 섬의 모아이처럼 서 있다. 오백장군은 한라산 서남쪽 영실의 기암괴석에서 기원한다. 먼 옛날 오백 형제를 아들로 둔 어머니가 자식들을 위해 큰 가마솥에 죽을 끓이다 그만 발을 헛디뎌 솥에 빠져 죽고 말았다. 오백 형제는 어머니가 빠져 죽은 줄도 모른 채 그 죽을 먹었고 나중에 이 일을 알고 한라산의 바위로 굳어져버렸다 한다. 이 오백장군 전설은 대를 거쳐 전승되다가 제주의 설문대할망 전설과 맞물려 오백장군의 어머니가 설문대할망이라는 새로운 이야기를 낳았다. 설문대할망은 바닷속의 흙을 삽으로 떠서 제주도를 만들었다는 키가 크고 힘이 센 제주 여성신이자 창조신이라 할 수 있다.

3 인상적인 공간은 오백장군 군상과 가까이 위치한 '어머니의 방'이다. 밭 가운데 쌓아놓은 돌무더기를 제줏말로 '머들'이라고 하는데 어머니의 방은 이 머들의 형태로 만들어졌다. 이곳에 있는 1.5m 크기의 용암석은 어머니가 아이를 안고 있는 모습을 빼닮았다. 일명 '설문대할망 용암석'이라 불리는, 자연이 만든 훌륭한 조형예술품이다.

4 제주시와 서귀포를 잇는 730번 버스가 돌문화공원 정류장을 지난다. 버스는 20~30분 간격으로 운행한다. 거문오름에서는 제주시 방향으로 가는 710번, 720번 버스를 타고 초록마을 정류장에서 내려 730번으로 갈아타면 된다.

5 교래자연휴양림이 걸어서 10분 거리에 이웃한다.

★★★★☆ 제주도민 추천

"오로지 돌 하나로 제주의 자연과 문화, 민속, 역사를 두루 알아갈 수 있는 곳이에요. 인위적으로 조각한 돌이 아니라 자연석 그대로를 예술작품으로 승화시킨 돌 갤러리이기도 하고요."

- **주소** 제주시 조천읍 남조로 2023
- **이용시간** 9:00~18:00(입장마감 17:00)
- **휴일** 매월 첫째주 월요일
- **입장료** 어른 5000원
- **소요시간** 3시간
- **문의** 064-710-7731

사려니숲길

사뿐사뿐 사그락사그락

비자림로를 따라 섬의 중심부, 그러니까 한라산을 향해 달리다 보면 어느 순간 길가로 빽빽하게 선 삼나무 군락을 마주하게 된다. 높고 곧게 뻗은 매끈한 삼나무들은 나무계의 모델이라는 칭호가 아깝지 않다. 바로 그곳에 사려니숲길의 입구가 있다. 이미 삼나무에 도취된 정신은 숲길을 걷는 내내 혼미하다. 비가 온 직후나 안개가 낀 날은 신령스러운 분위기마저 감돈다.

사려니숲길은 시종 다정하다. 길은 넓고 평탄하며 산림은 울창하되 하늘은 열려 있다. 유모차나 휠체어도 쉽게 다닐 수 있는, 이름에서 오는 느낌처럼 사려 깊은 숲이다. 본래 산림사업을 목적으로 조성한 임도(林道)였으나 이제 그 길은 엔진이 아닌 두 다리의 몫이 되었다.

복잡한 상념을 지우며 한 발 한 발 떼다보면 지정된 10km의 탐방로도 금세 다 걷는다. 난코스가 없어 숨이 찰 일도 없고 졸참나무, 서어나무, 때죽나무, 산딸나무, 천남성, 둥굴레 등 숲 식구들과 함께 호흡하니 따분할 일도 없다. 월든 호숫가에 통나무집을 짓고 살았던 헨리 데이비드 소로의 삶이 새삼 부러워지는 순간, 거짓말처럼 '월든삼거리'가 등장한다. 출구까지 남은 거리는 3.6km. 걸어도 걸어도 좋다.

1 사려니라는 이름은 '살안이' 혹은 '솔안이'라고 부르는 데에서 유래했다. '살' 혹은 '솔'은 신성한 곳 또는 신령스러운 곳을 가리킨다. 즉 사려니는 '신성한 곳'이라는 뜻이다.

2 사려니숲길의 출입구는 총 세 곳이다. 대개는 탐방안내소가 위치한 비자림로 방면을 입구로, 남조로가 지나가는 붉은오름 방면 입구는 출구로 이용한다. 남은 한 곳은 서성로가 지나가는 한남리 쪽 입구인데 이곳은 평소에 숲길 출입이 통제되는 구간이기에 들어설 일이 거의 없다. 사려니오름을 오를 사람만 사전예약(064-730-7272)을 통해 한남리 쪽 입구를 이용한다. 한남리 쪽 숲길을 걸을 수 있는 때는 1년에 딱 한 번이다. 5월 말에서 6월 초 사이 열흘 정도만 모든 구간이 개방된다.

3 사려니숲길의 탐방로는 '사려니숲길 안내소 – 새왓내숲길 – 천미천 – 물찻오름 – 월든삼거리 삼나무숲 – 붉은오름 사려니숲길입구' 순으로 총 10km 구간이다. 물찻오름은 백록담처럼 분화구에 물이 고인 아름다운 오름이다. 아쉽지만 2018년까지는 식생 복원을 위해 출입이 제한된다.

4 한라생태숲과 사려니숲, 그리고 4·3평화공원을 잇는 힐링셔틀버스가 오전 7시부터 오후 7시까지 30분 간격으로 무료 운행되고 있다.

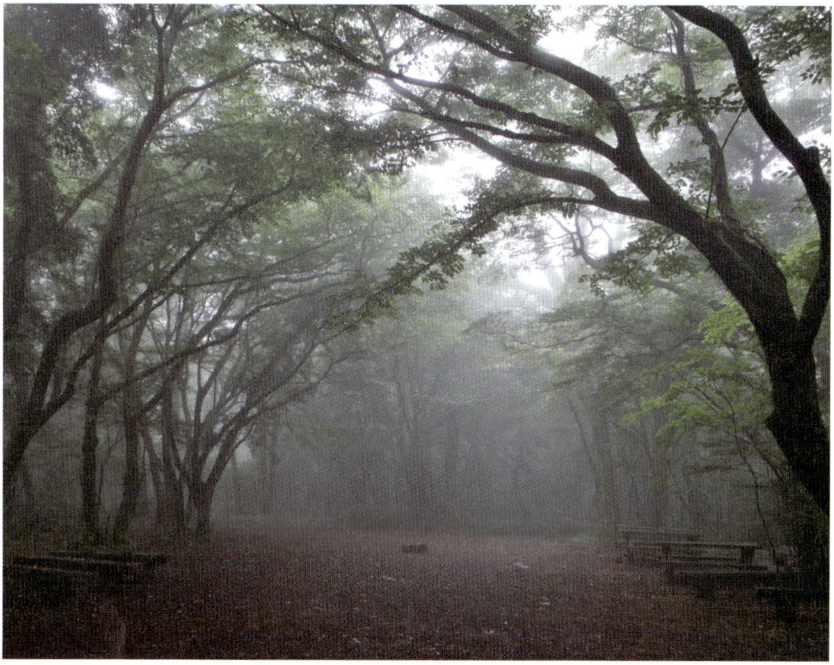

★★★☆☆　제주도민 추천

"겨울의 사려니숲도 몹시 멋지답니다. 눈이 소복하게 쌓인 삼나무는 마치 크리스마스트리 같고요. 숲속은 설국에 온 듯하지요."

- **주소** 제주시 조천읍 교래리 사려니숲길
- **이용시간** 9:00~17:00
- **입장료** 없음
- **소요시간** 3시간
- **문의** 제주시 관광진흥과 064-728-2751

제주절물자연휴양림

오래 건강하고 싶어 걷는 삼나무길

제주의 많은 숲 중에서도 '물' 좋기로 소문난 제주절물자연휴양림을 지나치기에는 아쉽다. 제주절물자연휴양림은 휴양림이라는 명칭에서 보듯 '쉬어가는 숲'으로 조성된 곳이다. 숲에는 숙박을 할 수 있는 건물이 있고 운동장과 야외무대 같은 부대시설도 있지만 그것들은 숨은 듯 제대로 모습을 드러내지 않는다. 휴양림에 들어서자마자 눈앞에 펼쳐지는 삼나무숲의 풍경이 가히 압도적이기 때문이다.

삼나무숲에서의 황홀한 산책은 입구 언저리에서 쉬이 끝나지 않는다. 휴양림 들머리에서 시작된 삼울길(삼나무가 울창한 숲길)이 끝나는 지점에서 곧바로 11km의 산책로가 이어지기 때문이다. 절물오름을 크게 돌아 걷는 조붓한 길의 이름은 장생(長生)의 숲길이다. 오랫동안 건강하게 살고 싶다는 욕심이 이 길로 이끈다. 한번 발을 디디면 3시간을 걸어야 하기에 그리 만만한 길로 볼 순 없다. 그러나 쳇바퀴 같은 하루들로 당장 1년 전 오늘도 기억하지 못하는 우리 생에서 3시간의 산책은 그리 긴 시간도, 헛된 시간도 아닐 듯하다. 낙엽이 쌓여 폭신한 흙길을 따라 삼나무 숲을 유영하듯 걸어보자. 있는 힘껏 숨을 마시고 또 내쉬면서.

1 삼나무는 금세 자라는 속성수라 제주에서 조림사업으로 많이 심었던 나무다. 오름 주변이나 한라산 일대에 일렬로 늘어선 삼나무들은 대부분 인위적으로 심어놓은 것이다. 오래전에는 바람으로부터 감귤나무를 보호하는 방풍림의 역할도 했다. 휴양림과 한라산 일대의 높이 자란 나무들의 평균 수령은 40년 이상이다. 부러 심었대도 이제는 제주 산림의 안주인이나 다름없는 존재가 되었다.

2 절물이라는 지명은 이곳에 절과 물이 있었다 해서 붙여진 이름이다. 현재 절은 없지만 약수암이 남아 있어 깨끗한 용천수를 맛볼 수 있다. 봄이면 복수초가 많이 피는 곳으로 유명하기도 하다. 복수초는 이른 봄, 눈과 얼음을 뚫고 올라와 꽃망울을 틔우는 노란색 야생화다. '봄의 전령사'로 불리는 꽃으로 쉽게 보기 힘들다.

3 절물오름은 두 개의 봉우리를 가진 해발 697m의 오름으로 울창한 천연림을 이루고 있다. 약 800m의 오름길이 조성되어 있어 두 곳의 전망대까지 올라갈 수 있다.

4 휴양림 초입 삼나무길에 익살스러운 장승 조형물이 여러 개 서 있다. 삼나무 군락을 배경으로 장승과 사진을 찍어보자.

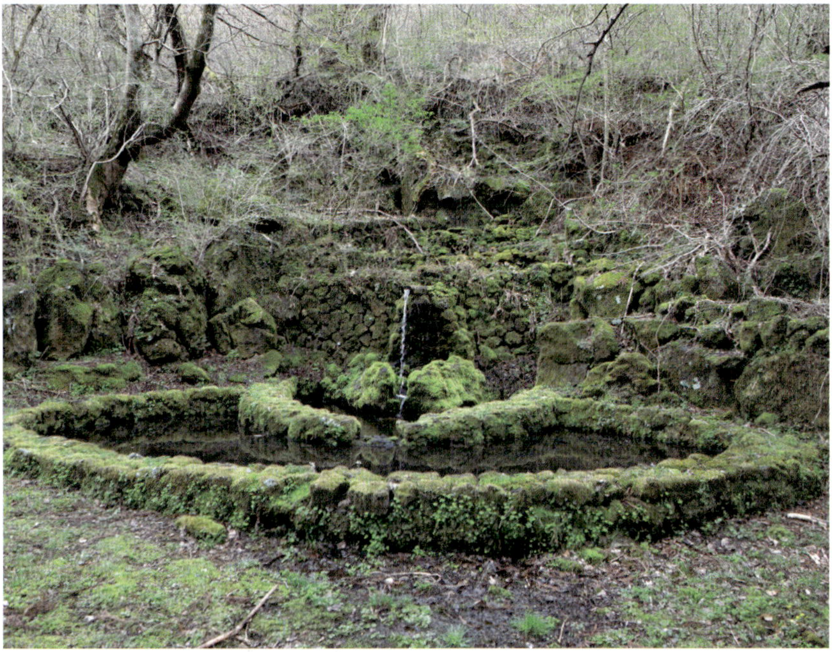

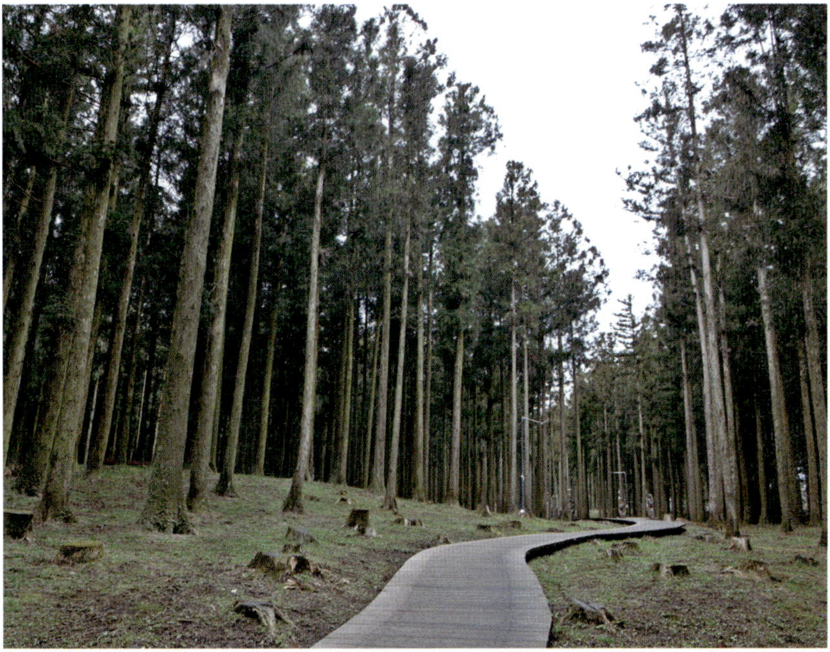

5 장생의숲길로 들어서 1시간 정도 걷다보면 교차로가 나온다. 2시간 정도 가면 절물오름으로 빠지는 길도 있다. 걷다가 힘이 들면 샛길로 빠지자. 장생의숲길 외에도 가볍게 휴양림 일대를 도는 '생이소리길'과 오름의 둘레를 도는 '너나들이길'이 있으니 부담 없이 휴양림을 즐기자.

6 비가 오는 날은 나무데크길이 다소 미끄러우니 주의해야 한다.

7 비자림로에 있는 사려니숲길 입구에서 제주절물자연휴양림까지는 약 3km다. 자동차로 5분이면 가는 거리지만 버스를 이용하려면 두 번이나 환승해 한참을 돌아간다. 버스도 자주 없다. 걸어서 간다면 1시간 거리다. 택시 이동이 수월하지만 오가는 택시가 드무니 여유가 있다면 걷는 것을 추천한다. 붉은오름이 있는 남조로 쪽 사려니숲길 입구에서 버스를 탄다면 730번 버스를 타고 대기고등학교 정류장에서 내린 후 43번 버스로 갈아탄다. 제주시내에서는 43번 버스를 타면 바로 제주절물자연휴양림을 갈 수 있다. 배차간격은 약 1시간이다.

★★★☆☆ 제주도민 추천

"산책로가 완만하고 아이들 놀이시설까지 갖추고 있어 노약자나 어린이, 장애인들도 편안히 삼림욕을 즐길 수 있는 곳이지요."

- **주소** 제주시 명림로 584,
- **이용시간** 7:00~19:00
- **휴일** 일부 코스 매주 월요일 비개방
- **입장료** 어른 1000원
- **소요시간** 3시간
- **문의** 휴양림 관리사무소 064-721-7421

제주4·3평화공원

예술의 언어로 전달된 묵직한 울림

'역사의 동굴' '흔들리는 섬' '바람 타는 섬' '불타는 섬' '흐르는 섬' '새로운 시작'이라는 6개의 전시실로 구성된 기념관에 들어선 관람자는 기승전결이 확실한 이야기의 동선을 따라간다. '아름다운 섬' '찬란한 섬' 제주가 배경이라고 하기에는 믿기지 않는다. 사건에 관한 기사와 목격자들의 인터뷰 영상이 60여 년 전 사건을 증명할 뿐이다. 사건은 유물 대신 애니메이션으로, 회화로, 미디어설치로, 부조와 조소로 '진실'이 되어 다가온다.

4·3비극의 시작을 그린 박재동의 '3·1기념대회 발포사건', 낙인을 찍듯 무겁게 울리는 소리에 붉은색으로 번져가는 사람들을 표현한 문경원의 '레드 아일랜드', 선거를 거부하고 산에 오른 제주 사람들의 모습을 그린 강요배의 '제주도민의 5·10', 대학살이 자행되던 제주의 모습을 거칠게 그려낸 이가경의 '불타는 섬', 죄 없는 사람들이 어떻게 참혹한 죽음을 맞이했는지 조각으로 묘사한 고길천의 '죽음의 섬' 등 예술의 언어로 시각화된 4·3사건이 관람객 앞에 드러난다.

역사적인 사건의 발생과 전개, 결말을 오롯하게 현대미술로 표현한 전시는 이전에 본 적이 없다. 오랜 시간 쉬쉬 묵혀왔던, 그래서 흔적조차 없어진 사건이 묵직한 울림으로 다가온다. 이것은 곧 3만 명에 달하는 희생자들을 위한 씻김이기도 하다.

1 제주4·3사건은 1947년 3월 1일을 기점으로 해 1948년 4월 3일 발생한 소요사태 및 1954년 9월 21일까지 제주에서 발생한 무력충돌과 진압과정에서 주민들이 희생당한 사건을 말한다. 7년 7개월 만에 막을 내렸으며, 한국현대사에서 한국전쟁 다음으로 큰 인명 피해를 낳았다.

1947년 3월 1일 3·1절 기념식에서 주민 6명이 경찰의 발포로 사망하게 된다. 이를 계기로 민관총파업과 무장봉기가 일어났고, 이는 곧 단독정부 수립을 반대한 남로당 제주도당 무장대와 좌익세력을 척결하겠다는 미군정의 싸움으로 번졌다. 1948년 정부 수립 후 파견된 군은 더욱 강한 진압작전을 펼쳤고, 이 과정에서 무고한 양민들이 이유 없이 죽어갔다. 제주4·3사건으로 희생된 제주 사람들은 3만 명에 이른다.

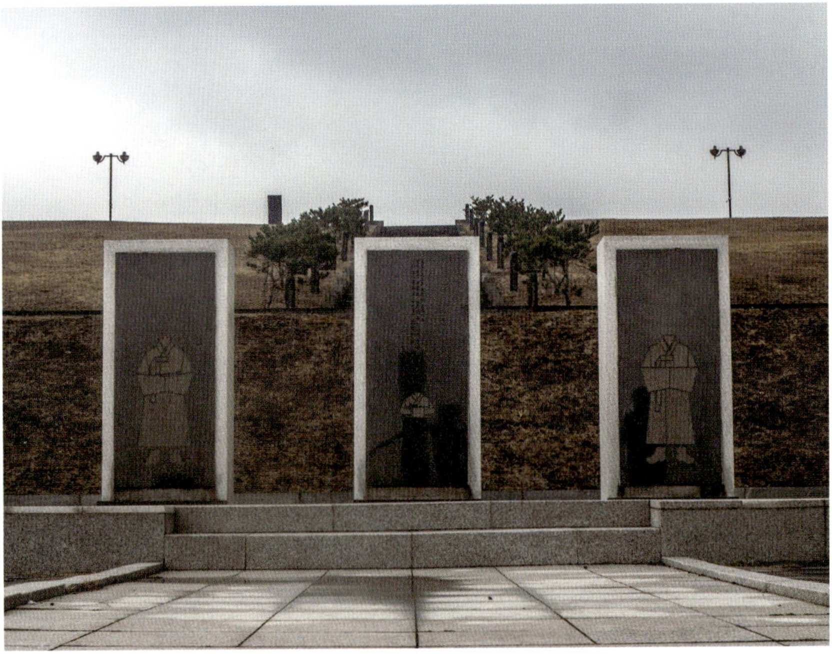

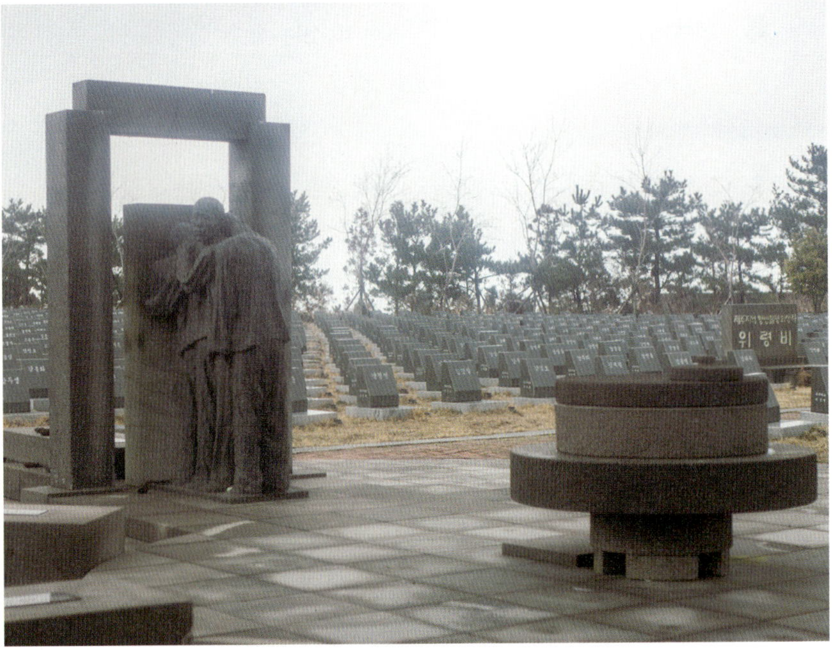
위령비

2 위령탑과 각명비, 위령제단 등이 있는 야외공원에도 인상적인 조형물들이 있다. 젖먹이 딸을 등에 업은 채 총에 맞아 희생된 변병생 모녀를 형상화한 모녀상 '비설', 장례조차 치르지 못한 희생자들의 넋을 위로하기 위해 세대별 의미를 담아 5벌의 수의를 돌에 새긴 조형물 '귀천' 등이다.

3 성산일출봉 근처의 바닷길을 걷다가 4·3양민학살터 표지석을 보았거나 다랑쉬오름을 가는 길에 다랑쉬굴의 이정표를 보았다면, 혹은 중산간마을을 산책하다 '잃어버린 마을'이라는 비석을 보았다면 잠시 시간을 내어 들러보길 권한다.

4 제주에는 43번 버스가 있다. 43번 버스는 제주4·3평화공원을 간다. 광주에 518번 버스가 있는 것과 같은 의미다.

5 2013년 개봉해 평단과 대중으로부터 큰 주목을 받은 오멸 감독의 영화 〈지슬 - 끝나지 않은 세월 2〉는 제주4·3사건을 사실적으로 그린 작품이다.

6 절물자연휴양림에서 제주4·3평화공원까지는 약 2.3km의 거리로 걸어서는 30분 정도 걸린다.

★★★★★ 제주도민 추천

"간혹 제주 어르신들이 육지에서 온 사람들을 '육지것들'이라 낮춰 말하는 건 단순한 텃세가 아닙니다. 오래전 이 사건으로 가족을 잃은 한이 남아 있는 것이지요. 그 정서를 이해할 수 있는 곳이 이곳 제주4·3평화공원입니다."

- **주소** 제주시 명림로 430
- **이용시간** 9:00~18:00
- **휴일** 매월 첫째주, 셋째주 월요일
- **입장료** 없음
- **소요시간** 2시간
- **문의** 064-710-8461

한라산

은하수를 잡아당기는 산

섬 중심부에 듬직하게 솟은 한라산은 산이 곧 섬 그 자체라고 해도 과언이 아니다. 한라산의 이름은 은하수 한(漢)에 붙잡을 라(拏)를 써서 은하수를 잡아당기는 산이라는 뜻이다. 산이 높으니 별도 딸 수 있다는 의미에서 지어진 것이다. 산은 1950m의 높은 봉우리로부터 바다에 이르기까지 미끄러지듯 완만하게 퍼져 있다. 마치 계단을 오르듯 차근차근 고도를 높여가는 한라산은 우리나라 제일의 천연 식물원이나 다름없다. 해발고도마다 기후가 다르니 난대식물대, 초원지대, 활엽수림대, 침엽수림대, 관목대, 고산식물대가 한 땅덩어리 안에 분포한다.

품이 넓은 한라산은 사람들에게도 여러 갈래의 길을 열어두고 있다. 한라산의 대표 탐방로는 영실, 어리목, 성판악, 관음사, 어승생악, 돈내코, 석굴암 등 총 7개다. 그중 탐방객이 가장 많이 드나드는 코스는 어리목, 영실, 관음사, 성판악 네 곳이다. 백록담까지 오를 수 있는 코스는 성판악과 관음사이고, 영실과 어리목은 백록담 화구벽만 볼 수 있다. 성판악으로 올라 관음사로 내려오는 코스는 정상까지 등반해 백록담을 본다는 것에 큰 의미를 두고, 영실에서 출발해 어리목으로 내려오는 코스는 기암절벽과 윗세오름 가는 길의 아름다운 풍경을 감상한다는 데 목적을 둔다.

1 어떤 코스로든 한라산을 등반하기로 마음먹었다면 하루를 온전히 비워야 한다. 특히 성판악~관음사 코스는 나 자신과의 싸움이라고 할 정도로 등·하산에 긴 시간이 소요된다. 아침 일찍 서둘러 오르고 반드시 일몰 전에 하산을 마치자.

2 날씨와 낙석 등 위험요소에 따라 입산이 통제되는 경우가 비일비재하다. 한라산국립공원 홈페이지(www.hallasan.go.kr)와 실시간으로 정보가 업데이트되는 한라산국립공원 애플리케이션을 통해 입산이 가능한지를 미리 확인하자. 전화 문의는 성판악: 064-725-9950, 관음사: 064-756-9950, 영실: 064-747-9950, 어리목: 064-713-9950~3, 돈내코: 064-710-6920~3로 할 수 있다. 또한 각 코스마다 일정 시간이 지나면 내려오는 시간을 감안해 입산통제가 이루어진다. 계절마다 그 시간이 다르니 반드시 미리 확인하고 웬만하면 아침 9시 전에 오르길 권장한다.

3 한라산의 날씨는 굉장히 변화무쌍하다. 갑자기 비가 오고 별안간 안개가 자욱하며 느닷없이 구름이 걷히기도 한다. 그러니 등산을 시작할 때 날씨가 좋지 않다고 해서 아쉬워할 필요 없고 날씨가 좋다고 해서 마냥 낙관할 수도 없다.

4 겨울 한라산 등반은 특히 주의해야 한다. 탐방로에는 어린이 키 이상으로 눈이 쌓인다. 아이젠 착용은 필수며 실족과 미끄러짐 등에 각별한 주의가 요구된다. 산 아래쪽과 정상 쪽의 기온 차이도 매우 크므로 체온 조절에도 신경 써야 한다. 그리고 혼자보다는 여러 명과 함께 오르는 것이 비교적 안전하다.

5 탐방로에는 화장실이 거의 없다. 탐방로 중간에는 한두 곳이 있을 뿐이다. 매점 역시 정상 부근까지 올라가야 나온다. 생수와 간식거리를 넉넉하게 챙기자.

6 한라산 중심으로 흩어져 있는 360여 개의 소형화산체, 즉 오름을 흔히 기생화산이라고도 부르는데 본화산체에 딸린 작은 화산체를 뜻한다. 그러나 제주의 오름들은 한라산과 별개로 각각의 독립된 산체들로서 넓은 의미의 소형화산체라 부르는 편이 더 적절하다.

7 한라산에는 1800여 종에 이르는 자생식물이 자라고 있으며 난대식물, 온대식물, 한대식물, 고산식물이 두루 분포하는, 전 세계적으로도 드문 생태를 자랑한다.

평생 잊지 못할 등산의 추억 성판악~관음사 코스

대다수의 사람들에게 '내 발로 백록담을 찍고 내려왔던 경험'은 평생 잊지 못할 추억으로 남을 확률이 크다. 계절별로 한라산을 찾는 등산 마니아나 산지기가 아닌 이상 한라산 등반, 그것도 백록담까지 오르는 일은 생애 특별한 이벤트나 다름없다. 무려 1950m의, 대한민국에서 가장 높은 산이라는 타이틀을 가진 산이 아닌가. 올랐다 내려오는 데 10시간에 가까운 시간이 소요되며 그 거리는 20km에 달한다. 흥미롭게도 이 고생스러운 길을 자처하는 이들 중엔 동네 뒷산 한 번 오른 적 없는 이들이 태반이다. 그게 다 제주도의 영산(靈山)이며 우리나라 제일의 명산(名山)이라는 타이틀 때문일 것이다.

그리고 또 하나의 이유, 나 자신을 이기겠다는 인생의 도전이자 일상의 전환점으로 한라산의 문을 두드린다. 다리가 후들거리고 숨이 턱 끝까지 차지만 어쨌든 정상에 도달하고 이렇게 '나를 이겨냈으니' 이제는 무엇이든 잘해낼 수 있을 거라는 벅찬 자신감을 갖는다. 기실 한라산 백록담 위에서라면 이런 투지와 긍지가 전혀 촌스럽지 않다.

하지만 안타깝게도 백록담을 제대로 볼 가능성은 50:50이다. 정상의 변덕스러운 날씨 때문이다. 못 봤다고 너무 실망할 필요는 없다. 로또 당첨운을 아껴두었다고 생각하면 된다. 언제는 인생이 뜻대로 되었던가.

- 성판악~관음사 코스에서 성판악을 들머리(오르는 길)로 택하는 까닭은 관음사에서 시작하는 것에 비해 경사가 완만해 걸어 올라가는 데 큰 무리가 없기 때문이다. 성판악에서 정상까지는 총 9.6km다. 코스는 '속밭 – 사라오름 입구 – 진달래밭대피소 – 정상' 순이다. 한라산에 자생하는 특산종인 구상나무가 가장 넓게 형성된 곳이다.

- 출발점에서 5.8km 정도 가다보면 사라오름 입구가 나온다. 사라오름은 제주도 오름 중 가장 높은 오름으로 분화구에 물이 고여 있어 '작은 백록담'이라 불린다. 입구에서 오름까지는 왕복으로 약 40분이 걸린다. 시간 여유가 충분하다면 잠깐 들러볼 만하다.

- 백록담까지 등반하려면 진달래밭대피소를 겨울에는 12시, 여름에는 1시 이전에 통과해야 한다. 그 이후에는 통제되어 더 이상 오를 수 없다. 진달래밭대피소에서 백록담 정상까지는 약 2.3km, 1시간 30분가량 소요된다.

- 진달래밭대피소에는 화장실과 매점 등의 휴게시설이 있는데 특히 매점에서 판매하는 컵라면은 누구나 사먹을 만큼 인기가 높다. 1500원을 내면 뜨거운 물이 부어진 컵라면을 살 수 있다.

- 주로 날머리(내려가는 길)로 택하는 관음사 탐방로는 경사가 가파른 구간이 많아 다소 힘에 부치는 편이다. 그러나 계곡이 깊고 산세가 웅장해 풍경만큼은 성판악 코스를 압도한다는 평이 많다. 탐방로 길이는 총 8.7km이며 코스는 정상에서 내려가는 기준에서 봤을 때 '왕관릉 – 용진각샘 – 삼각봉대피소 – 탐라계곡 – 관음사지구야영장' 순으로 이어진다.

- 성판악 탐방로는 정상까지 편도 4시간 30분, 관음사 탐방로는 정상까지 편도 5시간이 걸린다. 중간에 휴식을 취하는 시간까지 고려하면 10시간 이상의 등산을 해야 한다. 아침 일찍 서둘러야 여유롭게 움직일 수 있다는 점은 여러 번 강조해도 모자라다.

● 제주시외버스터미널에서 성판악탐방안내소입구까지 가는 버스는 780번이다. 약 50분이 걸리며 10~15분 간격으로 버스가 운행된다. 관음사 쪽으로 내려왔다면 관음사 정류장에서 43-1번 혹은 77번 버스를 타고 사회복지법인춘강 정류장에서 내려 780번 버스나 710-1, 720-1, 730-1번 버스로 환승해 제주시내로 돌아갈 수 있다.

눈이 호강하고 입이 감탄하는 풍경 영실~어리목 코스

백록담까지 갈 수 없는 코스라고 아쉬워 말자. 영실~어리목 코스는 한라산 탐방로 중 가장 아름다운 산길로 휴게소가 있는 윗세오름까지는 2시간, 등산로의 종점인 남벽분기점까지는 3시간이면 충분히 갈 수 있다.

탐방로 초입의 계곡과 그늘숲을 40분쯤 걷고 나면 어느 순간 지붕이 열린 듯 탁 트인 지점에 다다른다. 그리고 매우 '드라마틱하게' 눈앞에는 영실기암, 그 장엄한 바위지대가 펼쳐진다. 어머니를 잃고 바위가 되었다는 오백 형제(오백장군)와 그들을 호위하듯 능선을 따라 펼쳐진 병풍바위가 한 시야에 들어온다. 천태만상의 기암괴석이다. 이때부터는 경사가 가파른 구간을 올라야 하는데 그 황홀한 풍경에 멈추고 감상하고 또 멈추고 감상하느라 힘든 줄 모른다.

이 와중에 부스럭거리며 산을 휘젓고 다니는 노루도 심심치 않게 보인다. 한 폭의 동양화 속에 산을 오르는 나그네가 있다면 그가 바로 '나'다. 구름 그림자가 머리 위를 획획 지나가는 게 느껴질 만큼 고지대에 이르면 한라산의 아름다운 초원 선작지왓이 펼쳐진다. 해발 1600m 고지에 이토록 광활한 평원이라니 눈으로 보고도 믿기지 않는다. 평원의 끝에 한라산 정상의 남벽, 백록담 화구벽이 보인다. 이 독특한 경관에 어느 누가 반하지 않을 수 있을까.

- 영실 탐방로는 총 5.8km 코스로 오르는 데 약 3시간가량 소요된다. 코스의 주요 장소는 영실탐방안내소 – 영실탐방휴게소 – 병풍바위 – 윗세오름 – 남벽분기점이다.

- 날머리로 어리목 코스를 택했다면 만세동산의 산철쭉, 털진달래 군락과 사제비동산의 서어나무 극상림지대 등 한라산의 대표 절경을 만날 수 있다. 다만 사제비동산 구간은 가파른 경사가 2km가량 지속되어 힘에 부친다.

- 영실~어리목 코스는 선작지왓에 붉은 철쭉이 흐드러지게 피는 5월과 6월에 특히 아름답다.

- 영실 탐방로와 어리목 탐방로, 그리고 돈내코 탐방로가 한번에 만나는 곳이 바로 윗세오름대피소다. 여기에는 매점과 화장실이 있고 넓은 나무데크 광장이 있어 휴식을 취하고 가기에 좋다. 이곳에서도 뜨거운 물을 부어 판매하는 컵라면이 있으니 그 '진미'를 놓치지 말자.

- 성판악~관음사 코스에 비해 가볍다고 마냥 방심해선 안 된다. 왕복으로 6시간 이상 소요되며 각 코스마다 가파른 경사 구간이 있다. 역시 체력 안배에 신경 써야 하며 겨울 산행에는 안전에 만전을 기해야 한다. 또한 풍경을 제대로 감상하려면 아침 일찍 출발하는 편이 좋다.

- 자동차를 가지고 왔다면 영실탐방휴게소까지 올라갈 수 있다. 탐방소와 휴게소를 오가는 택시가 있는데 요금은 1만원이다. 걸어서는 40분가량 걸린다.

- 제주시외버스터미널에서 영실입구와 어리목입구까지 740번 버스가 운행한다. 터미널부터 탐방로입구까지는 약 50분이 소요되며 동절기에는 하루 7회, 하절기에는 하루 9회 운행한다. 하산 뒤에는 내렸던 곳 반대편에서 제주시내로 가는 버스를 타면 된다. 동절기에는 5시 이전에, 하절기에는 6시 이전에 막차가 지나가니 미리 버스 시간을 확인하도록 하자.

영실 병풍바위

선작지왓

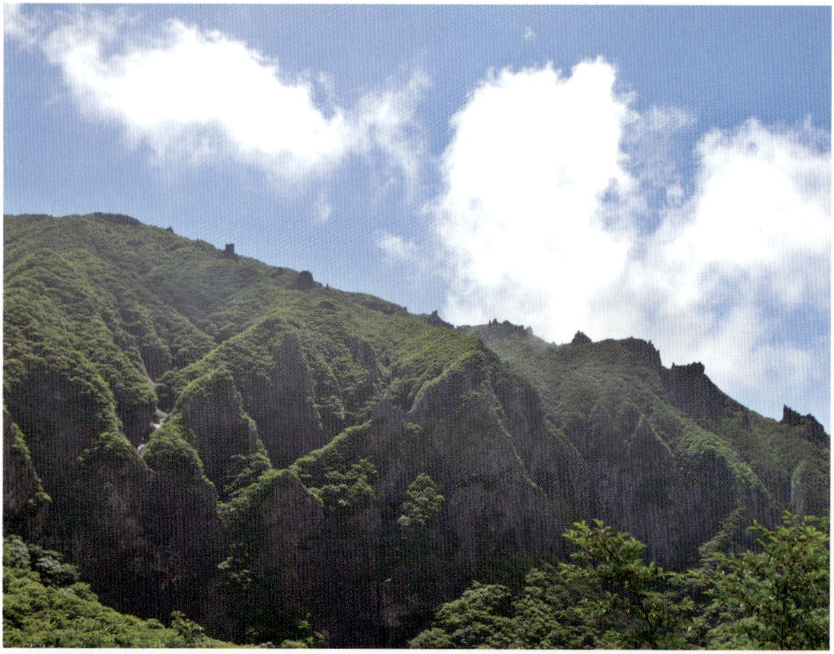

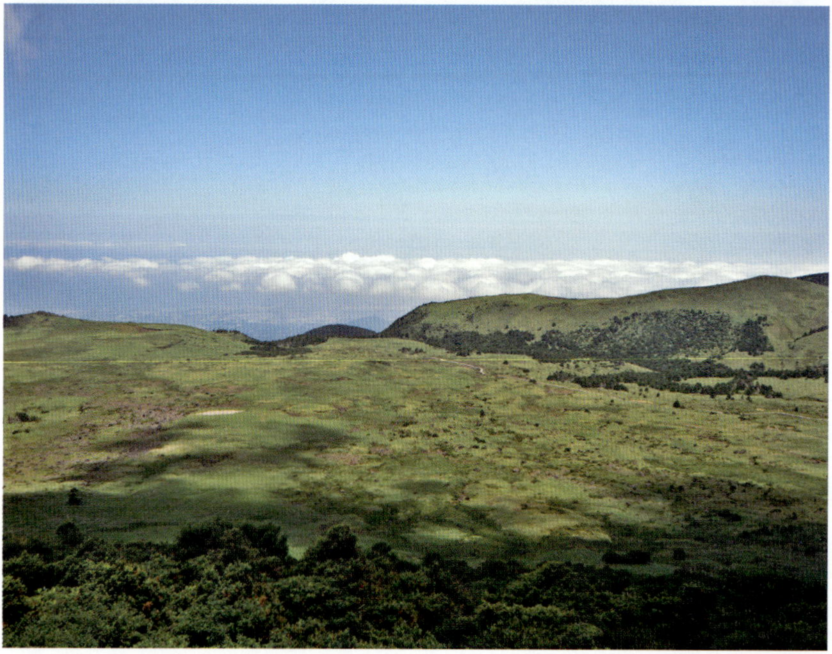

★★★★★ 제주도민 추천

"촘말로 좋수다! 몽케지마랑 강옵서(정말 좋습니다. 꾸물대지 말고 갔다 오세요)."

성판악~관음사 코스
- **주소** 제주시 조천읍 교래리 성판악탐방안내소
- **탐방로입산통제시간** 동절기(11~2월) 12:00
  춘추절기(3~4, 9~10월) 12:30
  하절기(5~8월) 13:00
- **입장료** 없음
- **소요시간** 10시간
- **문의** 성판악 관리사무소 064-725-9950
  관음사 관리사무소 064-756-9950

영실~어리목 코스
- **주소** 서귀포시 하원동 한라산국립공원 영실매표소
- **탐방로입산통제시간** 동절기(11~2월) 12:00
  춘추절기(3~4, 9~10월) 14:00
  하절기(5~8월) 15:00
- **입장료** 없음
- **소요시간** 7시간
- **문의** 영실 관리사무소 064-747-9950
  어리목 관리사무소 064-713-9950

 여기도 한 번

제주에
가을이 왔다면
산굼부리

혹시 엄청 커다란 운석이 떨어진 건 아닐까. 이토록 큰 구덩이라니 아무래도 은하수를 끌어당긴다는 뜻의 이름을 가진 한라산이 별 하나를 당겼나보다. 우스갯소리지만 화산 활동이 일어났다는 사실을 모른다면 꽤 그럴듯하게 들리기도 한다. 그만큼 산굼부리의 분화구는 아주 크고 깊다. 다른 오름의 분화구와 비교했을 때도 크지만 원체 분화구를 둘러싼 둔덕 자체가 낮고 폭이 좁아 더 그리 보인다. 실제로 분화구의 깊이는 115m의 백록담보다도 17m 더 깊다. 수치상으로 보자면 섬에서 가장 깊은 화구다. 초목으로 뒤덮인 화구를 가만히 들여다보고 있으면 블랙홀처럼 빠져들어갈 것 같다. 정말 이 화구로 빠지는 건 물이다. 백록담처럼 물이 고일 수 있는 화산층이 아니라 밑으로 쑥쑥 빠진 물들은 근처 삼다수 공장으로 흘러들어 '생수'로 재탄생한다. 분

화구가 이렇게 독특하게 튀는 이유는 화산이 폭발할 때 화산재라든가 용암의 분출 없이 가스만 터지며 폭발해 언덕 생성이 잘 안되어서다. 이런 형태를 마르(Maar) 형 화구라고 하는데 세계적으로도 흔치 않은 화산이다. 산굼부리라는 이름에서 '굼부리'는 제줏말로 '분화구'를 뜻한다. 이름 자체가 분화구인 건 이런 이유에서다. 가을에 온 사람들은 분화구고 뭐고 그냥 새하얗게 피어난 억새밭을 즐기면 된다. 가을의 제주를 대표하는 풍경 1순위가 바로 산굼부리 억새밭이다.

- **위치** 제주시 조천읍 비자림로 768번지
  710-1번이나 720-1번 버스 타고 산굼부리 정류장 하차
- **이용시간** 동절기 9:00~17:30(입장마감 17:00), 하절기 9:00~18:30(입장마감 18:00)
- **입장료** 어른 6000원
- **문의** 산굼부리 관리사무소 064-783-9900

 여기도
한 번

어쩌면,
곶자왈에서의 하룻밤

교래
자연휴양림

곶자왈에 자꾸 무언가가 생긴다는 건 슬픈 일이다. 중산간지대에 뻗친 자본의 힘은 목초지며 곶자왈이며 할 것 없이 베고 다지고 엎어서 골프장이며 리조트를 만들어내고 있다. 제주의 허파가 조금씩 잘려나가고 있는 것이다. 재생이 불가하도록. 교래자연휴양림은 곶자왈을 끼고 있는 휴양림이다. 휴양림이라 하면 대개가 산자락 아래 숙박시설을 몇 개 짓고 주변에 야영장이며 운동장, 자연체험장 등을 갖춘 장소를 일컫는다. 골프장이나 리조트만큼 자연을 훼손하진 않지만 숙박을 목적으로 하는 사람들이 들고 나는 곳이니 어느 정도 해를 입힐 수밖에 없다. 해서 교래자연휴양림이 제주 최초로 곶자왈 지대에 조성된 자연휴양림이라는 소개는 덜컥 반감이 생기기 십상이다. 그러나 교래자연휴양림에 실제로 발을 디뎌 보면 '휴양동'이라든가 '야외공연장'이라든가 하는 시설은 있는 듯 없는 듯 숲에 묻혀 있다. 따로 팻말이 없다면 곶자왈의 관리사무소 정도로 착각할 만큼 소박하다. 휴양림 입구로 들어가 50m 정도만 걸으면 곧바로 곶자왈 입구다. 곶자왈의 탐방로는 오래전 소가 다니던 길을 단장한 것이다. 탐방로는 두 갈래다. 한 코스는 큰지그리오름까지 가는 총 3.5km의 곶자왈길이고 다른 한 코스는 곶자왈을 한 바퀴 도는 1.5km의 생태관찰로다. 뿌리며 가지가 옆으로 아래로 위로 구불구불 뻗은 나무들이 어둡게 하늘을 덮고 습한 숨을 내뱉는다. 낙엽이 층층이 쌓인 땅은 부드럽고 이끼 낀 돌들과 양치식물들이 탐방로를 제외한 모든 지대를 빼곡하게 메우고 있다. 숲이 한 몸의 생명체처럼 느껴지고, 사람 구경하는 노루도 참 많이 보인다. 이제 휴양림에 대한 '의심'은 거두어도 좋겠다. 곶자왈에서 하룻밤을 자는 기분은 과연 어떨까 궁금해지기까지 하니 교래자연휴양림을 더 미워할 이유가 없어진다.

- **위치** 제주시 조천읍 남조로 2023
  730번 버스 타고 '교래자연휴양림 정류장 하차
- **이용시간** 동절기 7:00~15:00, 하절기 7:00~17:00
- **입장료** 어른 1000원
- **문의** 교래자연휴양림 매표소 064-710-8673

 여기도 한 번

잠시 나를
내려놓는 순간

관음사와 산천단

한라산을 오르내리는 이들에게 관음사라는 이름은 친숙하다. 백록담으로 향하는 탐방로의 이름이 관음사 탐방로니까. 하지만 관음사는 한라산 올라가는 길에 있는 절이 아니다. 관음사 탐방로 입구에서도 2km가량 떨어진 곳에 있으니 일부러 들러야 하는 위치다. 그런데 이 절, 참 좋다. 한라산 자락에 위치해서인지 안개에 휩싸일 때가 많은데 그럴 때는 더욱 분위기 있다. 관음사는 조계종의 본산으로 제주의 말사 약 40여 개를 관장한다. 지리적 위치로나 조계종 내 위치로나 제주 중심에 있는 절이라 할 수 있다. 조선 숙종 때 억불정책으로 폐허가 되었다가 1908년 다시 창건되었지만, 1948년 제주4·3사건 때 무장대와 토벌대의 치열한 격전지가 되면서 또다시 소실되었다. 현재는 1968년에 복원된 모습이다. 그간의 사연이 녹록치 않은데 절은 담담하고 점잖은 모습으로 머물러 있다. 절 입구로 들어서는 길은 관음사에 대한 강렬한 인상을 남긴다. 일주문으로 들어서기 전, 양 옆으로 도열한 작은 불상들과 삼나무는 장관이라 할 만하다. 수많은 부처님들 사이를 걷는 기분이 묘하다.

관음사와에서 약 3km 떨어진 거리에 산천단이 있다. 제주에 부임한 목사(조선시대 지방행정 단위인 목을 다스리던 관리)는 2월에 한라산 백록담에 올라 산신제를 지내야 했는데 날씨가 춥고 길이 험해 함께 올라가는 많은 사람들이 죽거나 부상을 당하자 성종 1년(1470년)에 현재의 산천단으로 위치를 옮겼다. 이곳에는 우리나라에서 가장 크고 오래된 곰솔 8그루가 있다. 수령이 500~600년으로 모두 천연기념물로 지정됐다.

관음사
- **위치** 제주시 산록북로 660
  77반 버스 타고 관음사 정류장 하차
- **문의** 064-724-6830

산천단
- **위치** 제주시 516로 3041-24
  710-1번, 720-1번, 730-1번, 780번 버스 타고 산천단 정류장 하차
- **이용시간** 동절기 9:00~17:30
  하절기 8:30~18:00
- **문의** 제주시 문화예술과 064-728-8662

선흘방주할머니식당

제주에서 난 재료들로 건강식을 내놓는 향토 음식점이다. 주인할머니는 아들이 직접 농사지은 콩으로 매일 해수두부를 만든다. 담백하고 고소한 손두부는 바닷물을 써서 꽤 단단한 편이다. 직접 채취해 절인 곰취를 곁들이면 더욱 감칠맛이 난다. 고사리비빔밥도 맛있다. 통통한 제주산 고사리와 각종 나물을 한데 넣고 집고추장에 비벼 먹는다. 도토리부침개며 묵밥, 검정콩국수 등도 하나같이 손맛이 좋아 어떤 메뉴를 선택해도 만족스럽다.

- **가는 길** 선인동사거리에서 선흘교 방면에 위치. 거문오름에서 약 4km
- **주소** 제주시 조천읍 선교로 212
- **문의** 064-783-1253
- **영업시간** 10:00~18:00
- **휴일** 매주 일요일

성미가든

교래리 토종닭 특구에서 토종닭 코스요리로 유명한 집이다. 닭샤부샤부부터 삼계탕, 닭녹두죽을 순서대로 내놓는다. 닭샤부샤부는 얇게 바른 닭고기를 채소가 푸짐하게 든 닭육수에 담가 익혀 먹는 요리다. 담백하고 개운한 맛이 좋다. 닭고기는 질기지 않으면서도 탄력이 있어 토종닭이 왜 맛있다고 하는지 이해할 수 있다. 닭녹두죽은 코스요리 중에서도 가장 맛있기로 정평이 나 있다. 한 끼 거하게 먹고 나면 하루 종일 배가 고프지 않다.

- **가는 길** 교래리 토종닭 특구에 위치. 제주미니랜드에서 마을 방향으로 550m
- **주소** 제주시 조천읍 교래1길 2
- **문의** 064-783-7092
- **영업시간** 11:00~19:30
- **휴일** 매월 둘째주, 넷째주 목요일

교래손칼국수

제주에서는 꿩요리가 유명하다지만 교래리에 왔다면 닭요리를 먹어야 한다. '토종닭 특구'이기 때문이다. 교래리는 주민들이 1970년대 말부터 토종닭을 키우면서 토종닭 마을로 널리 알려져왔다. 교래손칼국수는 교래리를 지나는 여행자들이 부담 없이 들르기 괜찮은 집이다. 토종닭칼국수가 주력 메뉴다. 푹 고은 닭육수에 손으로 민 생면과 닭고기를 넣어 끓인 진하고 푸짐한 요리다. 면 반죽에 녹차를 넣어 면발이 초록빛이다. 호박과 부추 등의 채소도 아쉽지 않게 들었다. 면도 쫄깃하고 닭고기도 쫄깃하니 씹는 맛이 살아 있어 좋다. 겨울에는 꿩메밀국수도 판매한다.

- **가는 길** 교래리 토종닭 특구에 위치. 제주미니랜드에서 마을 방향으로 500m
- **주소** 제주시 조천읍 비자림로 645
- **문의** 064-782-9870
- **영업시간** 11:00~19:00
- **휴일** 매월 첫째주, 셋째주 수요일

바람카페

산천단 안에 곰솔을 벗하며 자리한 곳. 이름처럼 있는 듯 없는 듯 '바람'처럼 얌전한 분위기의 작은 카페다. 과연 이 구석까지 커피를 마시러 오는 이들이 있을까 싶지만 한라산 일대의 명소로 알려져 단골손님도 적지 않다. 제주 명소 곳곳을 블로그를 통해 소개하는 주인장의 인기도 한몫한다. 핸드드립커피를 전문으로 하고 와인과 간단한 식사도 판매한다. 식사메뉴 중에는 오므라이스가 괜찮다. 조용한 분위기에서 사색하기 좋은 집이다.

- **가는 길** 산록도로입구 교차로에서 한라산 방면, 산천단에 위치
- **주소** 제주시 516로 3041-15
- **문의** 070-7799-1103
- **영업시간** 11:00~23:00
- **휴일** 매주 월요일

커피공방무무

거문오름 근처 제법 큰 로스터리 카페다. 나무공방과 함께 운영하는 곳으로 카페 건물과 테이블, 의자, 인테리어소품이 온통 나무라 따뜻하면서도 산뜻한 분위기가 느껴진다. 신선한 원두로 내린 핸드드립커피가 대표메뉴다. 개인 취향에 따라 농도를 맞춰 마시라고 따뜻한 물을 따로 내어준다. 카페와 이어져 있는 나무공방에서 나무인형, 수납함, 쟁반, 화분 등을 만들 수 있다.

- **가는 길** 선흘2리보건진료소 맞은편, 거문오름탐방안내소에서 약 400m
- **주소** 제주 조천읍 선진길 88
- **문의** 070-7718-1200, 064-784-7555
- **영업시간** 8:30~18:00
- **휴일** 비정기 휴무

교래자연휴양림 숙박동

곶자왈을 벗한 휴양림에 위치한 숙박시설이다. 숙박동의 타입은 초가집 형태의 '숲속의 초가' 8개와 현대식 빌라 형태의 독채 '숲속의 휴양관' 3개 동으로 구성되어 있다. 숲속의 초가는 겉모습만 초가집일 뿐 내부는 현대식으로 숙박에 불편함이 없다. 건물마다 간격이 넓고 숲 속 안쪽에 위치해 한적한 분위기를 만끽할 수 있다. '숲속의 초가'는 6인실, 8인실, 10인실이 있으며 '숲속의 휴양관'은 한 동당 12명까지 머무를 수 있다. 주변에 야영장과 원두막휴게소, 야외무대 등이 있으며 곶자왈로 이어지는 2개의 산책로가 있다.

- **가는 길** 제주돌문화공원 옆
- **주소** 제주시 조천읍 남조로 2023
- **예약 및 문의** 064-783-7482,
  www.jejustoneparkforest.com

거문오름호스텔

거문오름탐방안내소에서 약 1.5km가량 떨어진 곳에 위치한 숙박업소다. 2인부터 최대 8인까지 머물 수 있는 객실 4개와 여성용 4인실, 남성용 6인실을 각 1개씩 갖추고 있다. 시설이 세련되진 않지만 깔끔한 편이다. 수영장과 바비큐시설, 넓은 정원 등이 부대시설로 있다.

- **가는 길** 거문오름입구에서 선흘2리 지나 선인동 방면으로 1.5km
- **주소** 제주시 조천읍 선교로 434-2
- **예약 및 문의** 064-782-9977,
  www.hostel.co.kr

제주절물자연휴양림 숙박동

- **가는 길** 제주절물자연휴양림 안
- **주소** 제주시 명림로 584
- **예약 및 문의** 064-721-7421,
  jeolmul.jejusi.go.kr

삼나무 군락이 아름답기로 유명한 절물자연휴양림에 위치한 숙박시설이다. 숙박동의 타입은 크게 '숲속의 집'과 '산림문화휴양관'으로 나뉜다. 숙박동 숲속의 집은 목조주택의 형태로 4인실, 6인실, 8인실, 11인실이 개별 건물로 갖춰져 있다. 모든 객실은 온돌형 객실이며 4인실은 원룸형이고 6인실부터 방과 거실 등이 구분되어 있다. 산림문화휴양관은 독채형 숙박시설로 6인실과 8인실이 있고 베란다와 거실, 주방, 침실 등이 갖춰져 있다. 주변에 어린이 놀이터와 족구장, 약수터 등이 있고 절물오름과 트레킹 코스인 '장생의숲길'이 있다.

한라산 게스트하우스

- **가는 길** 제주미니랜드 맞은편,
  교래리 토종닭 특구 초입
- **주소** 제주시 조천읍 비자림로 631
- **예약 및 문의** 064-784-8488,
  cafe.naver.com/hallasanguesthouse

남녀별로 12인실, 6인실이 갖춰진 게스트하우스다. 조용한 분위기는 아니지만 이곳의 최대 장점은 한라산 등반에 대한 알토란 같은 정보를 얻을 수 있다는 점이다. 등산 예정 게스트들을 대상으로 한라산을 여러 번 다녀온 스태프가 '한라산 설명회'을 열고 등반팀의 구성을 돕는다. 이 게스트하우스에 드나드는 대부분의 숙박객이 한라산에 가거나 다녀온 이들이라고 보면 된다. 게스트하우스에서 한라산의 모든 코스로 숙박객을 데려다주고 데리러 오는 대형버스를 운행할 정도다. 모녀나 부자인 경우 숙박 할인도 해준다.

**07
제주시내권**

여행의
시작과 끝에서
만나는 제주

제주시내권 코스

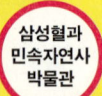
삼성혈과 민속자연사박물관

걸어서 10분

동문시장

버스로 15분

국립제주박물관과 사라봉

버스로 40분

함덕서우봉해변

걷기 난이도 ★★☆☆☆
대체로 평탄한 길이라 힘들진 않지만 꽤 걸어야 하고 사라봉을 오른다면 다소 숨이 찰 수 있다.

언제 가면 좋을까
사계절 모두. 시내이고 실내인 곳이 많아 기후에 큰 영향을 받는 코스는 아니다. 봄에는 벚꽃이 매우 아름답게 피는데, 벚꽃을 만끽하기에 좋은 장소로는 제주종합경기장 부근과 삼성혈, 사라봉 등이 있다. 함덕서우봉해변은 유채꽃이 만발하는 3월 말부터 해수욕장이 개장하는 8월 말까지가 좋다.

본격적인 여행에 앞서
1. 제주 여행을 시작하고 끝낼 때는 항상 제주시내를 거칠 수밖에 없다. 육지와 섬을 잇는 공항과 항구 모두 시내에 있고, 뚜벅이 여행자가 시외에 있는 관광지로 향하려면 제주시외버스터미널을 반드시 거쳐야 하기 때문이다. 그래서 제주시내 관광은 도착 시각과 출발 시각에 맞춰 남는 자투리 시간을 이용하는 경우가 많다. 제시한 코스는 아침부터 일몰까지 하루를 기준으로 했기 때문에 한나절 정도밖에 여유를 내지 못한다면 한두 곳 정도는 건너뛰는 게 좋다.

2. 제주시내권은 크게 신제주권과 구제주권으로 나뉜다. 신제주는 공항과 가까운 연동과 노형동 일대, 구제주는 동문시장이 있는 일도1·2동, 건입동, 탑동 일대를 칭한다. 연동 쪽은 호텔이 모여 있고 중국인들이 많이 찾는 바오젠거리와 식당가가 형성되어 있다. 책에서 제시한 주요 코스는 대부분 구제주 방면에 위치한다. 두 권역은 시내버스로 약 20분, 택시로 약 10분이면 오갈 수 있다.

3. 제주시내권에서는 시내버스를 이용하는 것이 매우 편리하고 빠르다. 결제 및 환승 시스템은 타 대도시와 같다. 티머니카드를 포함한 모든 카드사의 교통카드로 결제가 가능하며 요금은 1200원이다. 대부분 정류장에 버스 도착시각 알림 시스템이 설치되어 있다.

4. 흔히 '시내관광'이라고 하면 쇼핑을 먼저 떠올리지만, 제주시내에는 대형 쇼핑몰이나 백화점이 없다. 쇼핑은 제주중앙지하상가나 제주관광공사면세점 등에서 하면 된다.

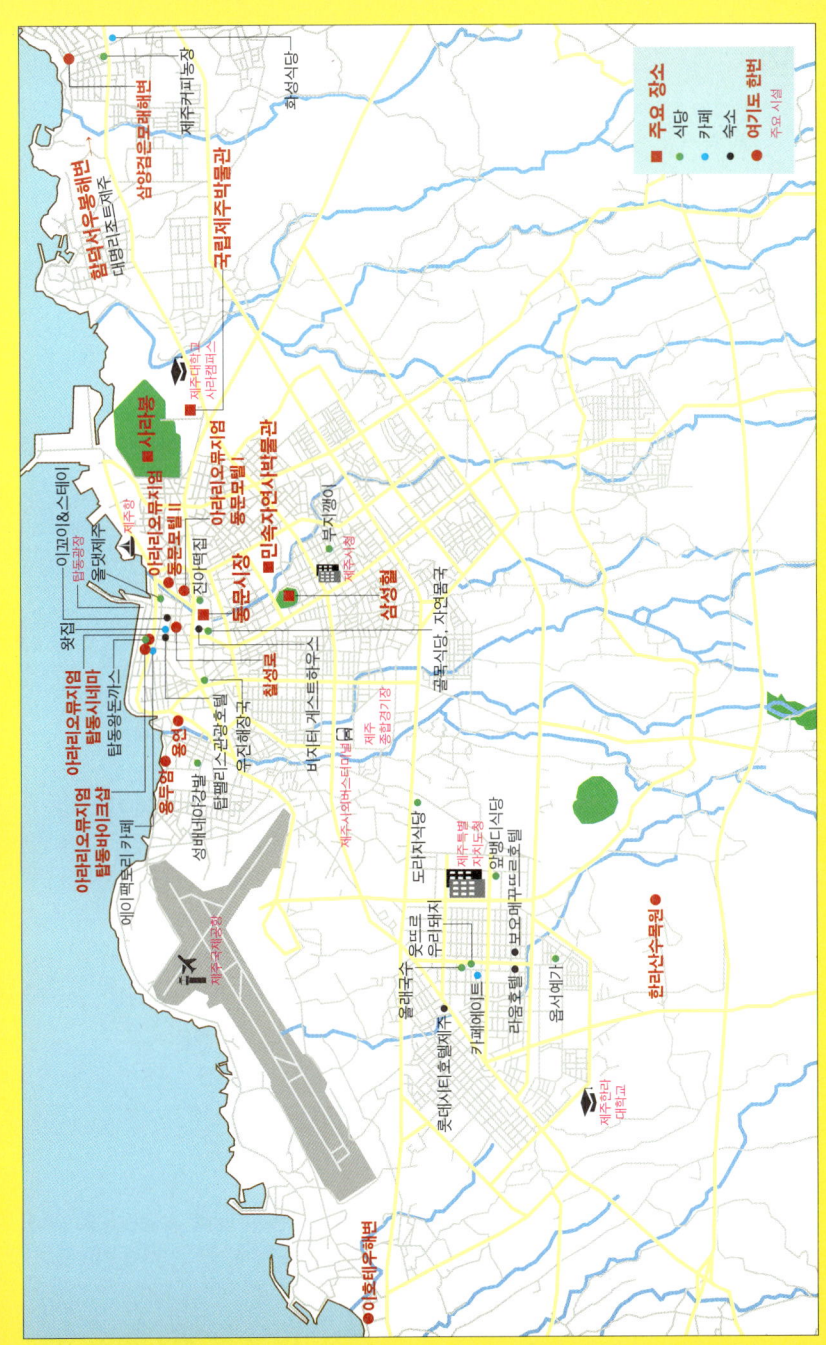

'제주다운 국물'로 든든한 아침식사를

몸국도 좋고 고기국수도 좋고 제주식 고사리육개장도 좋다. 찹쌀순대와 돼지부속이 그득하게 든 순대국밥도 괜찮다. 이 음식들의 공통점은 돼지뼈를 우려낸 국물을 쓴다는 점과 육지에서는 쉽게 맛볼 수 없는 음식이라는 점이다. 느끼하지 않으면서도 구수하고 자극적이지 않은 맛이 아침식사로 제격이다. 맛집을 찾기 귀찮다면 동문시장으로 향하면 된다.

손에 잡힐 듯 가까운 비행기를 바라보며 생각 지우기

제주시내 어디서든 탁 트인 곳이라면 제주국제공항을 오가는 여객기를 볼 수 있다. 손에 잡힐 듯 가깝게 볼 수 있는 곳은 이호테우해변과 용두암이다. 거리는 있지만 좀더 한적하고 조용하게 바라볼 수 있는 곳으로 사라봉과 별도봉도 있다. 거의 5분 간격으로 뜨고 내리는 커다란 비행기를 가까이 보는 재미도 있지만 가만히 보고 있자면 온갖 잡념이 사라지는 느낌이다.

동문시장에서 싱싱한 갈치회와 고등어회를 저렴하게 맛보기

제주까지 가서 육지에서도 먹을 수 있는 광어회를 먹는 건 많이 아쉽다. 그렇다고 비싼 다금바리회를 먹기도 쉽지 않다. 육지에서 먹기 쉽지 않지만 퍽 비싸지도 않은, 제주에 왔다면 꼭 먹어야 할 회는 단연 갈치회와 고등어회다. 비린 맛 없이 입에 착착 감기는 고소함을 자랑하는 갈치회와 고등어회는 동문수산시장에서 저렴한 가격에 맛볼 수 있다.

삼성혈부터 산지천 따라 탑동광장까지 뚜벅뚜벅 걸어보기

삼성혈부터 동문시장까지, 또 동문시장부터 탑동광장까지는 볼거리가 많아 주변을 구경하며 걸어갈 만하다. 바다로 이어지는 산지천을 따라 걸으면 되는데 삼성혈에서 동문시장까지 약 1km, 다시 동문시장에서 탑동광장까지 1km다.

저녁에는 제주술 한잔 마시며 '제주도 푸른밤'을 흥얼흥얼

애주가라면 진작에 알고 왔겠지만 제주에는 제주산 소주인 한라산 외에도 제주만의 술이 많다. 오메기주, 허벅술, 고소리술 등 독특한 전통술을 맛보는 기회를 갖는 것도 좋겠지만 제일 흔히 마시는 술은 아무래도 한라산소주와 '분홍색 막걸리'로 칭하는 제주막걸리다. 맥주가 당긴다면 제주 보리와 삼다수로 만든 제주산 맥주 제스피가 좋겠다. 크래프트비어 펍부터 전통주를 내는 비스트로까지, 술집은 제주에서 제주시내에 가장 많다.

여행 마지막 날 제주산 특산물 사오기

감귤초콜릿과 돌하르방 모양의 병에 담긴 오미자차는 이제 그만. 어차피 '입'으로 들어갈 먹을거리를 사올 예정이라면 제주산 제철 특산물이 좋다. 구매 장소는 당연히 동문시장이다. 가장 대표적인 '제주산 귤'은 그 종류가 다양해서 철을 달리함을 알아두자. 우도 땅콩, 가파도 미역, 서광 녹차, 말린 고사리, 한라산 조릿대차, 표선 허브 등 어머니의 주방에 살포시 놓아드리면 뜻밖의 칭찬을 받을 수도 있다.

삼성혈과 민속자연사박물관

제주가 탐라일 적의 신비한 이야기

아마도 많은 이들이 삼성혈 근처 '국수문화의 거리'까지만 오고 삼성혈에는 입장하지 않을 것이다. 하지만 이왕 국수를 먹으러 이곳까지 왔다면 삼성혈과 민속자연사박물관을 돌아보자. 장담컨대 제주 여행이 좀더 재미있어질 것이다.

삼성혈(三姓穴)은 그 이름처럼 3개 성씨의 구멍이 있는 곳이다. 그 구멍으로 제주를 창시한 삼신인, 그러니까 고씨, 양씨, 부씨의 시조가 땅에서 솟아났다고 한다. 약 4300년 전의 일이다. 김알지가 금궤짝에서 태어난 계림이나 박혁거세가 알에서 깨어난 나정과 비슷한 의미의 장소라고 보면 되겠다. 아쉽게도 3개의 구멍은 보호를 위해 쳐놓은 울타리 때문에 볼 수는 없지만 그만큼 삼성혈이 굉장히 성스러운 장소임을 짐작할 수 있다. 가만가만 걷다보면 신령스러운 기운이 전해지는 것도 같다. 소나무가 가득한 숲이 퍽 운치 있고 사적 전체를 감싼 벚나무 덕에 벚꽃 잔치가 여기만큼 제대로 열리는 곳이 또 없다.

삼성혈과 이웃한 곳에는 민속자연사박물관이 있다. 탐라왕국의 발상지를 돌아봤으니 그다음은 제주의 역사와 자연, 민속에 대해 알아볼 차례다. 돌과 바람, 여자가 왜 제주의 3가지 키워드가 되었는지 그 궁금증을 이곳 박물관에서 해소할 수 있다.

1 삼성혈은 크게 삼신인을 모시는 삼성전과 제향을 맡아보는 전사청, 선비들이 면학하던 숭보당으로 이루어져 있다. 삼성혈의 신화를 안내하는 전시관도 있는데 이곳에서는 삼신인이 어떻게 탐라왕국을 세웠는지를 애니메이션으로 상영한다. 내용도 쏙쏙 들어오는 데다 웃음 포인트가 많다.

2 제주도의 탄생과 환경, 의식주까지 제주에 대한 전반적인 이해를 돕는 민속자연사박물관에서는 오전 10시부터 오후 4시(정오를 제외)까지 매시 정각에 해설사가 전시해설을 한다.

3 삼성혈은 벚꽃이 흩날리는 시기에 가면 더욱 아름다운 곳이지만 소나무 같은 수목이 우거져 있어 사철 푸른 곳이다. 제주시내에서 만나는 귀한 '숲'인 셈이다.

4 제주 역사와 관련한 사적에 관심이 많다면 삼성혈에서 약 1.8km 떨어진 관덕정도 방문해보자. 관덕정은 제주에 현존하는 건축물 가운데 가장 역사가 오래된 관아 건물이다.

5 삼성혈부터 이도1동주민센터를 거쳐 병풍거리와 오현단을 지나면 동문시장에 이르게 되는데 1km에 이르는 이 길을 '삼성혈 문화의 거리'라 부른다. 이 길을 따라 다음 코스인 동문시장에 방문해보자.

민속자연사박물관

★★★☆☆ 제주도민 추천

"삼성혈을 둘러봤다면 제주 동남쪽에 있는 혼인지도 꼭 가보세요. 삼신인이 벽랑국 삼공주와 혼례를 치르고 첫날밤을 보낸 곳이거든요. 연꽃이 아주 아름답게 피어나는 연못과 신방을 차린 굴이 있답니다."

삼성혈

- **주소** 제주시 삼성로 22
- **이용시간** 동절기 8:30~17:30
  하절기 8:30~18:30
- **입장료** 어른 2500원
- **소요시간** 30분
- **문의** 삼성혈 안내소 064-722-3315

민속자연사박물관

- **주소** 제주시 삼성로 40
- **이용시간** 8:30~18:30(입장마감 18:00)
- **휴일** 신정, 설날, 개관기념일(5월 24일), 추석, 소독기간(상반기 3일, 하반기 3일)
- **입장료** 어른 1100원
- **소요시간** 1시간
- **문의** 064-710-7708

동문시장

제주의 모든 것

낯선 고장을 방문하면 그 지역의 시장을 가봐야 한다고들 말한다. 식생활은 물론 지역의 기후와 환경, 문화와 언어까지 모두 섭렵할 수 있기 때문이다. 그런 이유로 제주시내에서 가야 할 곳을 딱 한 곳만 꼽으라면 동문시장을 꼽겠다. 반찬가게의 마농지(풋마늘대로 담근 제주 장아찌), 건어물가게의 모자반, 약재상의 비자열매, 잡화점의 고사리 앞치마(고사리를 캘 때 몸에 두르는 용도), 청과상의 제주산 애플망고까지. 한라봉이나 천혜향만 기대하고 갔다면 기대 이상의 것들을 볼 수 있다. 재래시장과 붙어 있는 수산시장에 가면 제주산 은갈치가 찬란한 은빛의 긴 몸통을 자랑하고 자리돔, 옥돔, 황돔 등 제주의 흔한 '돔'들이 열 맞춰 누워 있다.

동문시장을 찾는 주목적이 있다면 당연히 식도락일 터. 떡볶이와 김밥, 튀김을 한데 섞어주는 '모닥치기'와 쫀득쫀득 구수한 오메기떡, 찹쌀순대와 돼지부속을 가득 넣은 국밥 한 그릇, 제주 꿩을 넣어 만든 뜨끈한 꿩메밀국수, 심심한 맛인데도 자꾸 먹게 되는 메밀전병 빙떡, 그리고 단돈 1만원으로 고등어회와 갈치회를 즐길 수 있는 수산시장표 모둠회까지. 열거하자면 끝이 없고 다 먹어보자니 위장의 한계가 애석할 따름이다.

1 동문시장은 크게 재래시장과 수산시장으로 이루어져 있다. 두 곳은 아케이드로 이어져 있어 이동이 쉽다. 상설시장으로 별도의 휴무일은 없다.

2 오메기떡, 제철 귤, 귤향과즐, 말린 귤, 말린 고사리 등이 동문시장의 인기품목이다. 유통기한이 짧은 막걸리류의 주류를 사는 것도 추천한다.

3 수산시장에서 회 한 접시를 샀다면 회를 들고 근처 식당으로 가자. 3000~5000원에 기본 상차림과 매운탕을 내준다. 홀로 제주 여행을 왔다면 생선회 먹기가 쉽지 않은데 이곳 수산시장에서라면 나홀로 여행객이라도 문제없다.

4 뚜벅이 여행자라면 일정 마지막 날 들르는 게 좋다. 의도치 않게 '장'을 보게 되어 짐이 무거워지기 때문이다.

5 여유가 있다면 동문시장과 가까운 동문로터리에서 산지천을 따라 바다 방향으로 걸어보자. 아라리오뮤지엄과 김만덕기념관 등 미술관과 박물관, 아담한 놀이동산 등이 있고 근처 칠성로에는 분위기 있는 카페와 편집숍, 바 등이 자리하고 있다.

★★★★☆ 제주도민 추천

"제주 사람들도 찬거리나 횟감을 사러 부엌처럼 드나드는 곳이랍니다. 계절의 변화를 가장 먼저 알아차릴 수 있는 곳이기도 하지요. 두리번거리다보면 3~4시간이 후딱 지나가지요."

- **주소 동문공설시장** 제주시 동문로 동문로4길 9
  동문재래시장 제주시 관덕로14길 20
  동문수산시장 제주시 관덕로 64-1
- **이용시간** 7:00~20:00
- **입장료** 없음
- **소요시간** 2시간
- **문의** 동문재래시장 064-752-3001

국립제주박물관과 사라봉

제주의 이력서를 보고 싶다면

박물관에 들어서면 한라산과 탐라 개국신화, 삼다도를 스테인드글라스로 표현한 독특한 천장이 눈에 들어온다. 로비를 지나면 곧바로 화산섬 제주도가 탄생한 신생대가 나오고 선사실, 탐라실, 고려실, 조선실을 차례대로 거치면서 제주의 역사를 훑어볼 수 있다.

국립제주박물관의 상징적 존재이자 관람 하이라이트는 뭐니 뭐니 해도 '탐라순력도'다. 탐라순력도는 숙종28년(1702년) 제주목사로 부임한 이형상이 각 고을을 돌며 마주한 풍광과 행사를 화공 김남길이 총 41폭으로 옮긴 채색 화첩이다. 제주의 지리와 관아, 읍성, 명승지를 비롯해 활쏘기, 경로잔치 등 300년 전 제주의 모습을 고스란히 기록한 보물로 한 폭 한 폭 흥미롭기 그지없다.

제주에 표착한 네덜란드인 하멜과 제주로 유배 온 우암 송시열, 추사 김정희 등 역사 속 인물에 대한 기록과 그들의 유품을 전시한 코너도 눈길을 끈다.

박물관을 모두 돌아보았다면 박물관 뒤편의 언덕을 올라보자. 야트막한 이 동산은 낙조로 유명한 사라봉이다. 제주시민이 즐겨 찾는 대표적 오름으로 정상에 오르면 제주시내와 제주항, 멀리 한라산까지 바라볼 수 있다.

1 국립제주박물관은 본관과 야외전시장, 어린이박물관으로 이루어져 있다. 야외전시장에는 돌하르방, 동자석, 정낭 등 제주의 생활문화를 보여주는 100여 점의 전시물이 전시되어 있고 어린이박물관에는 탐라순력도 탁본 체험, 전통옷 입기 같은 체험을 할 수 있는 코너가 갖춰져 있다.

2 탐라순력도는 고려실과 조선실 사이에 마련된 탐라순력도실에서 만날 수 있다.

3 국립제주박물관에서 사라봉 정상까지는 1km가 조금 넘는 거리다. 사라봉은 148m의 야트막한 오름이지만 그래도 오르막길이라 힘이 들 수 있으니 생수를 꼭 챙겨 가자.

4 사라봉에서 바라보는 일몰은 예로부터 '사봉낙조'라 불릴 만큼 아름답기로 유명하지만 일출 풍경 또한 근사하다.

5 사라봉의 바다를 끼고 걷는 산책로는 근사한 별도봉과도 연결된다. 별도봉과 사라봉 모두 돌아보려면 2시간 정도 넉넉하게 시간을 잡는 게 좋다.

★★★☆☆ 제주도민 추천

"국립제주박물관과 사라봉은 제주시내에서 가장 전망 좋은 곳이자 산책하기에 더할 나위 없이 좋은 곳이에요. 관광객보다는 현지인이 훨씬 많이 찾습니다."

국립제주박물관
- **주소** 제주시 일주동로 17
- **이용시간** 평일 9:00~18:00
  주말 및 공휴일 9:00~19:00
  매월 마지막주 수요일
  3월~10월 매주 토요일 9:00~21:00
- **휴일** 매주 월요일, 1월 1일
- **입장료** 없음
- **소요시간** 1시간
- **문의** 064-720-8000

사라봉
- **주소** 제주시 사라봉동길 74
- **이용시간** 일출~일몰
- **입장료** 없음
- **소요시간** 1시간
- **문의** 사라봉공원 관리사무소 064-722-8053

함덕서우봉해변

눈을 뗄 수 없는 고운 빛깔의 바다

사실 제주시내 해변을 소개할 때 이호테우해변이나 삼양검은모래해변을 먼저 말하고는 한다. 그런데도 다소 거리가 있는 함덕서우봉해변을 우선으로 꼽은 까닭은 매우 단순하다. 함덕서우봉해변은 예쁘다. 정말 예쁘다. 그 고운 자태에 반해 함덕서우봉해변을 제주 모든 해변을 통틀어 최고로 치는 이들도 많다. 제주시내에서는 자동차로 20분 정도 가야 하지만 물빛 고운 바다를 보고 싶다면 단연 함덕으로 향해야 한다.

먼바다는 쪽빛, 가까운 바다는 에메랄드빛, 백사장은 진줏빛에 비유할 수 있다. 제주 바닷물의 광범위한 색상 스펙트럼을 두 눈으로 확인할 수 있는 바다가 함덕 바다다. 이곳은 수심이 얕아 아이들이 해수욕을 즐기기에도 그만이고 해변 주변으로는 산책로와 작은 아치형 다리들이 있어 해안산책을 하기에도 좋다.

해변 곁에 안정적으로 누워 있는 언덕은 서우봉이다. 함덕서우봉해변을 제대로 감상하고 싶다면 꼭 서우봉 둘레길을 걸어봐야 한다. 주민들이 직접 삽과 호미로 일군 둘레길은 꽃이 만발한 오솔길 그 자체로도 아름답지만 그곳에 서서 내려다보는 함덕 바다는 무어라 형언할 수 없이 빼어난 풍광을 자랑한다.

1 함덕서우봉해변 주변에는 크고 작은 숙박업소와 편의점, 식당, 카페 등이 많아 하루를 묵어가기에 불편함이 없다.

2 1과 6으로 끝나는 날짜는 함덕오일장이 열리는 날이다. 해변에서 도로만 건너면 오일장이 열리는 장터가 있고 오래된 식당과 최근 문을 연 식당이 어우러진 식당가도 있다.

3 제주시내에서 함덕서우봉해변을 간다면 701번 동일주버스를 타면 된다. 국립제주박물관에서 출발한다면 10번, 38번 시내버스나 신제주로터리에서 20번 시내버스를 타도 된다.

4 약 2km 길이의 서우봉 둘레길은 서우봉의 서쪽 경사면을 따라 조성되어 걷는 내내 함덕 바다를 바라볼 수 있다. 걷다보면 관목림이 우거진 숲길이 나오고 곧 둘레길의 종점을 만날 수 있다. 다시 돌아나와야 하지만 풍광이 아름다워 지루하지 않다. 길은 여전히 조성 중으로 서우봉 한 바퀴를 온전히 도는 길로 완성될 예정이다.

5 서우봉 둘레길에서 바다를 등지고 사진을 찍으면 좋다.

★★★★★ 제주도민 추천

"함덕서우봉해변은 바다뿐 아니라 백사장도 참 멋집니다. 길이는 짧지만 폭이 넓어서 마음껏 뛰어놀 수 있고요. 만처럼 안으로 둥글게 굽어 있는 형태라 안락한 느낌도 들지요."

- **주소** 제주시 조천읍 함덕리 1008
- **이용시간** 일출~일몰(해수욕장 개장 7월 초~8월 말)
- **입장료** 없음
- **소요시간** 머무르는 만큼
- **문의** 제주시 해양수산과 064-728-3394

여기도
한 번

두루 둘러봐야
진가가 드러난다
용두암과 용연

용두암은 관광객 대다수가 찾는 시내 주요관광지지만 기대를 하고 간다면 좀 실망스러운 구석이 없지 않다. 이름 그대로 용머리 형상을 한 바위를 보자고 가는 건데 위로 솟은 바위의 높이가 10m, 수면 아래로 뻗은 바위의 높이가 30m나 되니 눈에 보이지 않는 아랫부분이 더욱 절경일진대 확인할 도리가 없다. 거기에 5분에 한 번씩 제주로 이륙하는 여객기가 굉음을 내며 지나가니 소음공해가 따로 없다.

그럼에도 불구하고 용두암을 찾아야 하는 이유가 2가지 있다. 첫번째는 용연이다. 용두암에서 용담공원 방면으로 200m만 걸어가면 구름다리 하나가 나오는데 다리를 건너면서 발아래로 마주하는 짙은 녹색의 계곡이 바로 용연이다. 진한 옥빛의 계곡은 곧 바다와 만나는데 신기하게도 멀리 보이는 바다색과 그 물빛이 전혀 다르다. 게다가 깎은 듯 수직으로 떨어지는 물길 양쪽의 절벽은 과연 기암이라 칭할 만하다. 계곡 주변으로는 산책로가 조성되어 있어 길진 않지만 계곡을 따라 걸을 수 있고 정자나 벤치에서 잠시 쉬어갈 수도 있다.

용두암에 가야 할 두번째 이유는 '드라이브'다. 해안도로를 달리는 쾌감이야 제주 어디가 됐든 짜릿하지만 제주에 막 도착했거나 육지로 떠나야 할 순간에 달리는 용두암 일대의 해안도로는 더도 덜도 없는 만족감을 선사할 것이다. 저물녘에는 더욱 근사하다. 자동차든 스쿠터든 자전거든 용두암부터 이호테우해변까지 달려보자.

- **위치** 제주시 용두암길 15
  제주국제공항에서 구제주 방면,
  17번 버스 타고 사대부속고등학교
  정류장 하차
  9번 버스 타고 용담1동주민센터
  정류장 하차
- **문의** 제주시 관광진흥과 064-728-2753

 여기도 한 번

구제주의 여행자 거리
칠성로와 아라리오뮤지엄

동문로터리의 볼거리는 단연 동문시장이다. 그러나 동문시장과는 전혀 다른 분위기로 여행자를 맞이하는 곳이 있다. 바다로 흘러가는 산지천을 따라 걷다보면 왼편에는 아케이드 골목으로 작은 책방, 기념품가게, 펍과 카페, 편집숍 등 다양한 상점들이 줄지어 들어선 칠성로가, 오른편에는 모텔을 재단장해 오픈한 빨간색 외관의 아라리오뮤지엄 2개 동이 약간의 간격을 두고 서 있다. 바다 쪽으로 더 걸어 올라가면 제주 노블레스 오블리주의 상징인 거상 김만덕기념관이 있고 도로를 따라 왼쪽으로 길을 꺾으면 100m 정도 앞에 영화관을 개축한 아라리오뮤지엄 탑동시네마관이 보인다. 탑동광장과 탑동해변이 맞닿은 곳이다. 몇몇 호텔과 이탈리안 레스토랑, 베이커리 카페, 수제맥주를 파는 펍 등이 나란히 자리해 갑작

스레 신시가지에 진입한 듯한 느낌이다. 뭘 먼저 봐야 할지 모르겠다면 간단히 동선을 짜서 움직이는 편이 좋다.

미술관 관람을 좋아하거나 현대미술에 관심이 많은 이들이라면 아라리오뮤지엄부터 둘러보자. 아라리오뮤지엄은 총 4개동의 건물로 구성된다. 우선 동문시장과 가까운 아라리오뮤지엄 동문모텔Ⅰ과 한 블록 떨어진 동문모텔Ⅱ를 둘러보자. 두 곳은 모텔의 형태를 어느 정도 남겨두었는데 전시된 현대미술품들과 잘 어울린다. 예스퍼 유스트, 아오노 후미아키, 토니 아워슬러, 앤터니 곰리, 키스 해링 등 세계적인 예술가들의 작품을 볼 수 있다. 거리를 둔 아라리오뮤지엄 탑동시네마에서는 앤디 워홀을 비롯해 마르쿠스 신발트, 고헤이 나와, 김병호 등 작가 20명의 작품을 만날 수 있으며 뒤편의 아라리오뮤지엄 탑동바이크샵은 개인전 위주로 운영한다. 네 곳을 다 돌면 거의 반나절이 걸리는데 작가들의 '라인업'이 워낙 쟁쟁하다 보니 그냥 지나치기 쉽지 않다.

칠성로 상점가
- **위치** 제주시 관덕로13길 12
  5번 버스 타고 관덕정 정류장 하차 / 9번, 100번, 200번 버스 타고 동문로터리 정류장 하차
- **이용시간** 10:00~20:00
- **문의** 제주 칠성로 상점가 조합 064-721-0827

아라리오뮤지엄
- **위치 동문모텔Ⅰ** 제주시 산지로 37-5 / **동문모텔Ⅱ** 제주시 산지로 23
  9번, 100번, 200번 버스 타고 동문로터리 정류장 하차
  탑동시네마 제주시 탑동로 14
  5번, 9번 버스 타고 관덕정 정류장 하차
  탑동바이크샵 제주시 탑동로 4길 6-12
  92번 버스 타고 탑동입구 정류장 하차
- **이용시간** 10:00~18:00
- **입장료** 동문모텔Ⅰ·Ⅱ 통합권 1만원, 인스페이스 1만원
  탑동시네마·탑동바이크샵 통합권 1만2000원
- **문의** 064-720-8202

 여기도 한 번

참하고
다소곳한 정원
한라수목원

제주시내에서 한라산으로 향하는 길목에 소박하게 자리한 한라수목원은 '들꽃' 같은 정원이다. 정말 들꽃이 많기도 하지만 화려하지 않으면서도 수수하고 단정하게 방문자를 맞이하는 분위기가 그렇다. 제주에는 명성을 떨치는 식물원과 공원이 많지만 오히려 몰려드는 관광객으로 인한 번잡함과 인공적인 식재로 다소 어색한 느낌이 드는 곳이 많다. 한라수목원은 꽃과 나무 사잇길에서 가만가만 조용하고 여유롭게 시간을 보내고 싶은 이들이 찾을 만하다. 이곳에서는 제주도에만 자생하는 식물, 멸종위기의 야생식물 등 희귀식물들을 두루 만나볼 수 있다. 식물 좀 아는 사람이라면 꼭 찾아봐야 할 곳 중 한 곳이기도 하다. 혹여 꽃과 나무에 대한 지식이 없더라도 숨을 깊

게 들이마시며 가볍게 산책하기에 좋다. 수목원은 광이오름과도 이어져 있어 자연스레 오름에 오를 수 있다. 15분 정도면 가뿐하게 정상을 밟을 수 있으니 제주시내를 파노라마로 조망할 기회를 놓치지 말자.

- **위치** 제주시 수목원길 72
  9번, 30번, 70번, 740번 버스 타고 한라수목원 정류장 하차
- **이용시간** 4:00~23:00
  자연생태체험학습관 및 온실
  동절기 9:00~17:00
  하절기 9:00~18:00
  (휴관 자연생태체험학습관 및 온실 등에 한해 설날, 추석 당일)
- **문의** 064-710-7575

 여기도 한 번

제주시내 해변의 쌍두마차
이호테우해변과 삼양검은모래해변

어느덧 제주 여행을 마치고 돌아가야 할 시간. 공항이나 항구로 가기 전, 어정쩡하게 남은 시간을 보내기에는 이호테우해변과 삼양검은모래해변이 제격이다. 제주시내에 자리한 두 해변은 시내에서 멀찌감치 떨어진 다른 제주 바다에 견준다면 조금 아쉬울 수는 있다. 그러나 두 해변 모두 제각기 개성이 뚜렷해 제주를 떠나기 몇 시간 전에 부담 없이 제주 바다를 눈에 담고 가기에는 좋다.

이호테우해변은 제주공항과 가장 가까운 해변으로 뜨고 내리는 비행기를 자주 볼 수 있다. 이 해변에는 눈에 띄는 2가지가 있는데 첫번째는 멀리 보이는 말 모양의 등대다. 이른바 '트로이의 등대'라고 불리는 등대로 제주의 지역적 특성에 맞게 제주마를 본떠 하얀색과 빨간색으로 만들었다. 두번째는 해안에 쌓아둔 원형의 돌담이다. 바닷물을 막아 밀물에 딸려온 고기떼가 썰물에 빠져나가지 못하도록 쌓아둔 것으로 전통적인 고기잡이 방식의 흔적이다.

삼양검은모래해변은 그 이름처럼 해변의 모래가 검은빛을 띠어 더욱 특별한 해변이다. 모래가 어두운 색인 것은 화산활동으로 만들어진 검은색의 광물 성분이 많이 포함되어 있기 때문이다. 이 검은 모래는 예로부터 관절염이나 신경통에 효능이 있다고 알려져 제줏말로 '모살뜸(모래찜질)'을 하면 좋은 곳으로도 꼽혔다. 근처에 해수사우나와 선사시대 마을유적인 제주삼양동유적이 보전되어 있어 함께 들르기에 괜찮다.

이호테우해변
- **위치** 제주시 테우해안로 172
  702번, 950번, 966번, 970번, 971번 버스 타고 현사마을 정류장 하차
- **이용시간** 일출~일몰
  (해수욕장 개장 6월 말~8월 말)
- **문의** 제주시 해양수산과 064-728-3394

삼양검은모래해변
- **위치** 제주시 서흘길 7
  26번, 100번, 701번, 910번, 990번 버스 타고 삼양초등학교 정류장 하차
- **이용시간** 일출~일몰
  (해수욕장 개장 7월 초~8월 말)
- **문의** 제주시 해양수산과 064-728-3394

올래국수

올래국수는 국수문화의 거리에서 벗어난 연동 시가지에 위치하지만 줄을 서지 않으면 먹지 못할 정도로 명성이 자자하다. 뽀얗게 우러난 국물의 때깔과 숭덩숭덩 썬 오겹살 수육의 자태는 여느 고기국숫집보다 뛰어나다. 맛 또한 비주얼에 밀리지 않는다. 진한 돼지사골국에 잡내 없이 푸짐한 고기 고명, 도톰한 중면의 조화를 즐겨보자.

- **가는 길** 삼무공원사거리에서 그랜드호텔 방면으로 약 80m. 제원아파트 방면 골목 안
- **주소** 제주시 제원길 17
- **문의** 064-742-7355
- **영업시간** 9:30~21:00
- **휴일** 매주 일요일, 명절연휴

앞뱅디식당

각재기(전갱이)와 멜(큰 멸치)로 끓인 생선국으로 유명한 집이다. 칼칼하고 개운한 맛이 일품인 각재기국은 꼭 한번 먹어봐야 할 제주의 향토음식이다. 큼직한 각재기 토막이 아낌없이 들어 있어 한 뚝배기를 먹고 나면 포만감이 인다. 각재기국과 함께 강된장과 배추쌈이 나와 건강한 한 상을 마주할 수 있다. 멜조림과 멜튀김도 별미. 각재기국은 2인분부터 주문할 수 있어 혼자 가면 맛볼 수 없다는 점이 아쉽다.

- **가는 길** 연동사거리에서 제주중앙중학교 방면으로 약 150m. 제주중앙중학교 운동장 맞은편
- **주소** 제주시 선덕로 32
- **문의** 064-744-7942
- **영업시간** 8:30~22:00 일요일 8:30~14:00
- **휴일** 명절 당일 휴무

진아떡집

그날그날 오메기떡을 만들어 한정된 수량만 판매하는 집으로 오후에 가면 셔터가 내려져 있기 일쑤다. 오메기는 차조의 제줏말로 차조가루로 빚은 떡이 오메기떡이다. 진아떡집은 차조가루에 찹쌀가루와 쑥을 섞어 떡 반죽을 하고 팥앙금을 소로 넣은 오메기떡을 처음 만든 집이다. 쫄깃한 떡에 통팥이 투박하게 붙어 구수하고도 달콤한 맛이 난다.

- **가는 길** 동문로터리 방면에서 동문공설시장으로 들어가 50m 정도 직진
- **주소** 제주시 동문로4길 7-1
- **문의** 064-757-0229
- **영업시간** 6:00~재료 소진 시
- **휴일** 비정기 휴무

우진해장국

제주식 고사리육개장을 대표메뉴로 하는 집이다. 제주식 육개장은 육지의 것과 맛도 모습도 다르다. 제주식 고사리육개장은 돼지등뼈를 삶은 국물에 고사리를 푸짐하게 넣고 잘게 찢은 등뼈 고기를 더해 메밀가루를 풀어 만든다. 되직한 국물에 부드럽게 풀어진 고사리와 돼지고기의 구수한 조화는 육지 사람들 입맛에도 잘 맞는다. 무척 걸쭉하므로 맑은 국물의 칼칼한 육개장을 기대하는 이들에게는 아쉬울 수도 있다. 제주에서는 드물게 자정까지 운영하는 곳이라 언제든 배가 출출할 때 찾으면 좋다.

- **가는 길** 서문사거리에서 롯데하이마트 방면으로 50m
- **주소** 제주시 서사로 11
- **문의** 064-757-3393
- **영업시간** 5:30~24:00
- **휴일** 명절 당일

부지깽이

제주에서 꼭 먹고 와야 할 음식 중에서 고등어회를 뺄 수 없다. 제주시청 근처에 위치해 시청 공무원들과 인근 주민들이 단골로 드나드는 이 집은 싱싱한 고등어회와 고등어조림, 고등어구이 등의 고등어요리 일체를 맛깔나게 내놓는 맛집이다. 고등어회를 시키면 고등어조림에서 발라낸 생선살에 밥을 비빈 '고밥'과 뽀얀 국물의 고등어지리가 함께 나온다. 고등어회는 주문 즉시 수조의 활어를 잡아 회를 뜬다. 고등어회는 그냥 먹어도 맛있지만 고밥 한 수저에 회 한 점을 올리고 김을 싸먹는 것도 별미다.

- **가는 길** 제주시청 뒤편 광양해장국집 대각선
- **주소** 제주시 동광로6길 27
- **문의** 064-723-3522
- **영업시간** 17:00~3:30
- **휴일** 매월 둘째주, 넷째주 일요일

웃뜨르우리돼지

흑돼지 역시 빼놓을 수 없는 제주의 맛이다. 웃뜨르 우리돼지는 연동에 있는 흑돼지 전문점으로 흑돼지 농장에서 직접 고기를 받아쓴다. 오겹살과 목살, 특수부위 등이 나오는 흑돼지모둠과 흑오겹살, 흑목살 같은 단품 메뉴가 있다. 육지에서 맛보는 얇은 두께의 고기가 아니라 두툼한 근고기의 맛이 쫄깃하고 담백하다. 보란 듯 '흑색 털'을 붙이고 나온 고깃덩어리를 잘 익힌 후 멜젓에 콕 찍어 먹어보자. 딱새우와 해산물이 들어간 된장찌개도 괜찮다.

- **가는 길** 삼무공원 사거리에서 그랜드호텔 방면으로 약 80m. 제원아파트 방면 골목 안
- **주소** 제주시 제원길 15
- **문의** 010-5696-4229
- **영업시간** 12:00~24:00
- **휴일** 연중무휴

올댓제주

제주에서의 특별한 만찬을 부담 없이 즐기고 싶다면 추천할 만한 집이다. 숯불흑돼지구이, 딱새우오일파스타, 한우양지육수에 말아낸 고기국수 등 제주 향토음식을 새롭게 재해석해 창작한 메뉴들을 단품으로 혹은 코스로 즐길 수 있다. 제주 전통술인 오메기술, 허벅술을 비롯해 요리와 어울리는 다양한 술이 준비되어 있다. 예약하고 가는 편이 좋다. 1인 손님도 환영한다.

- **가는 길** 산지천 근처, 제주시 수협 맞은편 골목으로 30m
- **주소** 제주시 중앙로1길 33
- **문의** 064-901-7893
- **영업시간** 17:00~24:00
- **휴일** 매주 화요일

도라지식당

공항에서 멀지 않은 대로변에 대형건물로 기세등등하게 자리한 식당이다. '관광객이 찾는 제주 식당 1번지'라고 해도 과언이 아니지만 제주시내에서만큼은 제주 향토음식으로 나무랄 데 없는 집이기도 하다. 갈치조림도 먹고 싶고 돔베고기도 먹고 싶고 물회도 먹고 싶은데 도대체 결론을 내지 못하겠다면 이곳을 추천한다. 대체로 무난한 맛인데 많은 이들이 갈치조림과 한치물회를 최고로 꼽는다. 4인 이상이라면 향토음식만으로 구성된 코스도 즐길 수 있다. 제주 여행의 시작과 끝에 많이 들르는 집이다.

- **가는 길** 마리나사거리에서 제주종합경기장 방면으로 약 500m
- **주소** 제주시 연삼로 128
- **문의** 064-722-3142
- **영업시간** 9:30~20:50
- **휴일** 매주 화요일

자연몸국

가장 제주다운 음식을 꼽으라면 단연 몸국이 1순위로 와야 한다. 몸국은 돼지사골과 각종 부속을 넣어 오랜 시간 끓인 국물에 겨우내 말려놓았던 몸(모자반)을 불려넣어 끓인 구수한 제주만의 토속음식이다. 마을에 크고 작은 행사가 있을 때면 육지에서 장터국밥이나 육개장을 끓여 나누어 먹듯 제주에서는 몸국을 끓여 나누어 먹었다. 자연몸국은 동문시장에 자리한 오래된 몸국 전문집으로 관광객보다 현지인들이 더 많이 찾는다. 이 집의 몸국은 메밀가루를 풀어 살짝 더 걸쭉하다. 밥에 갈치속젓을 얹고 상추쌈을 싸서 한입 먹고 몸국을 떠먹어보자.

- **가는 길** 중앙사거리에서 농협제주중앙지점 방면으로 약 300m 내려가 동문시장 골목 안으로
- **주소** 제주시 중앙로 63-11
- **문의** 064-725-0803
- **영업시간** 10:00~22:00
- **휴일** 매월 둘째주, 넷째주 토요일

옵서예가

연동 주민들이 단골집으로 많이 찾는 흑돼지 집이다. 주인장이 선별한 질 좋은 제주 우도 흑돼지구이를 맛볼 수 있다. 제주에서도 취급하는 식당이 몇 되지 않는 우도 흑돼지의 맛도 좋지만 조미료를 쓰지 않은 밑반찬이나 손님을 대하는 서비스 또한 훌륭한 집이다. 이 집의 또 하나 별미는 주인장이 개발한 돌문어몸국라면이다. 진하게 끓인 몸국에 돌문어를 썰어 넣고 즉석에서 끓여 먹는 라면으로 이 메뉴를 맛보기 위해 방문하는 손님도 적지 않다.

- **가는 길** 그랜드호텔사거리에서 연동대림 아파트단지 방면으로 약 800m
- **주소** 제주시 국기로2길 2-3
- **문의** 064-744-0730
- **영업시간** 9:00~22:00
- **휴일** 연중무휴

화성식당

몸국의 아성에 가려졌지만 한 번쯤 맛봐도 좋을 법한 제주 향토음식으로 '접짝뼈국'이라는 것이 있다. 발음도 쉽지 않은 이 국은 몸국처럼 돼지사골을 푹 고아낸 국물을 기본으로 하고 여기에 돼지 목에서 가슴 쪽으로 이어지는, 제줏말로 '접짝뼈'라 일컫는 부위를 먹기 좋은 크기로 넣은 후 메밀가루를 풀어 걸쭉하게 만든다. 설렁탕처럼 뽀얗고 걸쭉한 농도의 접짝뼈국 한 그릇이면 밥 없이 국만으로도 포만감이 든다. 접짝뼈국을 내는 집이 많은 편은 아닌데 화성식당은 그중에서도 꽤 독보적인 식당이다. 상추와 갈치속젓을 함께 내어주니 크게 한 쌈 싸서 접짝뼈국과 함께 먹어보자.

- **가는 길** 삼일주동로에서 삼양초등학교 맞은편
- **주소** 제주시 삼양2동 일주동로 383
- **문의** 064-755-0285
- **영업시간** 7:00~17:00
- **휴일** 설 연휴, 추석 연휴

골목식당

제주에는 예로부터 꿩요리가 발달해왔다. 제주도민의 겨울철 단백질 보충원으로 한라산 일대에서 사냥한 꿩만 한 것이 또 없었기 때문이다. 꿩 요리는 특산품인 꿩엿부터 꿩구이, 꿩샤부샤부, 꿩만두에 이르기까지 다양하다. 꿩 요리를 내는 골목식당의 대표메뉴는 꿩고기를 넣은 메밀국수다. 100% 메밀로 밀어낸 툭툭 끊기는 면은 젓가락이 아닌 숟가락을 이용하는 편이 낫지만 '진짜' 메밀국수의 참맛을 느낄 수 있다. 구수한 국수에 쫄깃한 꿩고기가 아쉽지 않게 들어 있어 맛을 돋운다. 쌀쌀한 겨울철에 제주 여행을 하게 된다면 꼭 한번 들러봄직한 식당이다.

- **가는 길** 중앙사거리에서 농협제주중앙지점 쪽으로 약 300m 내려가 동문시장 방면 골목으로
- **주소** 제주시 중앙로 63-9
- **문의** 064-757-4890
- **영업시간** 7:00~20:00
- **휴일** 연중무휴

성배네아강발

제주에서 고기국숫집이나 고깃집에 가면 흔히 볼 수 있는 메뉴가 '아강발'이다. 아강발은 제줏말로 족발을 뜻하는데, 살코기 없이 그야말로 발 부분을 일컫는 '미니족' 부위라고 보면 된다. 성배네아강발은 상호처럼 아강발을 전문으로 한다. 부드러운 살코기 부분이 푸짐한 일반 족발과 쫀득한 껍데기가 씹는 맛을 더하는 아강발 중 선택하면 된다. 소스를 묻힌 매운맛도 즐길 수 있다. 주문 즉시 숯불에서 직화로 구워주는데 매장에는 자리가 없어 오로지 포장이나 배달만 가능하고 예약이 필수다.

- **가는 길** 제주서초등학교와 용담의원 사이에 위치
- **주소** 제주시 용담로 90
- **영업시간** 16:00~21:30
- **문의** 064-745-7072
- **휴일** 매주 일요일

탑동왕돈까스

구제주의 명소 산지천과 탑동광장 일대에서 잘나가는 돈가스집이다. 깔끔한 인테리어에 조리과정을 모두 볼 수 있는 중앙의 오픈 주방이 돋보이는 집으로 여유롭게 식사하기에 좋다. '경양식집' 스타일로 돈가스가 제공되는데 돈가스의 두께나 크기 면에서는 타의 추종을 불허할 정도로 월등함을 자랑한다. 여성이라면 혼자 다 먹기 벅찰 정도로 푸짐한 양이지만 두툼한 제주산 돼지등심이 부드럽고 바삭하게 씹히는 순간 '다 먹을 수 있겠다'는 자신감이 생긴다.

- **가는 길** 탑동사거리에서 제주이마트 방향 아라리오뮤지엄 탑동시네마 뒤편
- **주소** 제주시 탑동로2길 3
- **문의** 064-720-8224
- **영업시간** 11:00~21:00
- **휴일** 연중무휴

제주커피농장

과연 우리나라에서도 블루마운틴이 아닌 한라마운틴, 혹은 오름커피를 마실 수 있는 날이 올까. 제주커피농장은 커피나무를 기르기에는 쉽지 않은 조건의 제주에서 커피콩을 파종해 10년째 커피나무를 길러내고 있는 국내 최초의 커피농장이다. 아직 상업화 단계는 아니어서 제주산 커피를 맛볼 수는 없지만 커피나무 재배지를 바라보며 신선한 핸드드립커피를 즐기는 시간은 꽤 특별하다.

- **가는 길** 삼양검은모래해변입구사거리에서 SK삼양주유소로 뒤편으로 약 20m
- **주소** 제주시 일주동로 404-4
- **문의** 064-721-0055
- **영업시간** 9:00~21:00
- **휴일** 비정기 휴무

카페에이트

신제주에 있는 캐주얼한 카페다. 제주의 전통 돌집을 현대적인 디자인으로 재해석해 지은 건물에 정낭과 연못 등 소박한 조경을 더해 시내에서도 꽤 운치 있는 분위기를 자랑한다. 1층과 2층 옥상의 테라스까지 대형 프랜차이즈 카페 못지않은 큰 규모로 한적하게 시간을 보내다 갈 수 있다. 직접 구워내는 신선한 케이크와 머핀 등 디저트와 수제햄버거 같은 간단한 식사 메뉴가 있다. 커피는 일리 원두를 쓴다.

- **가는 길** 신라면세점 뒤편
- **주소** 제주시 제원4길 10-1
- **문의** 064-711-8876
- **영업시간** 10:00~24:00
- **휴일** 연중무휴

왓집

제줏말로 '밭'을 뜻하는 '왓'을 상호로 내건 왓집은 제줏말, 제주 먹거리 등의 다양한 제주 문화 콘텐츠를 바탕으로 창조적인 활동을 하는 카페 겸 문화공간이다. 1층에는 제주를 주제로 한 다양한 선물과 기념품을 진열해 판매하며 2층은 북카페 겸 갤러리로 활용한다. 이 집의 대표메뉴는 오메기떡을 활용한 오메기빙수와 제주 전통발효음료 쉰다리, 제주산 취나물을 이용한 취에이드 등이다. 직접 개발한 '제주스러운' 메뉴들이 다양하게 준비되어 있다. 매월 셋째주 일요일에는 아트마켓 '멩글엉폴장('만들어서 팔자'의 제줏말)'이 이곳에서 열린다.

- **가는 길** 탑팰리스호텔 맞은편 중앙로5길로 진입 후 신한은행 뒤편
- **주소** 제주시 중앙로5길 4
- **문의** 064-755-0055
- **영업시간** 11:00~21:00
- **휴일** 매주 수요일

에이팩토리카페

빈티지한 분위기로 제주 젊은이들이 모여드는 카페. 근처에 아라리오뮤지엄과 탑동광장, 제주항이 있어 주변을 구경하고 잠시 들렀다가 가기에 위치도 적절하다. 제주보리팥빙수와 한라봉라테 등 제주산 재료를 이용해 만든 메뉴와 제줏말을 따서 돌미롱라테, 코시롱라테라고 이름 붙인 달콤한 음료 등이 준비되어 있다. 돌미롱라테는 달다는 뜻의 초코라테, 코시롱라테는 고소하다는 뜻의 곡물라테다. 에이팩토리카페에서 길 건너 50m 거리에는 에이팩토리베이커리가 있다.

- **가는 길** 탑동사거리에서 제주이마트 방향 아라리오뮤지엄 탑동시네마 맞은편
- **주소** 제주시 탑동로 11
- **문의** 064-720-8222
- **영업시간** 9:00~22:00
- **휴일** 연중무휴

이꼬이&스테이

일본 가정식 요릿집을 겸한 깔끔하고 편안한 B&B다. 게스트하우스와 호텔의 장점을 두루 갖춘 숙박업소로 호스트는 서울 이촌동의 이자카야 이꼬이의 오너셰프이기도 한 정지원 셰프다. 작은 주방이 딸린 공용공간은 여행자들의 사랑방 역할을 한다. 에코백과 도킹 스피커, 섬유탈취제와 드립커피팩 등을 갖춰 숙박객을 섬세하게 배려한 객실에서는 편안한 하룻밤을 보낼 수 있다. 포근한 침구와 안락한 객실 조명도 숙면을 돕는다. 조식은 일본식과 서양식 중에 하나를 고를 수 있다.

- **가는 길** 남경호텔 사거리에서 중앙로5길 따라 약 100m, 일도1동주민센터 근처
- **주소** 제주시 중앙로5길 18
- **예약 및 문의** 070-8239-9408, ikkoinstay@naver.com

탑팰리스관광호텔

비교적 최근에 지어진 탑동에 있는 대형관광호텔이다. 객실은 깔끔하고 편히 쉬기에 모자람 없다. 객실 분위기와 욕실 역시 대체로 쾌적하고 모던한 느낌이라 하룻밤 편안히 묵어갈 수 있다. 가격 또한 합리적인 편. 온라인에서 할인가로 예약할 수 있으니 미리 검색해보는 게 좋다. 동문시장과 탑동 일대 번화가와 가까워 위치도 좋은 편이다. 조식은 유료로 뷔페식을 운영한다.

- **가는 길** 탑동사거리에서 중앙사거리 방면으로 약 50m
- **주소** 제주시 중앙로 34
- **예약 및 문의** 064-721-8898

비지터 게스트하우스

동문수산시장 바로 옆에 자리한 깔끔한 게스트하우스다. 건물 전체가 게스트하우스 건물로 1인실부터 6인실까지 다양한 객실을 갖추고 있고 객실마다 에어컨과 생수, 수건, 드라이기, 각종 샤워용품 등이 비치되어 있어 편하다. 객실마다 방음이 잘되어 있고 침구가 매우 깔끔하다는 점도 큰 장점이다. 아침에는 다이닝룸에서 토스트와 달걀, 샐러드 등을 무료로 제공한다.

- **가는 길** 제주은행 본점 건물 끼고 동문수산시장 방향 골목 안
- **주소** 제주시 오현길 85
- **예약 및 문의** 064-755-4860, blog.naver.com/hellovisitor

보오메꾸뜨르호텔

제주 최초의 부티크호텔이자 유명 건축가 승효상의 설계로 지어져 유명세를 떨친 곳이다. 제주 내 부티크호텔의 바람을 몰고 온 곳이라 해도 과언이 아니다. 무채색의 가구와 간접 조명, 고급소재의 패브릭으로 아늑한 분위기를 극대화한 객실은 고급스러운 갤러리처럼 느껴진다. 호텔이 시내에 있음에도 실내에 들어서면 한적한 지역 별장에 온 듯하다. 객실은 총 5개 종류이며 10층의 옥상 수영장에서는 한라산과 제주 바다를 한눈에 조망할 수 있다.

- **가는 길** 그랜드호텔사거리에서 홀천 방면으로 두 블록 지나 정면에 위치
- **주소** 제주시 신광로 95
- **예약 및 문의** 064-798-8000, www.baume.co.kr

라움호텔

연동에 위치한 비즈니스호텔이다. 청결한 침대와 LED TV, 화장대와 드라이기 등 군더더기 없이 딱 갖출 것만 갖춘 깔끔한 숙박업소로 하룻밤 묵어가기에는 가격과 시설 면에서 아쉬울 게 없다. 공항과 가까운 곳에서 비교적 저렴한 가격으로 편안하게 쉬고 싶다면 적절한 선택이다. 온라인에서 할인 행사를 종종 하고 있으니 예약 전에 미리 검색해볼 것.

- **가는 길** 그랜드호텔사거리에서 홀천 방면으로 한 블록 지나 오른쪽 골목
- **주소** 신광로 10길 1
- **예약 및 문의** 064-747-3399, www.raumhotel.co.kr

롯데시티호텔제주

제주에서 가장 높은 건축물로도 유명한 롯데시티호텔제주는 신제주에 자리한 고급 비즈니스호텔 중 한 곳이다. 3가지 종류의 객실과 야외정원, 온수풀과 건식사우나 등의 부대시설이 갖춰져 있다. 객실에서는 제주 바다나 한라산을 바라볼 수 있다. 객실은 대체로 모던하고 쾌적한 분위기다. 최고층인 22층에는 조식부터 석식까지 뷔페를 즐길 수 있는 레스토랑이 자리해 제주시내를 한눈에 내려다볼 수 있다.

- **가는 길** 제주한라병원 옆.
  제주국제공항에서 자동차로 5분 거리
- **주소** 제주시 도령로 81
- **예약 및 문의** 064-730-1000,
  www.lottehotel.com/city/jeju

대명리조트제주

함덕서우봉해변을 앞에 둬 아름다운 바다 전망을 자랑하는 대형 리조트다. 객실은 4인을 기준으로 한 패밀리형과 5인 기준의 스위트형, 7인 기준의 골드스위트형이 준비되어 있다. 마트와 사우나, 특산물매장, 마사지숍, 노래방 등의 부대시설을 갖추고 있어 편리하며 흑돼지구이 전문점, 베이커리 카페 등 리조트 내 식당이 다양한 점도 장점이다. 가족 단위의 여행객에게 추천할 만한 숙박업소다. 해변은 걸어서 2분 거리에 위치한다.

- **가는 길** 함덕서우봉해변에 위치.
  제주국제공항에서 자동차로 약 20분
- **주소** 제주시 조천읍 신북로 577
- **예약 및 문의** 1588-4888,
  www.daemyungresort.com/jj

협재해변에서 바라본 비양도

여행의 재미

제주의 맛

고기국수
돼지뼈를 우린 뽀얀 육수에 중면을 넣고 수육을 올려 먹는 음식. 고추장양념에 새콤달콤하게 무쳐낸 비빔국수도 맛있다.

몸국
돼지사골과 각종 부속들을 넣어 오래 끓인 국물에 겨우내 말려놓았던 몸(모자반)을 불려 넣어 끓인 국. 진득한 국물에 몸이 들어가 오독오독 씹히는 식감이 일품이다.

접짝뼈국
돼지사골을 푹 고아낸 국물에 '접짝뼈(돼지 목에서 가슴 쪽으로 이어지는 부위)'를 넣은 뒤 메밀가루를 풀어 걸쭉하게 끓인 국.

전복죽
전복 내장이 들어가 고소한 맛을 내는 밀감빛 고운 색깔의 죽.

보말죽
제줏말로 고둥을 뜻하는 보말을 넣어 끓인 죽.

깅이죽
제줏말로 게를 뜻하는 깅이를 곱게 갈아 끓인 죽. 검은 흑임자 빛깔.

자리물회
뼈를 발라내지 않고 손질한 자리돔회에 아삭한 채소를 더해 양념된 물에 말아내는 음식으로 고소하고 시원한 맛이 일품. 제주식 물회는 기본 양념장으로 고추장이 아닌 된장을 쓴다.

한치물회
뼈째 먹는 자리물회가 부담스럽다면, 손질한 한치회를 넣어 만든 한치물회로 대체하자. 부드럽고 쫀득쫀득한 식감이 좋다.

해물뚝배기
슴슴한 된장 국물에 딱새우, 전복, 성게알, 맛조개, 소라, 모시조개 등을 푸짐하게 넣어 끓인 찌개. 담백하고 시원한 맛이다.

돼지고기구이
흑돼지오겹살과 목살을 두툼한 근고기(고기를 1근 단위로 재는 데서 붙인 이름으로 두껍게 썰려 나온다)의 형태로 구워 먹는다. 잘 익은 고기는 멜젓(멸치젓)에 찍어 먹는다. 제주 사람들은 흑돼지가 아닌 일반돼지의 생갈비구이를 즐겨 먹는다.

돔베고기
담백하게 삶은 돼지고기를 돔베(도마)에 올려내는 음식. 돼지오겹살을 삶아 한 덩어리를 통째로 도마 위에 올린 후 썰어 먹는다. 기호에 따라 고기의 삶은 정도, 비계와 살코기의 비중 정도를 주문할 수 있다.

두루치기
제주식 두루치기는 고추장양념에 숙성한 돼지고기를 불판에 볶다가 그 위에 무생채와 콩나물, 파무침을 더해 한데 볶아 먹는다.

갈치조림
오동통한 제주산 갈칫살을 무와 함께 자작하고 매콤하게 조린 음식.

고등어조림
갈치조림과 비슷하나 종종 묵은지에 조려 먹기도 한다.

생선회

제주에서만 먹을 수 있는 싱싱한 생선회가 있다. 봄에는 황돔, 여름에는 자리돔과 한치, 가을에는 갈치와 고등어, 농어를 먹자. 겨울에는 단연 방어가 최고다.

갈칫국
통통한 갈치 토막 서너 개와 배추, 무, 단호박 등을 넣어 맑게 끓인 국. 시원하고 칼칼한 국물 맛.

옥돔국
옥돔 한 마리를 통째로 넣고 무채와 고추를 넣어 뽀얗게 끓인 국으로 개운한 맛이 일품.

각재기국
제줏말로 전갱이를 뜻하는 각재기를 큼직하게 토막 내어 배추와 끓여낸 담백한 국.

오메기떡

오메기는 차조의 제줏말이다. 차좃가루에 찹쌀가루와 쑥을 섞어 떡 반죽을 하고 팥앙금을 소로 넣은 다음 겉에는 통팥을 투박하게 붙여 낸다.

보리빵

보릿가루로 만든 반죽을 떼어 그대로 찌거나 반죽 안에 팥앙금을 넣어 찐다. 반죽에 쑥가루나 귤즙 등을 넣어 색과 향을 내기도 한다.

빙떡
메밀가루 전병에 채 썰어 데친 무를 넣고 말아서 지진 제주의 향토떡이다. 빙빙 돌려 만들었다고 해서 빙떡이라 부른다.

모닥치기
모두 합쳤다는 의미로 김밥, 만두, 오뎅, 달걀, 김치전, 떡볶이를 한데 섞어 내어주는 음식이다.

고사리육개장
돼지등뼈를 우린 국물에 고사리를 푸짐하게 넣어 끓인 제주식 육개장이다. 메밀가루를 풀어 되직한 국물에 고사리와 돼지고기의 구수한 조화가 일품.

당근케이크
제주산 당근을 듬뿍 넣어 구운 케이크. 조금씩 레시피가 달라서 꾸덕꾸덕한 떡 같은 케이크가 있는가 하면 가벼운 질감의 스펀지케이크 느낌도 있다.

녹차
차 재배지로 적당한 기후와 토양을 지닌 제주에서 생산한 찻잎으로 우린 차. 맑고 부드러운 맛으로 속이 편안해진다. 제주 녹차로 만든 아이스크림도 맛있다.

제주의 술

한라산

제주 하면 역시 한라산소주다. 두 종류가 있는데, 하나는 투명한 병에 파란색 띠를 두른 '오리지널' 한라산이다. 도수는 21도. 주로 하얀병이라고 부른다. 제주 사람들은 '하얀병 노지 것'을 즐겨 찾는데 '노지 것'이란 상온에 둔 것을 말한다. 진한 맛을 원한다면 노지 것을 달라고 할 것. 다른 하나는 '순한 맛' 한라산 올래다. 초록색 병에 담긴 소주로 도수는 17.5도다.

제주막걸리

분홍색 띠를 두르고 있어 '분홍막걸리' '핑크막걸리' 등으로 불리는 제주의 대표 막걸리다. 도수가 낮고 맛도 달아서 여성들이 더 좋아한다. 김치와 함께 돔베고기를 먹을 때 환상의 궁합을 자랑한다. 도수는 6도. 이외에도 감귤막걸리, 우도땅콩막걸리, 좁쌀막걸리 등 다채로운 종류의 막걸리가 있다.

제스피

'제주산 맥주'가 있다. 제주 보리와 화산암반수로 빚은 제스피다. 제스피(Jespi)라는 이름은 '제주의 정신(Jeju Spirit)'이라는 뜻을 담고 있다. 한정량만 만들며 제주시 연동에 위치한 제스피 펍에서만 판매한다. 종류는 필스너, 페일에일, 스트롱에일, 스타우트, 바이젠이 있다.

쉰다리

올레길을 걷다 간혹 만날 수 있는 제주의 여름철 술이다. 쉰밥에 빻은 누룩을 섞어 빚은 다음 하루 이틀 뒤 체에 걸러 마신다. 달면서도 시큼하고 볏짚의 향을 알싸하게 풍긴다. 알코올 성분이 거의 없다. 대표적인 쉰다리집으로는 섶섬할망카페(서귀포시 보목로 64)가 있다. 성읍민속마을과 이중섭거주지 앞마당에서 가끔 살 수도 있다.

오메기술

성읍민속마을에서 만날 수 있는 술. 오메기떡을 이용해 술을 빚는다. 토양이 척박해 쌀농사가 어려운 제주에서는 오메기떡으로 청주와 탁주로 만들어 제사를 지낼 때 쓰거나 평소에 즐겨 마셨다. 누르스름한 빛을 띠고 걸쭉하다. 특유의 향이 아주 진하게 퍼지면서 새큼한 맛을 낸다. 도수는 13도.

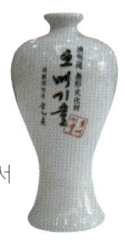

고소리술

소주를 고아 내리는 질그릇을 뜻하는 '고소리'에 오메기술을 소주로 증류한 술이다. 오메기술보다 도수가 훨씬 높은데도 향이 은은하며 꽤 부드러운 맛이다. 한국의 3대 전통소주로 꼽히며 제주에서는 제삿술로 사용되었다. 현재는 제주샘주(www.jejusaemju.co.kr)에서 생산하며 온라인에서도 구매할 수 있다.

허벅술

제주에서 물을 긷는 데 썼던 항아리인 허벅에 담근다고 해서 허벅술이라 불렸다. 쌀이 귀한 제주땅에서 빚은 술이라 주로 마을 포제나 큰 행사 때만 특별히 쓰였다. 현재는 (주)한라산에서 쌀보리와 현미, 제주유채꿀 등을 이용해 전통증류방식으로 만들어 판매한다. 소주와 비슷한 맛인데 좀더 진한 풍미가 있다. 도수는 35도. 제주 대형마트와 제주국제공항, 기념품숍 등에서 판매한다. 병 모양은 허벅을 본떴다.

감귤와인

제주 감귤과 화산암반수를 이용해 만든 와인으로 정식이름은 '1950 See you at the top'으로 한라산 정상에서 만나자는 뜻을 담고 있다. 노란 빛깔의 화이트와인으로 감귤의 상큼한 향과 부케향(숙성향)이 조화를 이루고 달콤한 맛이 은은하게 입안을 맴돈다. 도수는 11도. 제주 라마다호텔 1층 와인셀러에서 구매할 수 있다.

제주의 나이트라이프

카페벨롱

음악 프로듀서와 기타리스트로 활동하는 두 명의 뮤지션이 운영하는 카페다. 벨롱(bellon)은 반짝반짝이라는 뜻의 '벨롱벨롱'이라는 제줏말과 큰 통을 싣는 수레라는 이미이 프랑스어에서 따왔다. 매달 3~4차례에 걸쳐 국내외 유수의 뮤지션들이 벨롱에서 공연하는데, 공연 일정을 보면 홍대 앞 잘나가는 공연장을 방불케 한다. 공연이 없는 날에는 음료와 간단한 요깃거리를 즐기는 분위기 있는 카페로 인기가 많다.

- **주소** 제주시 구좌읍 해맞이해안로 1652
- **문의** 070-8242-1899, blog.naver.com/cafebellon
- **영업시간** 10:00~21:00(일요일 13:00~21:00)
- **휴일** 비정기 휴무

블루힐

삼성혈과 제주시청 사이에 위치한 작은 재즈클럽이자 펍이다. 비정기적으로 다양한 공연이 열리는데 재즈뿐 아니라 어떤 장르의 예술이든지 공연을 원하는 이들에게는 자유롭게 무대가 열려 있다. 공연이 없는 평소 때에는 자유분방함이 물씬 느껴지는 펍으로 운영된다.

- **주소** 제주시 동광로 21
- **영업시간** 19:00~24:00
- **문의** 064-702-2918, cafe.daum.net/clubbluehill
- **휴일** 매주 일요일

맥파이

이태원과 홍대 앞에 위치한 이름난 수제맥줏집 맥파이의 제주지점이다. 늦은 밤 여흥을 풀 만한 수제맥줏집으로는 이만한 곳이 없다. 무엇보다 이 집의 페일에일은 향긋한 감귤향과 달콤쌉싸름한 맛이 일품이다.

- **주소** 제주시 탑동로2길 3 1층
- **영업시간** 16:00~1:00
- **문의** 064-720-8227
- **휴일** 매주 월요일

엘리엇스체어
밝고 아늑한 분위기로 누구든 부담 없이 드나들 만한 카페. 커피 등의 음료와 함께 맥주, 칵테일, 모히토, 뱅쇼 등 알코올음료, 샌드위치와 샐러드 등 간단한 식사메뉴를 함께 판매하고 있다. 비정기적으로 어쿠스틱 공연이 열리기도 한다. 공연이 있는 날에는 예약을 하고 가야 하는 경우가 대부분이니 카페 블로그를 통해 일정을 확인하자.
- **주소** 제주시 구남동5길 14
- **영업시간** 17:00~24:00(주말 17:00~2:00)
- **문의** 064-753-3345, blog.naver.com/elliottjeju
- **휴일** 매주 월요일

B동301호
제주시청 근처 한적한 골목길에 위치한 인디펍이다. 들어가자마자 빈티지한 인테리어 속에 '외부음식 환영'이라는 팻말이 보인다. 자유로운 분위기가 흠뻑 느껴지는 이곳에는 신청곡을 적는 메모지가 있어서 내가 원하는 곡을 주인장에게 청할 수도 있다. 물론 인디음악만 가능하다. 한쪽 벽면에 그간의 신청곡과 남기는 말이 적힌 메모지가 빽빽하게 붙어 있다. 비정기적으로 인디밴드 공연이 열리기도 한다. 여행자들의 아지트로도 인기가 많은 곳.
- **주소** 제주시 광양14길 17-10
- **영업시간** 19:00~2:00
- **문의** 070-8900-1530
- **휴일** 비정기 휴무

제스피
제주 보리와 화산암반수로 빚은 제주산 수제 맥줏집이다. 술집이라기보다는 패밀리레스토랑 같은 느낌이 물씬 풍기는 집으로 저녁식사를 대신해. 혹은 간단히 '2차'로 들르기 괜찮다. 필스너, 페일에일, 스트롱에일, 스타우트, 바이젠, 이렇게 5가지 맥주가 준비되어 있다. 5가지 맛을 모두 맛볼 수 있는 샘플러도 있다.
- **주소** 제주시 신대로16길 44
- **영업시간** 18:00~1:30
- **문의** 064-713-7744
- **휴일** 매주 일요일

제주의 특별한 가게

더아일랜더

틀에 박힌 기념품에서 벗어나고 싶다면 동문 시장 근처 칠성로에 위치한 더아일랜더로 가 보자. 얼핏 작은 소품숍처럼 보이지만 제주를 테미로 한 다양한 아트 상품들이 진열되어 있 다. 특히 10~30대 정도의 여성고객들에게는 어필할 만한 아기자기한 소품이 많다.

- **주소** 제주시 칠성로길 41
- **영업시간** 11:00~20:00
- **문의** 010-5160-5562
- **휴일** 매주 수요일

라이킷

서울 홍대나 서촌 일대에서 간혹 볼 수 있는 독립출판서점으로 소박한 갤러리를 겸하고 있 다. 제주에서 출판하는 잡지와 책을 비롯해 일 반 서점에서는 볼 수 없는 개성 넘치는 책도 진열하고 있다. 한편에는 작가들이 직접 만든 소품들도 판매한다.

- **주소** 제주시 칠성로길 42-2 1층
- **영업시간** 12:00~20:00
- **문의** 010-3325-8796
- **휴일** 매주 수요일

소심한 책방

종달리에 자리한 아담한 서점이다. 이 책방의 책들은 순전히 두 명의 젊은 주인이 일정한 테 마를 정해놓고 문학과 여행, 인문서 위주의 책 들을 선별해 판매하고 있다. 주택을 개조해 꾸 민 책방은 마치 친구의 잘 꾸민 집 서재를 구경하는 듯한 느낌이다.

- **주소** 제주시 구좌읍 종달동길 29-6
- **영업시간** 10:00~18:00(금토일 13:00~19:00)
- **문의** 070-8147-0848
- **휴일** 비정기 휴무

여행자를 위한 제줏말

문장

안녕허우꽈? 안녕하세요?
계십서양. 안녕히 계세요.
고맙수다. 고맙습니다.
있수꽈? 계십니까?, 있습니까?
폭삭 속았수다. 매우 수고했어요.
이거 얼마꽈? 이거 얼마입니까?
맛조수다게. 맛있습니다.
하영 줍서. 많이 주세요.
하영 폽서, 다시 오쿠다. 많이 파십시오. 다시 오겠습니다.
무신거옌 골암신디 모르쿠강? 뭐라고 말하는지 모르겠지요?
게메마씀, 귀영 눈이영 왁왁 허우다. 글쎄 말입니다. 귀와 눈이 캄캄합니다.
제주도에 오난 어떵 허우꽈? 제주도에 오니까 어떠신가요?
어드레 감수꽈? 어디로 가십니까?
요망지게 생겼수다. 영리하게 생겼습니다.
어두근디 맹심합써. 어두운데 조심하세요.
하꼼아장 쉬영갑서. 잠시 앉아서 쉬어가세요.
비바리덜 모심도 착하고 곱들락 호다. 처녀들 마음도 착하고 얼굴도 곱습니다.
날 얼마나 소랑햄쑤과? 나를 얼마나 사랑하나요?
한라산만큼 바당만큼 소랑햄쪄. 한라산과 바다만큼 사랑하지.
나 상우댕이 곱수꽈? 저 얼굴 예쁘지요?
재기재기 보질보질 혼저옵서. 빨리빨리 더 빨리 오세요.
맨도롱 해수꽈? 따뜻합니까?
무싱거꽈? 무엇입니까?
매깨라! 어머나!
이게 겅 어렵수과? 이게 그렇게 어렵나요?

단어

좀녀 해녀
도새기 돼지
마농 마늘
몽생이 망아지
물꾸럭 문어
생이 새
할망 할머니
괸당 친척
지실 감자
감저 고구마
태역 잔디
고냉이 고양이
놈삐 무
골괭이 호미
우영팟 텃밭, 뒷뜰
송키 채소

제주 오일장과 플리마켓

오일장

제주민속오일장 2, 7, 12, 17, 22, 27
표선오일장 2, 7, 12, 17, 22, 27
대정오일장 1, 6, 11, 16, 21, 26, 31(31일에 서면 그다음 1일은 서지 않음)
함덕오일장 1, 6, 11, 16, 21, 26, 31(31일에 서면 그다음 1일은 서지 않음)
성산오일장 1, 6, 11, 16, 21, 26, 31(31일에 서면 그다음 1일은 서지 않음)
중문오일장 3, 8, 13, 18, 23, 28
서귀포향토오일장 4, 9, 14, 19, 24, 29
한림오일장 4, 9, 14, 19, 24, 29
고성오일장 4, 9, 14, 19, 24, 29
세화오일장 5, 10, 15, 20, 25, 30

플리마켓

반짝반짝 착한가게
- **날짜** 그때그때 블로그에 공지(haruhana.me)
- **장소** 제주시 애월읍 장전로 155 카페 하루하나
- **문의** 070-788-7170

벼룩시장 놀맨
- **날짜** 매월과 일이 같은 날(예: 5월 5일)
- **장소** 제주시 애월읍 애월로1길 24
- **문의** 064-799-3332

세화 벨롱장
- **날짜** 매주 토요일 11:00~13:00(세화오일장과 겹치는 날은 열지 않음)
- **장소** 세화해변 주차장
- **문의** 070-4548-0752

이중섭거리 서귀포예술시장
- **날짜** 매주 토요일, 일요일 11:00~17:00
- **장소** 서귀포 이중섭 문화거리
- **문의** 064-732-1963

맹글어폴장
- **날짜** 매월 셋째주 일요일 14:00~18:00
- **장소** 제주시 중앙로5길 4 문화카페 왓집
- **문의** 064-755-0055

메종드플로르 플리마켓
- **날짜** 매월 셋째주 토요일 13:00~16:00
- **장소** 제주시 이도2동 2025-7 메종드플로르
- **문의** 010-6248-4105

법환 소랑장
- **날짜** 매월 둘째주 토요일 14:00~16:00
- **장소** 서귀포시 강정동 법환포구
- **문의** 064-738-4116

서귀포 섶섬 구두미 플리마켓
- **날짜** 매월 마지막 토요일 11:00~14:00
- **장소** 서귀포시 보목로 64번길 79 보목동 구두미포구 앞
- **문의** 064-767-7004

한번해보장
- **날짜** 매월 마지막 일요일 10:00~14:00(5월~10월)
- **장소** 제주시 구좌읍 중산간도로 2240 송당리 1300K 앞
- **문의** 064-782-1305

해거름전망대 벼룩시장
- **날짜** 그때그때 블로그에 공지(blog.naver.com/tstoryj)
- **장소** 제주 한경면 판포리 해거름전망대 카페
- **문의** 064-796-5905

협재 뜨레비양 보름장
- **날짜** 매월 셋째주 토요일 11:00~16:00
- **장소** 제주시 한림읍 한림로 393 뜨레비앙1631
- **문의** 064-755-1631

이렇게도 가보자

계절별 하루 코스

이른 봄 추천 코스(3~4월)
1안. 삼성혈과 제주종합경기장(벚꽃 구경) — 한라수목원 — 우도
2안. 산방산 — 중문시내 벚꽃길 — 위미동백나무군락

늦은 봄 추천 코스(5월~6월 초)
1안. 오설록티뮤지엄 — 가파도
2안. 한라산 영실~어리목 코스(철쭉)

여름 추천 코스(6월~8월)
1안. 협재해변 — 한림공원 — 환상숲
2안. 김녕성세기해변 — 만장굴 — 비자림
3안. 함덕서우봉해변 — 사려니숲길 — 제주절물자연휴양림
4안. 월정리해변 — 세화해변 — 우도
5안. 공천포 — 쇠소깍 — 새연교와 새섬

가을 추천 코스(9월~11월 초)
1안. 하도해변(철새도래지) — 세화해변 — 산굼부리
2안. 가시리(마을) — 따라비오름 — 조랑말체험공원
3안. 다랑쉬오름 — 용눈이오름 — 송당리(마을)

겨울 추천 코스(11월~2월)
1안. 카멜리아힐 — 안덕계곡 — 대평리(마을)
2안. 산방산탄산온천 — 산방산 — 용머리해안 — 모슬포항
3안. 한라산 성판악~관음사 코스

테마별 하루 코스

비 오는 날 추천 코스
1안. 아라리오뮤지엄 — 동문시장 — 만장굴 — 비자림
2안. 제주절물자연휴양림 — 제주4·3평화공원 — 국립제주박물관
3안. 세화해변 — 제주해녀박물관 — 아쿠아플라넷제주
4안. 천제연폭포 — 여미지식물원 — 대평리(마을)

야간 추천 코스
1안. 별빛누리공원 — 구제주 라이브클럽(B동301호, 블루힐, 엘리엇스체어 등)
2안. 새연교와 새섬 — 천지연폭포 — 작가의 산책길(이중섭미술관~소암기념관)
3안. 동문시장, 칠성로 쇼핑거리 — 탑동광장 — 맥파이

카페 많은 동네 추천 코스
1안. 월정리해변 — 세화해변 — 종달리(마을)
2안. 공천포 — 이중섭거리 — 대평리(마을)
3안. 고내포구 — 한담해안산책로 — 협재해변

4·3사건 추천 코스
제주4·3평화공원 — 너븐숭이4·3기념관 — 다랑쉬오름 — 다랑쉬굴

미술관·박물관 추천 코스
1안. 국립제주박물관 — 아라리오뮤지엄 — 제주도립미술관
2안. 민속자연사박물관 — 국립제주박물관 — 제주돌문화공원 — 제주해녀박물관

뚜벅뚜벅 올레길 걷기

인기 코스로 1코스, 7코스, 8코스, 10코스가 꼽힌다. 자연 보존을 위해서 때때로 1년 이상 휴식년에 들어가는 코스도 있으니 미리 알아보고 걷자.
문의 사단법인 제주올레 064-762-2190, www.jejuolle.org

1코스 시흥~광치기 올레

총 15km | 4~5시간 | 난이도 중

시흥초등학교 → 말미오름 1.8km → 알오름 3.4km → 종달초등학교 6.6km → 종달리 옛소금밭 7km → 목화휴게소 8.6km → 성산갑문 11.5km → 수마포 13.5km → 광치기해변 15km

1-1코스 우도 올레

총 11.3km | 4~5시간 | 난이도 하

천진항 → 홍조단괴해빈해수욕장 입구 2km → 하우목동항 3.2km → 산물통 입구 4.2km → 파평윤씨공원 5.5km → 하고수동해수욕장 6.4km → 연자보 7.8km → 우도봉 8.8km → 천진항 11.3km

2코스 광치기~온평 올레

총 14.8km | 4~5시간 | 난이도 중

광치기해변 → 식산봉 2.2km → 족지물 3km → 오조리마을회관 3.3km → 홍마트 5.6km → 대수산봉 7.7km → 말방목장 입구 10.8km → 혼인지 12.4km → 온평포구 14.8km

3코스 온평~표선 올레

총 21.3km | 6~7시간 | 난이도 상

A코스 | 은평포구 → 난산리 5.5km → 통오름 7.3km → 독자봉 8.1km → 김영갑갤러리두모악 12.2km → 신풍신천바다목장 15.6km → 배고픈다리 19.5km → 표선해비치해변 21.3km

B코스 | 은평포구 → 용머리동산 0.9km → 신산환해장성 2.9km → 신산리마을카페 5.6km → 농개 6.1km → 신풍신천바다목장 8.6km → 배고픈다리 12.6km → 표선해비치해변 14.4km

4코스 표선~남원 올레

총 23.1km | 6~7시간 | 난이도 상

표선해비치해변 → 해양수산연구소 3.4km → 해병대길 7.4km → 남쪽나라횟집 8.8km → 망오름정상 11.2km → 영천사 14km → 삼석교 16.4km → 태흥2리체육공원 19km → 남원포구 23.1km

5코스 남원~쇠소깍 올레

총 14.4km | 4~5시간 | 난이도 중

남원포구 → 큰엉 입구 1.2km → 종정테웃개 3.5km → 위미동백나무군락 5.1km → 조배머들코지 7km → 넙빌레 10.1km → 망장포 11.8km → 예촌망 12.6km → 쇠소깍 14.4km

6코스 쇠소깍~외돌개 올레

총 14km | 4~5시간 | 난이도 하

쇠소깍 → 제지기오름 2.6km → 구두미포구 4.4km → 검은여쉼터 6.6km → 제주올레 사무국&안내도 7.9km → A: 서귀포매일올레시장 9.6km / B: 서귀포항 9.6km → 남성리사거리 12.2km → 삼매봉 입구 12.7km → 외돌개 14km

7코스 외돌개~월평 올레

총 14.2km | 4~5시간 | 난이도 중

외돌개 → 돔베낭길 2.6km → 수봉로 4.5km → 법환포구 5.6km → 일강정바당올레 7.1km → 서건도 앞 7.6km → 강정천 9km → 월평포구 12.3km → 월평마을 아왜낭목 14.2km

7-1코스 월드컵경기장~외돌개 올레

총 14.8km | 4~5시간 | 난이도 중

월드컵경기장(정문) → 대신중학교 1.3km → 엉또폭포 4.7km → 고근산정상 6.7km → 재남아동복지센터 9.2km → 서호초등학교 10.8km → 하논분화구 12.8km → 삼매봉입구삼거리 14.1km → 외돌개 14.8km

8코스 월평~대평 올레

총 18.9km | 6~7시간 | 난이도 상

월평마을 아왜낭목 → 약천사 1.3km → 대포포구 2.9km → 주상절리안내소 4.6km → 베릿내오름 5.9km → 중문색달해변 8.7km → 예래생태공원 13.1km → 논짓물 15.3km → 대평포구 18.9km

9코스 대평~화순 올레

총 7.5km | 3~4시간 | 난이도 상

대평포구 → 몰질 0.3km → 볼레낭길 2.2km → 월라봉 3.1km → 진모르동산 5.2km → 자귀나무숲길 5.5km → 황개천 6.2km → 화순금모래해변 7.5km

10코스 화순~모슬포 올레

총 15.5km | **4~5시간** | **난이도 중**

화순금모래해변 → 산방연대 2.5km → 사계포구 3.8km → 패총 6.2km → 송악산 7.2km → 송악산 전망대 9km → 섯알오름 4·3희생자추모비 11.2km → 하모해수욕장 13.8km → 모슬포항(하모체육공원) 15.5km

10-1코스 가파도 올레

총 5km | **1~2시간** | **난이도 하**

상동포구 → 냇골챙이 앞 1.6km → 가파초등학교 2km → 개엄주리코지 3.5km → 큰옹짓물 4km → 가파포구(하동포구) 5km

11코스 모슬포~무릉 올레

17.5km | **5~6시간** | **난이도 상**

모슬포항 → 대정여고 2.7km → 모슬봉 5.3km → 정난주마리아성지 8.9km → 신평사거리 11km → 신평곶자왈 11.9km → 정개왓광장 13.9km → 효자정려비 16.3km → 무릉생태학교 17.5km

12코스 무릉~용수 올레

총 17.1km | **5~6시간** | **난이도 중**

무릉생태학교 → 신도생태연못 4.4km → 녹남봉 5.4km → 신도포구 9.6km → 한장동마을회관 11.7km → 수월봉 12km → 당산봉 15.1km → 생이기정길 15.8km → 용수포구 17.1km

13코스 용수~저지 올레

총 14.7km | **4~5시간** | **난이도 중**

용수포구 → 충혼탑사거리 1.8km → 용수저수지 2.7km → 특전사숲길 4.4km → 고사리숲길 6.8km → 낙천리의자마을 8.2km → 뒷동산아리랑길 11km → 저지오름 12.1km → 저지마을회관 14.7km

14코스 저지~한림 올레

총 19km | 5~6시간 | 난이도 중

저지마을회관 → 큰소낭숲길 2.5km → 오시록헌농로 4.1km → 굴렁진숲길 5.5km → 무명천 6.6km → 월령선인장자생지 10.3km → 협재해수욕장 14.7km → 옹포포구 16.6km → 한림항 비양도 도항선 선착장 19km

14-1코스 저지~무릉 올레

총 17km | 6~7시간 | 난이도 상

저지마을회관 → 강정동산 2.7km → 문도지오름정상 5.1km → 저지곶자왈 6.9km → 오설록 9.4km → 무릉곶자왈 13.3km → 영동케 / 봉근물 14.4km → 인향리 입구 15.9km → 인향동 버스정류장 17km

15코스 한림~고내 올레

총 19.1km | 6~7시간 소요 | 난이도 중

한림항 비양도 도항선 선착장 → 대수포구 0.8km → 영새성물 2.9km → 선운정사 6.5km → 납읍초등학교 금산공원 입구 11.1km → 백일홍길 12.4km → 고내봉 입구 15.1km → 고내봉 아래 하가리 갈림길 17.7km → 고내포구 19.1km

16코스 고내~광령 올레

총 16.9km | 5~6시간 | 난이도 중

고내포구 → 남두연대 2.8km → 구엄돌염전 4.6km → 수산봉 입구 6.3km → 수산저수지 7.2km → 항몽유적지 11.7km → 고성숲길 12.6km → 청화마을 14.8km → 광령1리사무소 16.9km

17코스 광령~산지천 올레

총 19.2km | 6~8시간 | 난이도 중

광령1리사무소 → 무수천숲길 2.4km → 외도 월대 5.4km → 이호테우해변 7.6km → 도두봉 10km → 레포츠공원 14.5km → 용두암 15.6km → 관덕정 17.9km → 동문로터리 산지천 마당 19.2km

18코스 산지천~조천 올레

총 18.2km | 6~7시간 | 난이도 중

동문로터리 산지천마당 → 제주항 1km → 사라봉 2.5km → 화북포구 6km → 삼양검은모래해변 9.3km → 불탑사 10.6km → 닭머르동산 13.1km → 대섬 15.1km → 조천만세동산 18.2km

18-1코스 추자도 올레

18.2km | 6~8시간 | 난이도 상

추자항 → 추자등대 3.1km → 묵리교차로 5.5km → 신양항 9.5km → 황경헌의 묘 9.3km → 엄바위 장승 12.1km → 돈대산 13.3km → 추자교 16km → 추자항 18.2km.

19코스 조천~김녕 올레

18.6km | 6~8시간 | 난이도 중

조천만세동산 → 신흥해수욕장 3.2km → 함덕서우봉해변 6km → 너븐숭이 4·3기념관 8.8km → 북촌포구등명대 9.7km → 북촌동굴 10.7km → 동복리마을운동장 12.7km → 김녕농로 15.5km → 김녕 서포구 18.6km

20코스 김녕~하도 올레

17.4km │ 5~6시간 │ 난이도 중

김녕 서포구 → 김녕성세기해변 1.6km → 환해장성 3km → 월정리해수욕장 7km → 행원포구 8.3km → 좌가연대 11km → 계룡동마을회관 13.3km → 뱅듸길 14.5km → 제주해녀박물관 17.4km

21코스 하도~종달 올레

10.1km │ 3~4시간 │ 난이도 중

제주해녀박물관 → 낮물밭길 1.2km → 별방진 2.7km → 해안도로(석다원) 3.3km → 토끼섬 4.8km → 하도해수욕장 5.8km → 지미봉 시작(우회분기점) 7.2km → 지미봉정상 7.8km → 종달바당 10.1km

휴식이 필요한 당신을 위한 맞춤 제주 여행
쉼표, 제주

1판1쇄 펴냄 2015년 10월 12일

지은이 유승혜 | **펴낸이** 김경태 | **마케팅** 박정우 김태훈 | **편집** 홍경화 전민영
표지디자인 Studio Marzan 김성미 | **본문디자인** 박정영 | **지도** 한승일
사진제공 p106 더클라우드호텔, 그대봄펜션 p107 봄그리고가을리조트 p204 롯데호텔제주,
하얏트리젠시제주 p205 제주신라호텔 p206 제니스홈 게스트하우스 p259 유승미(춘삼이네)
p319 빌라드애월 p350~351 한승일 p420 보오메꾸뜨르호텔 p421 롯데시티호텔제주

펴낸곳 (주)출판사 클

출판등록 2012년 1월 5일 제311-2012-02호
주소 122-842 서울시 은평구 연서로26길 25-6
전화 070-4176-4680 | 팩스 02-354-4680 | 이메일 bookkl@bookkl.com

ISBN 979-11-85502-25-0 13980

이 도서의 국립중앙도서관 출판예정도서목록(CIP)은 서지정보유통지원시스템 홈페이지
(http://seoji.nl.go.kr)와 국가자료공동목록시스템(http://www.nl.go.kr/kolisnet)에서
이용하실 수 있습니다.(CIP제어번호: CIP2015025840)

이 책은 저작권법에 의해 보호를 받는 저작물이므로 무단 전재 및 무단 복제를 금합니다.
잘못된 책은 바꾸어드립니다.